한국어로 내려온
New Bible

새로운
성 경

제101권

7부 | 총10부

하얀마음

하나님 말씀 중에서

1. 사랑의 하나님

- 세상을 창조하신 하나님은 모두를 사랑하신다. 인간만 특별히 더 사랑하지 않고, 우주 만물을 다 똑같이 사랑하신다. 그러니 하나님이 창조하신 천지 만물과 화친하고, 미물까지도 소중히 대하라.

- 하나님은 특정 종파나 민족만을 더 사랑하지 않으신다. 자기 자신만 구원받겠다는 욕심을 버리고, 자기 종파만 구원받는다는 편협한 교리에서 벗어나야 한다. 종파를 초월해서, 모두를 사랑하라.

- 원수까지 사랑하라 했으니, 이 세상에 사랑하지 못할 자가 누가 있겠는가? 종파가 다르다고 해서 부모 형제와 원수처럼 지내는 자는 인간의 근본을 모르는 자다. 가장 가까운 가족부터 사랑할 때 남도 진심으로 사랑할 수 있다.

- 한 사람을 원수같이 생각하던 마음에서 사랑하는 마음으로 돌리면, 자기 자신의 마음이 가장 기쁘고 행복하다. 하나님께서는 인간의 마음속에 무거움이 없이 기쁘고 행복한 삶을 살기를 바라신다.

- 이웃을 "내 몸처럼" 사랑하라 했으니, 마지막 한 장 남은 천국의 티켓도 이웃에게 양보하라. 자기 중심적인 신앙에서 벗어나서 남을 위해 살아야 한다.

- 독초도, 약초도, 이단도 사탄도 천사도 다 필요하기에 존재한다. 독초일지라도 극소량을 사용해서 생명을 살릴 수 있고, 약초라 하더라도 남용하면 생명을 잃을 수 있다.

- 세상 모든 것을 명약으로 활용하는 것은 인간의 지혜에 달렸다. 어떤 것이든 어떤 사람이든 적재적소에 꼭 필요한 명약으로 승화시키라.

- 사탄도 이단도 천사도 모두 하나님의 주관하에 존재한다. 진정한 하나님의 백성은 사탄과 마귀까지도 감화시켜서 천사로 거듭나게 한다.

2. 기도

- 하나님은 인간의 생각까지 모두를 다 알고 계신다. 우리의 소원도 이미 알고 계시기에, 소원의 기도를 할 필요가 없다. 우리가 받을 자격이 되면 내려 주신다.

- 죄를 짓고 아무리 회개를 해도 용서받지 못한다. 도둑질한 자는 용서해 달라고 기도하고, 도둑맞은 자는 도둑을 잡게 해 달라고 기도하면, 공의의 하나님은 누구의 편에 서시겠는가?

- 자기가 잘못한 것은 그 사람에게 직접 갚고 용서를 구하라. 그가 용서하면 하나님도 용서하신다. 땅에서 매면 하늘에서도 매이고, 땅에서 풀리면 하늘에서도 풀리는 이치다.

- "회당에서 기도하지 말고 골방에서 기도하라" 했다. 눈에 보이는 골방이 아니라, 골방과 같이 고요한 마음이다. 잡념을 버리고 하나님을 향해 마음을 집중하며, 사랑하고 용서하는 아름다운 생각만 나오도록 하라.

- "두드리면 열릴 것이다." 하는 것은 육의 소원을 위해 두드리라는 것이 아니라, 진리의 깨달음을 얻기 위해 두드리라는 것이다.

- 기도하는 방법: 생활 속에서 수시로 기도하는 삶을 살아야 한다.

- "저의 죄를 용서하여 주옵소서." 하는 회개의 기도를 하라.
- 범사에 "하나님! 감사합니다." 하라. 현재 가진 것에 감사하며, 과욕하지 말라. 자기 노력 이상의 것을 더 갖고자 기도하는 것은 도둑놈심보다. 공의의 하나님은 각자 노력한 만큼 주신다.
- "하나님 뜻대로 살아가겠나이다." 하며 마음의 각오를 다지라.

- 기도는 하나님의 말씀을 받아서 "행하는 것"이다. 하나님이 계심을 굳건히 믿고, 하늘을 향하여 한 점 부끄럼 없이 사는 삶 자체가 가장 위대한 기도이며, 삶이 곧 예배다.

3. 지도자

- 똑같이 사랑한다는 말을 해도, 순수하게 하는 말은 천사의 말이지만, 사기 쳐서 재산을 가로채려고 하는 말은 사탄의 말이다.

- 종교 지도자가 아무리 훌륭한 설교를 해도, 신도의 재물을 거둬서 더 큰 교회를 짓고 자기의 부귀영화를 바라며 설교하면 사탄의 가르침이 된다.

- "저희 교회는 만원사례요, 믿음은 다 같으니 이웃의 개척 교회에 가서 예배를 드리시오." 하며, 이웃 교회의 부흥을 먼저 생각하여 제 신도를 보내는 종교 지도자가 있다면 그를 따르라. 그가 하나님의 사랑을 실천하는 자다.

- "부자가 천국에 들어가는 것은 낙타가 바늘구멍을 통과하는 것보다 더 힘들다" 하였거늘, 지금의 교회에서는 부자가 되기만을 기도하고 소원하니, 이는 곧 천국을 포기하고 지옥 행 열차의 티켓을 사는 것과 같다.

- 예수는 빈손이었다. 종교 지도자가 예수보다 더 호화롭고 편안하게 살아간다면 잘못된 것이다. 부귀영화와 명예를 바라는 자는 절대로 갈 수 없는 좁고 협착한 길이 종교 지도자의 길이다.

- 종교 지도자는 유리로 비춰 봐 한 점의 부끄러움이 없이 살아야 한다. 의식주도 직접 일해서 해결하고, 예수의 가르침과 행함을 그대로 따라야 한다.

- 종말은 없다. 지금의 잘못 가는 종교 집단에게만 종말이 있다. 보이지 않는 하나님은 보이는 육의 종말은 관여하지 않으신다. 환경 파괴로 인간이 스스로 멸망을 자초하는 것이다. 종파끼리 싸우기 전에, 무너진 인성을 바로잡고 지구의 몸살을 해결하는 데 뜻을 모으는 게 급선무다.

4. 성전이란

- 이 세상 자체가 하나님께서 만드신 성전이다. 자연보다 더 아름다운 성전이 있는가? 보이는 건물이 성전이 아니라, 성스러운 마음가짐이 성전이다.

- 반석 위에 교회를 지으라 했다. 지상의 단단한 돌은 인간이 쪼갤 수 있으나, 마음속의 굳은 결의는 세상 무엇으로도 쪼갤 수 없다. 바르고 굳건한 믿음으로 성경의 가르침을 실천하는 것이 마음의 반석 위에 교회를 짓는 것이다.

- 손으로 지은 건물의 교회에 모여서 복음을 전하는 것이 아니라, 교회를 개인과 가정에 심어 주어야 한다. 무너지고 부서지는 건물을 짓지 말고, 마음속에 영원히 불변하는 참진리의 교회를 지으라.

5. 십계명

- 십계명은 인간이 죽어서 반드시 통과해야만 하는 열 개의 관문이다.
  - 부모를 공경하지 아니한 자는 "네 부모를 공경하라." 하는 제5계명의 관문이 열리지 않으니 구원받을 수 없다.
  - 살인, 간음, 거짓, 우상 등의 나머지 계명도 마찬가지다.

- 십계명은 하나님의 친필이다. 모기소리만 한 하나님의 음성이라도 들어 보겠다고 여기저기 찾아 헤매지 말고, 십계명부터 암송하고 지키라.

- 십계명은 영혼을 구원하는 양식이며, 십계명을 지키는 것이 구원을 받는 길이다. 인간이기에 지키고자 노력하고 또 노력한다면 지킬 수 있다.

- 십계명을 지키고 천사처럼 아름답게 살아가는 그 마음 하나면 세상에 이루어지지 않는 것이 없다.

6. 보물

- 하나님은 재물이 아니라 우리의 마음을 받으신다. 사랑을 실천하며 천사처럼 변하는 마음이 하나님께 바치는 보물이다.

- 보이지 않는 하나님께 재물을 바치려 하지 말고, 너희를 길러 준 부모에게 용돈 드리고, 찾아뵙고, 효성을 다하라. 그것이 하나님께 효도하는 것이다.

- 하늘에는 선과 악의 창고가 있다. 자기 창고에 선이 많으면 천국으로 구원을 받고, 악이 많으면 심판받아 지옥으로 간다. 그것이 바로 "선한 일을 행한 자는 생명의 부활로, 악한 일을 행한 자는 심판의 부활로" 나오는 것이다.

- "선악과를 따먹지 말라"는 것은 양심을 지키라는 것이다. 선과 악을 구분할 수 있는 양심을 최초에 인간에게 주셨다. 선한 열매는 취하고, 악한 열매는 버리며, 양심에 비추어 부끄럼 없는 삶을 살아가라.

- 가장 작은 거짓말을 하지 않고, 가장 작은 죄를 짓지 않으며, 가장 작은 선행을 하고, 가장 작은 악행을 멀리하는 것이 율법의 일점 일획도 빠뜨리지 말고 다 지키는 삶을 사는 것이다.

7. 우상

- 박물관에 있는 불상은 하나의 예술품이다. 그 조각품에 대고 제 소원을 빌 때 우상숭배가 된다. 십자가라 하여도 그 앞에서 소원을 빈다면 우상숭배하는 것이며, 하나님께 소원을 빈다면 하나님을 우상으로 전락시키는 것이다.

- 지금 기복신앙에 젖어 있는 모든 사람이 우상 앞에 절을 하고 있다. 조각품을 우상이라며 파괴하지 말고, 네 마음속에 있는 욕심의 우상을 무너트리라.

- 생수를 약초가 먹으면 약을 만들고 독사가 먹으면 독을 만든다. 같은 성경을 봐도 선한 지도자는 신도를 천사로 만드는 데 활용한다. 그러나 욕심이 가득한 지도자는 재물을 거두어들여 제가 부귀영화를 누리는 데 악용한다. 그가 바로 성경을 우상숭배의 도구로 전락시키는 거짓 선지자다.

- 성경을 한 획도 빼거나 더하지 말라는 것은, 그 가르침을 빠트리지 말고 온전히 지키라는 것이다. 성경 속에서 자기에게 유리한 구절만 보는 것은, 자기에게 불리한 구절들을 빼 버리는 것이다. 믿음이 제일이요, 행함은 구원과는 관계없다는 것은 자신에게 유리한 쪽으로 성경을 악용하는 것이다.

- 진정한 종교 지도자는 종파에 관계없이 어떤 종파든 어떤 책이든 접하고 보고 깨우쳐 견문을 넓히도록 인도한다. 참진리를 모르고 자신이 없는 자가 남을 이단이라며 배척하고, 신도들의 눈과 귀를 가린다.

8. 예수

- 예수의 재림은 없다. 예수가 다시 온다 해도, 과연 누가 그를 예수라고 믿겠는가? 예수와 같은 삶의 행함이 곧 예수의 재림이다. 각자 모두가 "재림 예수"가 되는, 차원 높은 믿음으로 가야 한다.

- 예수는 "주여 주여 하지 말고, 아버지의 뜻대로 행하라"고 했다. 예수가 전한 하나님의 뜻이 곧 "길이요, 진리요, 생명"이며, 그 가르침이 예수의 보혈처럼 소중한 것이다. 예수를 믿는 것은, 예수의 가르침을 믿고 따르는 것이다.

- 예수는 낮은 자로서 만백성을 섬기고자 했다. 만나는 모든 사람을 다 하나님이라 생각하라. 돈을 벌수록 겸손하고, 높은 지위를 얻을수록 낮아지라.

▪ 예수는 종파를 만들지 않았다. 인간이 만든 종교와 인간의 교리를 따르지 말고, 예수를 통해 전한 하나님의 참진리를 연구하고 따르라.

▪ 예수가 2천 년 전에 만백성을 위해 죽었으니, 지금 이 땅에는 예수의 가르침대로 사는 천사만 존재해야 한다. 예수가 죽어 가면서 바란 것은 만백성이 천사가 되어 예수의 자리를 채워 주는 것이지, 지금과 같이 재물을 바치면서 중언부언 제 소원만을 비는 백성들을 바란 것이 아니다.

9. 구원

▪ 천사가 사는 천국에는 천사만 갈 수 있으니, 천사 같은 마음을 길러야 한다.

- "천국 열쇠를 네게 주리니 땅에서 무엇이든지 매면 하늘에서도 매일 것이라" 했다. 땅에서 천사같이 사는 자가 하늘에서도 천사가 되어 천국에 들어간다. 모든 사람에게 천사같다는 말을 듣는 삶을 살아야 한다.

▪ 천사의 곱고 아름다운 마음은 부모를 공경하고 어른을 어른으로 대접하는 데에서 출발한다. 효도하는 자는 형제와 화목하게 지내기에 가정이 화목해지고, 이웃과 화목해지고, 국가가 화목해지고, 온 인류가 화목해진다.

- 그러므로 지상의 아름다운 소왕국은 가정에서부터 이루어야 한다.

▪ 선택된 14만 명만 구원받는 것이 아니라, 천사처럼 변하고자 하는 14만 명을 기초로 온 인류가 천사처럼 거듭나는 영적인 개혁이 시작되는 것이다.

▪ 천 년에 걸쳐서 하늘에서 이루어진 것같이 이 세상을 낙원으로 만들어, 만백성이 지상의 천국에서 살다가 죽어서 그대로 하늘의 천국으로 들어가는, 영원한 지상 낙원을 건설하는 것이 하나님의 계획이다.

- **이것이 구약과 신약에 이어 "새로운 성경"으로 역사하시는 하나님의 창조의 완성이다.**

▪ 지금의 믿음으로 구원받을 수 있다면 그 길을 가라. 그러나 자신이 없다면 하나님께서 직접 내리신 160권의 "새로운 성경"을 읽고 구원의 길을 보라!

하나님 머리말씀

이 새로운 성경을 읽는 너희 모두는
이 율법에 따라 행하면 영원히 구원받을 것이니라.

너희 인간이 수년, 수십 년, 평생
성서를 공부하고 기도하는 것은
하늘나라 나의 곁으로 오고 싶은 소망일진대,

몇천 년 전의 너희 인성과 생각이
지금의 너희와는 판이하게 다르니,

꺾여 가고 병들어 가는 너희를 고칠 수 있는 길은,
오늘 내가 선지자에게 내리는 새로운 성경과 같이
너희가 변화되는 것뿐이니라.

나의 예수가 태어난 것처럼
내가 아들 선지자를 선택하여
나의 새로운 성경을 온 세계에 전하고자 하니,

묵은 것은 버리고 새로운 것은 취하여,
너희 모두는
'여호와 하나님! 저의 죄를 용서하여 주옵소서.'
하는 기도문으로 기도하고, 죄를 뉘우치라.

이 새로운 성경은
수천 년간 내려온 성서를 요약한 것이니,
너희는 이 책을 정독하여 쉽게 깨달음을 얻고,
이대로 실천하여 하늘에 오르라.

대역자 머리말

■ 하나님의 율법을 지키는 선지자로 선택을 받도다.

저는 남들처럼 그저 열심히 살아온 평범한 사람이었습니다. 그러나 50대 중반에 사업에 실패하여 많은 부채에 시달렸으며, 건강도 악화되어 눈이 잘 안 보이고, 걷기도 어렵고, 두통이 심해서 잠을 이룰 수 없는 고통의 나날을 보냈습니다. 그때 제가 선택할 수 있는 것은 육의 삶을 끝내는 길뿐이었습니다.

죽기 직전에 그동안에 죄를 지은 이들에게 용서를 빌고 인생을 끝내기로 작정하였습니다. 어려서부터 지은 죄를 빌고 빌다 보니 끝이 없었고, 죽음으로도 그 많은 죄를 용서받을 길이 없다는 생각에 하염없이 눈물이 흘렀습니다. 그 순간 '재래식 화장실의 구더기는 죄를 짓지 않는데, 나는 인간으로서 구더기만도 못한 삶을 살았구나.' 하는 생각이 들면서 괴로움에 몸부림칠 때, 갑자기 하나님의 음성이 들렸습니다.

"나는 여호와 하나님이니라. 너는 십계명을 암송하고 내가 내려 주는 메시지를 받아 책으로 만들어 만백성을 구하라." 하시며, 제 눈을 손으로 문지르게 하시고, 아픈 머리와 다리를 손으로 두드리게 하셨습니다. 그러고 나니 눈도 잘 보이고 걸을 수 있었으며 머리의 통증도 말끔히 낫게 되었습니다. 그때부터 십계명을 암송하고 나면 들려주시는 말씀을 기록하였고, 1999년 8월부터 2004년 7월까지 권당 288쪽, 총 160권을 받아서 "새로운 성경"이라는 책으로 펴내게 되었습니다.

그러한 저에게 죽기보다도 힘든 길이 시작되었습니다. 모든 교인들이 저에게 사탄이요, 이단이요, 악마요, 마지막 시대에 온 거짓 선지자라 하면서 공격하였고, 저를 짐승을 보듯이 대하는가 하면, 편협한 종교 지도자들의 선동으로 신도들이 이 책을 직접 읽어보고 평가할 기회마저 막아 버렸습니다. 그래서 하나님의 말씀을 세상에 내는 데 많은 어려움을 겪으며, 피를 토하는 심정으로 책을 전하고 있습니다.

그러나 아무리 인간의 힘으로 막으려 해도, 하나님의 뜻이 세상에 전해지는 위대한 역사는 계속될 것입니다. 책으로 전해지는 "하나님의 말씀"은 세상 끝날까지 항상 우리와 함께하실 것입니다. 사람은 죽어도, 책에 기록된 말씀은 영원히 남으니까요.

■ 따뜻한 실천

하나님께서는 어려운 사람들에게 삶의 터전을 마련해 주고, 미래를 열어 주는 것을 기뻐하십니다. 어려운 이웃이 스스로 자립할 수 있도록 이끌어 주는 것이 진정으로 이웃을 돕는 것이라고 말씀하셨습니다. 그래서 일자리가 없는 제자들에게 작은 사업장을 만들어 주는 "달란트 사업"을 하고 있습니다. 식당, 반찬 가게 등을 차려 주고, 기존의 어려운 사업장이 자립할 수 있도록 돕고 있습니다(커피숍, 미용실, 의상실 등).

하나님께서는 교회에 나와서 모든 시간과 재물을 쏟기를 원하지 않으시고, 그 시간과 재물을 교육에 투자하여 스스로 미래를 열어 가기를 원하십니다. 그래서 제때 공부하지 못한 제자들에게 학업을 이어 가도록 하였습니다. 중화요리 주방장을 하며 초등학교 검정고시부터 공부하여 2012년에 방통대를 졸업한 36세 남성, 만학도들의 2년제 중학교에 입학해서 2007년에 명지대학을 졸업한 38세 여성, 중학교 검정고시를 시작으로 숭의여자대학을 졸업한 47세 여성 등이 있습니다. 그밖에도 많은 제자들에게 나이를 초월하여 배우고 깨우쳐서 사회 속의 당당한 일원이 되도록 인도하고 있습니다.

학자금 대출로 힘겨워하는 젊은이들을 위해 "따뜻한 바람 장학회"를 발족하여(2016년 12월) 대출받은 학자금 전액을 매월 갚아 주고 있습니다. 또한, 다문화 가정을 위해 "다문화 가족 랜드"를 조성하여, 각종 시설을 무료로 활용하도록 하고 있습니다.

이러한 따뜻한 실천이 아직은 미약합니다. 그러나 책의 수입이 늘고, 저와 뜻을 같이하는 분들이 늘어나면 계속 확대할 것입니다. 지도자로서 신도의 재물을 헌금으로 거둬들여 착복하는 것이 아니라, 하나님께서 기뻐하시는 일에 사용하도록 중매 역할만 하며 살아가고자 합니다. 이런 제가 과연 사탄이고 이단인가요? 하나님께서 기뻐하시는 일이라면, 저에게 사탄이라 하든 거짓 선지자라 하든 굽히지 않고 실천해 나갈 것입니다.

끝으로, 일상의 삶 속에서 "지금 내가 하는 행동이 과연 하나님께서 기뻐하실까, 슬퍼하실까?" 생각하고, 매사에 하나님께서 기뻐하시는 길을 택하기 바랍니다. 교회에 모여서 집단적으로 예배 드리는 것이 아니라, 개인이나 가정 단위로 새로운 성경을 읽어 스스로 깨우치고 그대로 행하면 충분합니다. 그것이 마음속에 성전을 짓고, 신령과 진정으로 예배 드리는 길입니다. 그러면 천국의 문에 들어서게 됩니다.

2017.2.1.

하나님 말씀 대역자 김용철

차 례

십 계 명

이 책은 십계명을 암송하고 나면 내려 주시는 "하나님의 음성"을 듣고 그대로 받아쓴 기록입니다. 하나님께서 십계명을 모세에게 내려 주셨지만, 그것은 만백성에게 내려 주신 것입니다. 마찬가지로 이 책의 모든 말씀도 저에게 내려 주셨지만, 만백성 각자에게 들려주시는 말씀입니다. 여러분도 이 책을 접할 때마다 십계명을 암송하고 나서 정독해 주시기 바랍니다.

제일은, 너는 나 외에는 다른 신들을 네게 있게 말지니라.
제이는, 너를 위하여 새긴 우상을 만들지 말고, 또 위로 하늘에 있는 것이나, 아래로 땅에 있는 것이나, 땅 아래 물 속에 있는 것의 아무 형상이든지 만들지 말며, 그것들에게 절하지 말며, 그것들을 섬기지 말라.
제삼은, 너는 너의 하나님 여호와의 이름을 망령되이 일컫지 말라.
제사는, 안식일을 기억하여 거룩히 지키라.
제오는, 네 부모를 공경하라.
제육은, 살인하지 말지니라.
제칠은, 간음하지 말지니라.
제팔은, 도적질하지 말지니라.
제구는, 네 이웃에 대하여 거짓 증거하지 말지니라.
제십은, 네 이웃의 집을 탐내지 말지니라.

나 여호와가 존재함을 믿는 그 자체가 구원의 길에 들어서는 기본이요, 근본이며, 나의 새로운 성경을 가슴에 안고 정독하는 자, 반석 위에 서서 하늘에 오르는 찬란한 빛을 보게 되는 영광을 얻게 됨이니라. 진정 나를 따르고 믿는 자는 감히 사탄이나 마귀도 근접하지 못하느니라.

〈하나님 말씀〉

2003년 8월

7,260 번째 하나님 말씀

2003년 8월 22일 12시 09분

1 사랑하는 나의 아들아!
2 "네, 아버님! 말씀하옵소서."
3 나의 성서를 전하며 나의 뜻을 가르치
는 곳이라 하면 얼마나 아름답고 성스
러운 곳이 되어야 하겠느냐?
4 그러나 너희가 교회라는 그 내부를
들여다보라.
5 내부적으로는 서로 교활한 방법으로
다투고 힘을 겨루니,
6 그곳에서 얻는 힘이 무엇이며 그 자리
가 무엇이기에 수단과 방법을 가리지
아니하고 다투며 화합을 이루지 못하
고 불화의 장을 만들고 있는가?
7 그들은 썩어져 있는 자들이며 내부가
다 썩어져 있는 자들이니라.
8 그리하여 그 냄새가 추하다 함이니라.
9 외부적으로는 종교 집단이요, 지도자
들이 어찌 가는가?
10 돈이 있는 자 권력 있는 자와 타협하
며 그 앞에 가서 아부하며 갖은 아양
을 다 떨며 그와 같이 추하고 더러운
모습으로 가는 것이 종교 집단이요,
지도자요, 그 앞에 고개 숙여 굴복함
이니라.
11 그들이 잘못 가는 것을 단죄하며 잘
못하는 것을 나 여호와의 이름으로써
바로잡아 만백성에게 그 빛이 되도록
다스리고 잡아 주는 것이 아니라 권력
있는 자 앞에 아부하며 돈이 있는 자
앞에 아부하며 갖은 방법으로써 타협
하며 그와 같이 추하고 더러운 짓을
행함이니, 너희가 다 썩고 죽은 자들
이니라.
12 진리의 복음을 전한다 하면서 너희는
금전을 거둬들이느니라.
13 그리고 미개한 지역에서 복음을 전하
며 나의 뜻을 전한다 하여 수많은 금
전을 나의 사랑하는 백성에게 거둬들
여 호화로운 여행을 하며 호화로운 낭
비를 일삼는 것이 너희가 복음을 전
하는 단면이니라.
14 그리하여 너희는 썩고 또 썩어져 추
하고 더러워 심장부의 썩은 냄새가 하
늘에까지 진동하니, 내가 냄새를 맡을
수 없으며 내가 만든 이 공기를 맡을
수 없는 그와 같이 썩고 썩은 세상이
되었음을 너희는 알아야 할 것이니라.
15 세상의 정치판이요, 인간의 명예를 위
하여 돈을 주고 돈 봉투를 거래하며
그 직함을 얻는 것보다도 더 혐오스럽
고 추한 모습으로써 교회라는 그곳에
서 명예를 얻기 위해 돈 봉투가 오가
며 금전 거래가 성행하는 그와 같은
곳이 교회의 집단이며,
16 금전 봉투가 왔다갔다하는 속에서 파
당이 생기며, 저를 미워하는 자를 살
생하며 저를 미워한 자를 밀어내며,
제 뜻을 듣지 아니하며 제가 잘못되었
다 말하는 자를 개돼지 같은 짐승만
큼도 취급하지 않으며 파당을 만드는
그와 같은 사악한 자들이니라.

17 돈 봉투로써 제 사람을 수족처럼 부리
며, 나 여호와의 백성이 아니요, 나 여
호와의 뜻에 따른 믿음의 길을 가는
것이 아니요, 모리배와 같은 행위를
하니,
18 거기가 썩고 썩어서 그 냄새가 진동하
여 그를 맡을 수 없는 지경이 되어 있
으며,
19 제왕보다도 더 사치스러운 생활에, 지
도자가 그와 같은 생활 속에 썩어져
있음이니, 그 썩은 냄새 또한 내가 맡
기가 역겨우니라.
20 너희가 진정한 삶이요, 목자의 삶이
무엇이던가?
21 그와 같은 길을 가지 아니하며,
22 정치판이나 모든 이해관계가 있으면
기웃거리며 그곳에 가서 냄새를 맡으
려 하는 것이 지금의 종교 지도자요,
목자들의 형태이니라.
23 정녕 너희는 그와 같은 생활에서 다
썩고 썩은 자니, 거기서 어떻게 무엇
을 구원하며, 어찌 진리를 찾으며 하
늘에 오르는 길을 역사할 수 있다고
말하는가?
24 다 썩고 썩어져 있느니라.
25 그리하여 너희를 썩은 자라 하여 내
가 나의 아들딸로부터 나의 법전을 가
지고 너희를 수술하고자 하는 것이니,
26 지금 내가 나의 아들을 통하여 기록하
고 전하는 이와 같은 썩고 썩은 행위
가 너희 앞에서 일어나지 아니한다면,
27 내가 잘못된 것이며 내가 사탄이며,
나의 아들이 사악한 자요, 나의 법전
이 말세에 오는 사악한 자가 교란하기
위한 잘못된 것이라 말해도 내가 할
말이 없음이니 그리 알라.
28 내부적으로 외부적으로 다 썩고 썩은
것이 너희니라.

7,261 번째 하나님 말씀

2003년 8월 22일 20시 45분

1 사랑하는 나의 아들아!
2 "네, 아버님! 말씀하옵소서."
3 너희가 나의 법전을 기록하여 세상에
전함이니,
4 한 권 두 권을 썼을 때 모든 백성은 그
저 조금 하다 끝날 것이며, 더러는 장
난이며, 남들이 책 한 권을 써내듯이
그와 같은 역사를 이룰 것이라 생각
했으며,
5 하늘에 오르는 길이요, '하나님! 말씀
하옵소서'라는 어떠한 종교 지파도 없
는 나의 성령의 이 책이 그와 같이 흘
러가다 끝날 것이라 생각했을 것이니
라.
6 그러나 너희는 알아야 할 것이니라.
7 나의 열여섯 권의 기초의 그 법전에
들어 있는 것, 160권의 법전에 들어
있는 그 모두는 다 그와 같은 역사가
이루어질 것이며,
8 그 증거함을 알고 보게 될 것이니라.
9 그러니 나의 모든 약속은 이루어질 것
이며 반드시 그건 실행될 것이니라.
10 그것이 바로 나의 진리요, 나 여호와
의 뜻임을 너희가 알아야 할 것이며,
그리고 그 하나하나가 역사함을 알아
야 할 것이니라.
11 또한, 이제 너희는 깨달을 것이 있음
이니라.

12 너희가 뭐라 해도 너희는 나의 법전
대로 행하고 사는 백성으로서 변하게
될 것이며, 결국 나에게 오를 수 있는
그와 같은 백성이라는 것을 알아야
할 것이니라.
13 너희가 오늘에 가기 어렵다 해도, 나
의 법전이 이루어진 역사가 힘들고 어
려운 만큼 그보다도 너희가 변하는
것이 더 어렵고 힘들지는 아니할 것이
니라.
14 그러니 나의 법전에 있는 모든 것은
역사하고 이루어질 것이니, 또한 너희
는 그대로 실천하며 행하며 그리 변화
되는 삶을 살아야 하느니라.
15 아무리 떠나고자 해도, 너희가 이를
깨우쳐 행하지 아니하려 해도, 나의
전사로서 끝까지 쓰이는 백성은 나의
법전대로 살며 그대로 행하는 너희가
된다는 것을 알아야 할 것이니라.
16 나의 법전의 모든 역사가 이루어지는
것처럼, 나의 법전 그대로 살며 그를
다 보며 그를 역사하는 것이 너희라는
것을 절대 잊어서는 아니 될 것이니라.
17 그러니 너희는 행하는 백성이요, 실천
하는 백성으로 살라 함을 잊어서는 아
니 될 것이니라.
18 내가 너희에게 일찍이 법전에 기록하
여 뭐라 전하였느냐?
19 배고픈 자에게 수저 하나 더 놓고 같
이 나눠 먹는 것이 사랑이요, 배고픈
자의 아픔을 알며 그 고통을 너희가
같이하는 것이라 하지 아니하였더냐?
20 그것은 무엇이더냐?
21 행함이니라.
22 그러나 모든 백성이요, 종교 집단이
요, 믿음의 길을 가는 자들이 말로써
모두를 다 역사하며, 말로써 모두를
다 이루고자 하며, 그와 같이 가는 믿
음이니라.
23 그러나 너희는 남들이 어찌 가든 그들
이 어떠한 형태로 가든 행함이 소중하
며, 행함으로써 모든 결과가 이루어진
다는 그와 같은 것을 굳게 믿어야 할
것이며,
24 그리하여 너희가 배고픈 자에게 네
밥그릇에 수저 하나를 꽂아 그의 앞에
밀어 주는 그와 같은 아름다운 마음으
로써 살아가는 것이 너희니 그를 잊
지 말라.
25 그와 같은 행위를 하며 그와 같은 삶
으로 살면 곧 나에게 오를 수 있다는
것이 나의 진리이거늘,
26 어찌하여 나의 진리요, 나의 뜻이 그
리 어렵고 힘들다 생각하는가?
27 먼 곳에 있으니 인간이 시행하고 지킬
수 없다 그리 말하느니라.
28 너희가 어찌 잘못된 줄 알겠느냐?
29 너희가 나의 뜻이요, 내가 역사하는
것을 인간이기 때문에 지킬 수 없다는
그 말은 너희가 무엇을 포기하는 것
이냐?
30 너희가 내 아들이요, 아버지라 하며
나를 아버지라 부르는 자들이, 아버지
가 명하고 아버지가 내린 것을 지키지
못하며 따를 수 없다면 그것이 무엇
이더냐?
31 말로써는 아버지라 부르며 창조주라
부르나, 너희는 나의 자식이 되기를
거부하는 것이며, 나의 자식이 아님을
만방에 선포하는 것임을 너희는 알아

야 할 것이니라.
32 인간 세상의 자식도 부모가 유언을 남
기며 부모가 남기는 것, 부모가 너희
에게 지키라 시키는 것을 최선을 다하
며 모두를 다 바쳐 따르는 것이 자식
의 도리요, 그와 같은 것이 부모와 자
식 간의 관계가 아니던가?
33 그러니 그 뜻을 부모가 자식에게 못
지킬 것, 잘못 갈 것, 그리고 너희가
잘못되는 것을 가르치는 자가 있던가?
34 부모는 비록 도둑질을 하며 강도질을
하며 살인해도, 제 자식에게는 그와
같은 짓을 하지 말라 할 것이니라.
35 제가 죄를 짓는 것도 자식이 알까 봐
두려우며 그것이 자식에게 영향이 미
칠까 봐 그리고 자식이 사회 생활하
며 살아가는 데 지장을 초래할까 봐
노심초사하고 걱정하고 고민하는 것
이 인간사의 부모의 마음을 가진 자
들이거늘,
36 창조주 나 여호와가 너희를 얼마나
사랑하는지 아느냐?
37 그런 너희에게 내가 지킬 수 없는 것,
행하지 못할 것을 내렸다고 생각하는
그것이 바로 사탄들이 그들의 마음에
작용하여 그들의 마음을 흔들고 있음
이니라.
38 이미 그들의 육신은 너희와 똑같으며,
말로써는 너희처럼 나를 아버지라 찾
으며 창조주 아버지를 찾으며 아버지
뜻대로 살아가겠다며 몸부림치고 눈
물 흘려 기도하고 경배하나,
39 그들의 마음속에는 사탄이 조정함이
니, 그것은 허울 좋은 껍데기만 남아
있는 것이요, 영혼은 이미 죽어 있으
며, 그 영혼은 밖에 쫓겨나 사탄의 영
이 그 모두를 차지하고 있다는 것을
알아야 할 것이니라.
40 이를 지키고 살아야 하며, 나의 뜻에
순종하여 살아가는 것이 하늘에 오르
는 길이라 믿는 너희는 감히 사탄이
너희를 지배하지 못하며 너희를 다스
리지 못함이니라.
41 너희가 아무리 고대광실에 재물을 가
지며 권력을 가진 자라 해도 너희가
십계명을 지킬 수 없으며, 인간은 죄
를 짓지 아니하고 살 수 없으며, 인간
은 사악한 짓을 하지 아니하고는 살
수 없다 그리 말하는 자,
42 그들은 모두 사탄의 자식이 되었으며
사탄의 통제를 받으며 사탄의 마음에
의해 움직이니,
43 아무리 그들이 아름다운 말을 하고 아
무리 나를 찾고 경배한다 해도, 그들
은 사탄의 작업에 의해 나를 무너트리
며 그들로 하여금 나를 공격하며 사탄
들이 나로부터 저희가 벌을 받을 때
그 성곽을 쌓기 위해 그들을 그와 같
이 이용한다는 것을 잊지 말아야 할
것이니라.
44 어떠한 백성이라도 너희와 견줄 수
있는 백성이라도 내 뜻을 지킬 수 없
다는 것은 사탄의 자식이요,
45 너희가 비록 초라하며 병들어 있으며
가진 것이 없으며 남에게 보일 것이
없다 하여도, 내 뜻을 지키며 십계명
대로 살 수 있다는 너희는 진정한 나
의 아들딸이며 나의 뜻을 순종하는 자
들이니라.
46 이것을 어디 하늘에 비할 수 있으며

어디에 이를 비할 수 있단 말이던가?
47 하늘과 땅의 거리보다도 더 무서운 것
이 지금 너희의 마음가짐과 그들과의
격차라는 것을 잊지 말라.
48 너희는 십계명을 지키고 살아야 하며
나의 뜻대로 살아야 하며, 어려운 자
와 같이 더불어 나누며 실천하는 삶이
소중하다 하지 아니하였더냐?
49 그와 같이 사는 자, 그것이 바로 나의
뜻을 따르는 백성이니라.
50 네가 네 제자에게 물었느니라.
51 '힘들고 어려울 때 그만두고 포기하
며, 착하고 아름답게 사는 것을 그만
두고, 그저 인간들과 더불어 살고 싶
은 마음은 없느냐?' 네가 그리 물었을
때,
52 그 제자가 그리했느니라.
53 절대 그리 살 수는 없으며, 너희가 그
리 사는 지금의 고통스러움이 행복이
요, 너희가 남을 위해서 움직일 수 있
는 기운이 있으며 능력이 있는 것을,
그리고 땀을 빼 그리 도와주는 것이
행복이라 그 제자가 그리 말하지 않았
더냐?
54 이 세상에 믿음의 길을 가는 백성이
그리 가는 자가 있는 줄 아는가?
55 저희는 계산속에서 어느 것이 편한
것인가, 어느 것이 수고로움이 적은
것인가, 그리고 어느 것이 제 손가락
에 다이아몬드 반지에 금 보석을 끼
우는 길인가,
56 그리고 제 목에 황금의 목걸이를 개
고리처럼 걸 수 있는 것인가 그걸 먼
저 생각해서, 그것이 옳고 그것을 할
수 있으면 그 길을 선택하니, 인간의
생각이요, 사탄의 생각이라 내가 그리
함을 알라.
57 너희는 비록 초라하나, 나의 뜻에 따
르며 내가 너희와 같이하는 백성이라
는 것을 잊지 말라.
58 모든 승자는 너희들이니라.
59 창조주 나 여호와가 이 세상을 지배하
게 만들었음이니, 내 뜻을 따르는 자
가 승자요, 내 유업을 받을 자들이 너
희니, 오늘에 초라하고 힘들다 하여
너희 자신을 돌아다보지 말라.
60 나 여호와가 같이하고 있음이니라.
61 그리고 너희가 힘들고 어렵거든 그리
보라.
62 나 여호와가 직접 친필로 쓴 그 십계
명을 지키고 살겠다면 남들이 보기에
어리석은 백성이요, 모자라는 백성이
요, 바보 같은 백성일지언정, 나는 바
보를 사랑함이니라.
63 내가 너희에게 어린아이와 같은 마음
으로 사는 것이 천국에 오르는 길이
요, 그 마음과 같은 자들이 나에게 오
르니 그리 살라 했으니,
64 바보요, 천치 소리 듣는 그와 같은 마
음으로 돌아가고자 발버둥치는 나의
아들을 따르는 너희가 있기에, 나 여
호와가 오늘의 노함을 참으며, 내가
재앙으로써 너희를 다스리고자 하는
것을, 너희가 있기에 내가 기다리고
있음이니라.
65 너희가 말하는 관광의 코스를 내가 만
들 것이며, 만백성이 너희가 있는 곳
에 와서 너희를 보고 깨우칠 것이며,
66 만백성들이 너희가 있는 곳에 다녀가
는 그 관광 명소가 될 것이니 걱정하

지 말라.
67 그러니 서서히 내가 다스려 나감이니
라.
68 너희가 이 세상의 모두를 지배하며 나
의 법전이 하루아침에 이 세상을 덮
는 것은 법전만 전한다고 해서 되는
것이 아님을 알라.
69 너희가 가분수라는 것이 있지 않으냐?
70 사람은 사람이되 머리가 무겁고 상체
가 무거우면 그걸 지탱하지 못하지
않더냐?
71 내가 하루아침에 나의 법전을 세상에
전하는 역사를 해도 너희의 하체가
부실함이니, 너희가 받칠 힘이 없어서
그를 받치고 가지 못하는 뜻을 알라.
72 내가 모두의 균형을 맞추니, 천 가지
만 가지 너희가 모르는 그 모든 가짓
수를 다 배양시켜서 힘을 기르며, 그
싹을 틔우기 위해 너희가 받치도록
그리하는 역사 속에서 이루어짐이니,
73 너희는 기다리며 두려워하지 말며 너
희 마음을 다스리는 데 우선 최선을
다하라, 사랑하는 나의 아들딸들아!

7,262 번째 하나님 말씀

2003년 8월 23일 06시 12분

1 사랑하는 나의 아들아!
2 "네, 아버님! 말씀하옵소서."
3 모든 것은 하루아침에 이루어지는 것
이 없으며, 하루아침에 역사함이 없음
이니라.
4 아이들이 세상에 태어나 하나하나 변
하는 그 과정을 겪으면서 그가 걷기
시작하며 또 달리기 시작하며 그와 같
이 성장함에 따라서 변하는 것같이
그것이 순리이며 진리이니라.
5 지금 온 세상의 만백성을 구하는 나의
법전이 세상에 내려감이니, 그도 그와
같은 절차요, 그와 같은 순리에 의하
여 모두가 역사함을 너희는 잊어서는
아니 될 것이니 그리 알라.
6 그와 같은 과정 하나하나를 거치지 아
니하고 역사했을 때, 그는 바로 이루
어질 수 없음이니라.
7 너희가 무엇을 이루고 지상에 너희
손으로 무엇을 만드는 것 또한 그것도
하나하나의 단계가 이루어지며, 그 단
계에 따라서 역사하는 것이니라.
8 모든 과학 문명도 그러하니라.
9 처음서부터 시작한 것이 하나가 개발
하며 또 하나가 연구되며, 그다음에
개발되며 연구되고 개발해서 그와 같
이 모두 역사하니,
10 그와 같이 이루어지는 것은 넘어짐이
없으며 쓰러짐이 없음이니라.
11 이는 곧 단단한 기초 위에서 모두 역
사하기 때문이니라.
12 너희가 이 세상의 만백성들이요, 믿음
의 길을 가는 백성이 잘못되고 잘못
감을 너희가 잘 알고 있을 것이니라.
13 그들을 바로잡는 것은 얼마나 어렵고
힘든 길이더냐?
14 과학 문명이라 하여 역사하는 것은 적
이 없으며 상대성이 없음이니라.
15 그리하여 너희가 노력하고 연구하면
그와 같이 갈 수 있음이니라.
16 그러나 어린아이가 세상에 나와 기기
시작하며 걷기 시작하며 서서히 성장
하는 아이들을 밀어붙이며 넘어트리

며 달리지 못하도록 하는 그와 같은
자가 있다면,
17 그 아이가 성장하기가 얼마나 어렵고
살아남기가 얼마나 힘들고 어렵겠느
냐?
18 그와 같은 것을 알면 될 것이니라.
19 지금 모든 나의 피조물 만백성들이 죽
어 가고 썩어져 가는 자, 그리고 저희
자신이 죽어 감을 모르며 썩어져 있음
을 모르며, 저를 보호하고 저를 지키
기 위해 저희들의 잘못된 것을 가르
치고 다스리는 자를 용서치 않는 그와
같은 형국이 되어 있음이니라.
20 지금의 모든 종교 집단이요, 지도자들
이 엉클어지고 이해관계에 얽혀 서로
연관관계의 역사가 있으며 그 속에서
그들은 성장하였기 때문에 서로 물고
물리고 그와 같은 속에 훈련되고 다스
려진 자들이니라.
21 그와 같은 강자 앞에 너희가 갑자기
나의 뜻을 가지고 세상에 전하며 만
백성을 구한다고 일어섰을 때, 아직
걷지도 못하는 아이를 밀어붙이는 청
년이 있다 하면,
22 과연 그 청년 앞에 걷지도 못하는 어
린 아이가 견딜 수 있겠느냐?
23 절대 견딜 수 없음이니라.
24 그리하여 살아남을 수가 없으며 견딜
수가 없는 것이 나의 법전이 세상에
내려가는 이치요, 진리이니라.
25 그러니 그와 같은 모든 것을 다 역사
하고 살아남기 위해서는 천천히 다스
리며 순리에 따라 가는 길밖에 없음이
니,
26 그는 나 여호와밖에 모르며 인간 너희
의 머리로써 그리 역사해서 갈 수 없
는 그와 같은 형국이니라.
27 모든 동식물이요, 날짐승이요, 그 모
두가 다 처음 태어났을 때는 많은 것
들의 먹이가 되며 많은 것의 공격 대
상이 되느니라.
28 하늘을 나는 독수리 새끼도 처음에는
먹이가 되며, 그보다 강한 자에게 그
또한 찢겨 죽는 그와 같은 형국이 아
니더냐?
29 그 이치를 안다면 너희는 서둘러서도
안 되며, 너무 앞에 가고자 해서도 아
니 됨이니라.
30 그리하여 내가 너희에게 기다리는 현
명함을 얻으며, 기다리는 속에서 이루
라 그리한 나 여호와의 뜻이 여기 있
음을 알아야 할 것이니라.
31 서서히 하나하나 이루어지는 것이니
라.
32 그리 이루어지면서 너희들 또한 변하
는 것이 그러하니라.
33 너희 제자들 각자를 놓고 생각할 때
너희 자신이 부끄럽고 한스럽기 끝이
없으며, 너희의 마음 씀씀이를 보고
자신의 가슴을 두드리며 통곡하고 후
회하는 일이 수없이 있을 것이니라.
34 그러나 그와 같이 가슴을 두드리며 후
회하고 통곡하는 그것이 너희가 천사
가 되어 가는 길이며,
35 그 길을 거치지 아니하고는 너희는
천사가 될 수 없으며 나의 아들딸로서
거듭날 수가 없음이니라.
36 그 과정을 거쳐서 너희가 역사할 수
있으며, 나의 법전도 그리 역사함이니
라.

37 그러니 너를 따르는 제자, 그리고 나의 법전을 읽고 깨우치는 백성, 너희가 하루아침에 무엇인가를 변하고자 하는 것은 어렵고 힘든 길이니라.

38 그러니 하나하나 서서히 벗겨 나가며 그와 같이 다스려 나가는 그 속에서,

39 성급하게 하지 말며 불 같은 성격을 갖지 말며, 서서히 물과 같이 유하고 부드러운 마음으로 다스려 나가면 너희 자신이 변화될 것이며,

40 그와 같이 기다림 속에서 세월이 흘러가면 나 여호와의 계획에 의하며 모든 역사가 이루어지는 것이니라.

41 이 세상에 내가 이루고자 하는 계획은 사탄도 알지 못하며 천사도 알지 못하며 그 누구도 알지 못함이니, 오로지 창조주 나 여호와만이 모두를 알고 있음이니라.

42 그리하여 나의 계획을 나의 아들을 통하여 세상에 내려보내 역사함이니, 너희는 그리 알아야 할 것이며,

43 조급한 생각, 불과 같은 생각으로써 이루고자 하는 생각을 하지 말라, 사랑하는 나의 아들딸들아!

7,263 번째 하나님 말씀

2003년 8월 23일 06시 22분

1 사랑하는 나의 아들아!

2 "네, 아버님! 말씀하옵소서."

3 너를 따르는 제자들이요, 나의 법전을 읽고 깨우친 백성이요, 참진리로 가는 백성의 길은 어렵고 힘들고 고달프다 하였음이니라.

4 그와 같은 것이 너희가 가는 길이니라.

5 위로는 나 여호와의 뜻을 받아 너희가 변화되어야 하며, 너희 모두를 다 바쳐 내가 이루고자 하는 그 역사를 이루는데 혼신의 힘을 다해야 되는 것이 너희니라.

6 너희가 나의 뜻에 따라 내가 역사하는 것에 모든 힘을 다 바쳐 그대로 역사한다 하여, 너희가 나의 피조물 만백성들이요, 너희 제자의 그 제자들이요, 또 그 밑에서 너희에게 배우는 자들에게 재물을 거둬들이며 금화와 은화를 거둬들이는 그와 같은 역사를 해서도 아니 되며,

7 그들로부터 대가를 거둬들이는 것도 해서는 아니 되는 것이 나의 전사요, 나의 선택된 아들딸이니라.

8 그러하니 너희가 어떠하겠는가?

9 오로지 너희는 아래로 베풀어 주며, 그들이 깨우쳐 갈 수 있는 가르침의 장소요, 전당을 만들어 주는 것을 너희 능력으로써 너희가 가진 재물로써 너희가 모아 놓은 금화와 은화를 가지고 그들을 위하여 깨우쳐 주며 그들을 위해 써야 하는 것이 나로부터 선택된 백성이요, 전사 된 너희가 가는 길이라는 것을 확실히 알고 있어야 함을 알라.

10 너희가 나에게 열이라는 것을 바쳤으며 열이라는 것을 봉사했기에, 그 밑에 있는 백성으로부터 열 개요, 스무 개를 거둬들인다는 것은 중간에서 착복하는 것이요, 그건 봉사도 아니요, 희생도 아님이니라.

11 그건 당당한 모습이 아님을 너희는

알아야 할 것이니라.
12 너희를 사랑하는 나 여호와의 마음을
모르겠는가?
13 너희가 노력하여 나에게 시간이요, 금
화와 은화를 백이라는 것을 바쳤을 때,
14 너희는 당연히 인간 세상의 거래법에
의해 너희를 따르는 그 백성으로부터
열배 백배를 거둬들이는 것이 너희가
살아갈 길이며 존재할 길이라 그리
생각하느니라.
15 그러나 그와 같은 백성은 당당한 백성
이 아니요, 나로부터 선택된 백성이
아니요, 나의 아들딸로서 가는 길이
아님이니, 이 일을 어찌하면 좋겠느냐?
16 정녕 그와 같은 마음이 봉사요, 나에
게 오르는 길이요, 당당히 하늘에 걸
어오는 길이라는 것을 믿고 행하는 길
밖에 없음이니라.
17 나 여호와가 존재함을 믿으며 나의 뜻
을 믿는다면, 너희는 그와 같은 삶을
살아가야 하는 것이 나의 아들을 따르
는 제자들이니라.
18 모든 종교 집단이요, 지도자들이 과연
어찌 가느냐?
19 나에게 열이라는 것을 바쳤을 때, 백
이요, 천이라는 것을 저희가 거둬들이
는 그와 같은 짓을 하고 있으니,
20 그는 나를 이용하여 우리 부자를 이용
하여 장사하는 장사꾼이 아니더냐?
21 정녕 나의 사랑하는 백성을 하늘로
인도하며 깨우쳐 역사하는 그 백성이
라면 바로 너희와 같은 길을 가야 하
는 것이니라.
22 너희가 가진 그 모두를 나에게 바쳤
다 해서 밑에서 열배 백배 천배를 거
둬들이는 것이 당연한 것처럼 가는 백
성이 아니요,
23 너희를 따르는 그 제자들이 바른길을
갈 수 있고 모범이 된 삶을 살 수 있도
록, 그들에게 거둬들이고 재물을 갈취
하는 것이 아니라, 네 것을 가지고 그
들이 깨우칠 수 있는 터전을 만들어
주며 그들이 놀고 공부할 수 있고 나
의 법전을 읽을 수 있도록 법전을 전
해 주고 깨우치는 것이 너희니라.
24 너희는 아래위로 모두 주는 것밖에 없
으며 바치는 것밖에 없는 그것이 바로
나의 아들이요, 나의 딸이요, 나의 뜻
에 의해 역사하는 자가 가는 길이라
함을 잊어서는 아니 될 것이니라.
25 이 세상의 모든 흐름이 그러하니라.
26 윗사람에게 또 상사에게 조금의 봉사
와 희생을 했다면 그를 반드시 거둬들
이려는 것이 너희가 가진 마음이니,
이것이 과연 있을 수 있겠는가?
27 그와 같은 것은 깨달음도 아니요, 봉
사도 아니요, 역사함도 아니라는 것을
너희는 알아야 할 것이니라.
28 그러니 너희는 가슴 깊이 새겨야 할
것이니라.
29 너희는 위로는 모든 것을 나 여호와의
기쁨을 위하여 내가 이루는 역사를 위
하여 모두를 다 바치는 자가 되어야
할 것이며,
30 또한 아래로는 그들이 깨우칠 수 있도
록, 그들이 놀며 살아갈 수 있도록, 그
리고 진리를 알며 살아갈 수 있도록,
태어난 인생을 아름답게 살 수 있도록,
31 부귀와 권력과 재물을 거둬 그들을 편
하게 살도록 하는 것이 아니요,

32 그들이 하늘의 참진리를 깨우쳐, 그것
이 재물보다도 권력보다도 부귀영화
보다도 행복함을 느낄 수 있도록 정신
의 개조요, 마음의 개조를 시켜 줌에
서 네 것으로써 그들을 다스려 주고
깨우쳐야만 당당히 나에게 와서 받을
상이 있으며, 나에게 올 수 있다는 그
이치를 너희가 잊어서는 아니 됨이니
라.
33 그것이 너희가 가는 길이기에 고달프
고 어렵다 하였음이니라.
34 그러나 다만 너희는 나를 만날 수 있
으며 나를 볼 수 있다는 그 열망 하나
로 모든 것을 인내하고 가야 함을 절
대로 잊어서는 아니 될 것이니라.
35 너희는 장사꾼이 되지 말라.
36 그리고 중간에서 거간꾼이 되어 무엇
인가 수수료를 받아먹는 그와 같은 사
람이 되어서는 나의 뜻을 따르는 것
도 아니요, 나의 뜻을 가르치는 것도
아님이니라.
37 내가 사랑이란 무엇이라 말하였느냐?
38 하나를 받았을 때 둘로 주는 것이요,
베푸는 것이 사랑이라 하였음이니, 너
희는 거둬들이는 사랑을 해서는 절대
아니 됨이니라, 사랑하는 나의 아들딸
들아!
39 그와 같은 관광명소가 생겨야 하며
그와 같은 백성이 사는 곳이 이 세상
에 이루어지는 싹을 틔워야 함을 너
희는 잊어서는 아니 될 것이니라.
40 모든 종교 집단들이 지금 가는 것이
그와 같은 형국으로 가니, 그것이 잘
못되었으며,
41 그들은 봉사도 아니요, 품삯을 받아먹
는 자들이라 말함이 여기 있음이니,
42 너희 제자들은 나의 뜻을 알았다면 마
음가짐을 단단히 해야 할 것이니라.
43 그와 같은 생각을 하고 있다면 너희
가 무엇을 얻고자 무엇을 이루고자 하
는 생각을 해서도 아니 되며,
44 나의 성전에 와 공부하며 나의 아들을
따름으로 인하여 오늘보다 더 나은 삶
이요, 더 얻고자 더 갖고자 하는 그와
같은 생각을 하는 믿음은 거래이니라.
45 그와 같은 백성을 내가 무엇하러 기
억하며, 그에게 무슨 은혜를 내리며,
그에게 어찌 상을 내리겠는가?
46 너희는 이와 같이 오늘 나의 아들을
통하여 내리는 그 의미가 너희가 가야
할 길이고 행해야 할 길이라는 것을
알라.
47 양손에 들고 있으니, 오른손은 나에게
바치는 것이요, 왼손은 만백성을 위해
서 바치는 손이 되어야 할 것이며,
48 그 손으로 거둬들여 네 배를 채우는
그와 같은 것이 있어서는 아니 됨이니
라.
49 오른손도 그와 같은 역사를 해서는 아
니 되며, 왼손도 그와 같은 역사의 행
동을 해서는 아니 되느니라, 사랑하는
나의 아들아!
50 네 손을 펴놓고 오른손은 나 여호와를
위해서 쓰는 손이요, 왼손은 만백성을
깨우치는 데 쓰는 손이요,
51 그것이 바로 너희가 가야 할 길이며
너희가 행해야 할 길이라는 것을 잊
지 말라, 사랑하는 나의 아들딸들아!

7,264 번째 하나님 말씀

2003년 8월 23일 06시 31분

1 사랑하는 나의 아들아!
2 "네, 아버님! 말씀하옵소서."
3 너희가 살아가면서 남에게 의심받는 행동을 하여 남으로부터 욕되는 행위를 하지 말라 그리하였음이니라.
4 그러나 그와 같은 깨달음이요, 깨우침은 너희에게 적용되는 것이 아니요, 거기서 변화되는 삶을 엮어 가야 하는 것이니라.
5 너희 인간사의 가르침에 그런 말이 있지 않더냐?
6 '참외밭을 지나가는 자는 신발끈이 풀어졌어도 그것을 다시 고쳐 매지 말라' 하였으며, '남의 과일나무 밑을 지나가면서 너희 조상이 쓰고 다니던 그 갓끈이 풀려 모자가 잘못되었어도 그를 고쳐 쓰지 말며 손을 대지 말라'는 것이 인간 세상의 가르침이니라.
7 그러나 그와 같은 가르침 속에서 가는 것이 나의 아들을 따르는 제자들이요, 만백성을 이끌어 가는 너희가 아니니라.
8 너희는 바로 참외밭을 지나가면서 신발끈이 풀어졌을 때, 당당히 그 신발끈을 고쳐 매고 가는 사람들이 되어야 할 것이며 과일나무 밑을 지날 때 모자가 잘못되면 그걸 바로 고쳐 쓰고 갈 수 있는 자가 되어야 할 것이니라.
9 그러나 그 모든 주인이 그걸 고쳐 쓰고 고쳐 신고 가는 사람들이 너희라는 것을 보았을 때, '절대 그분들은 그 과일을 따지 아니하며 취하지 않는 사람이라' 그리 보는 그와 같은 행동의 삶이 중요한 것이니라.
10 그와 같은 깨달음을 이제 너희 제자요, 나의 백성은 그리 가야 함을 알라.
11 너희가 남으로부터 의심을 받는 행위를 하지 않는 그 자체가 중요한 것이 아니요,
12 남에게 의심을 받는 행위를 하는 것 같았다 해도, 너희는 절대로 그와 같은 행위를 하지 아니한다는 것을 남이 믿어 주는 그 삶이 중요함을 알아야 할 것이니라.
13 그러니 내가 나의 법전에 기록하여 뭐라 말하였느냐?
14 너희가 한 가정에서 가까운 형제 중에서 이웃에서 그와 같은 행위를 했을 때, 절대적으로 너를 믿으며 신뢰할 수 있는 그와 같은 삶을 살아가는 사람이 되어야 한다 하였음이니라.
15 너희가 한마디 말하는 것은 약속이요, 법이요, 그건 반드시 지켜지는 그와 같은 삶을 살아가야 한다 함이 여기 있음을 알라.
16 너희는 그와 같이 의심받는 분위기요, 그 환경을 만들고 안 만드는 데 신경 쓸 것이 아니라, 그와 같은 행위를 하지 않는 자세로써 행함이 소중함을 알아야 할 것이니라.
17 겉으로는 의심받지 않는 행동을 하면서, 남들이 보지 않는 은밀한 장소에서 실수하며 남에게 보여서는 안 되는 그와 같은 행위를 한다면 과연 그게 무슨 의미가 있겠느냐?
18 분위기를 만들지 아니하는 자와 행하지 않는 자의 그 차이가 과연 어떠하

던가?
19 너희가 어쩔 수 없는 환경에서 남이 이상하게 생각한다 해도 남이 이상해 하는 그와 같은 행동을 하지 아니하는 것이 중요하며,
20 나의 아들을 따르는 제자요, 나의 법전을 읽고 깨우친 백성 너희는 은밀한 곳에서 실수하지 않는 것, 그리고 보이지 아니한다 해도 남에게 부끄러운 행위를 하지 않는 것이 중요함이니라.
21 그 분위기에 따라서 너희 자신이 돌아서며 해야 할 일을 멈추며 가야 할 길을 중단하는 것은 위선자이며, 그것은 잘못된 깨달음이요, 잘못된 믿음이라는 것을 알라.
22 내가 너희에게 뭐라 했느냐?
23 이제 너희는 과일나무 밑을 지나다 갓끈이 끊어졌으면 그걸 바로 고쳐 쓰고 가되, 모든 사람이 너희는 정녕 남의 것을 취하지 아니하며 손을 대지 아니하는 사람이라는 그 믿음을 받는 사람으로 살고 다지는 것이 소중함이니, 그와 같은 삶으로써 변하도록 그리하라.
24 그리하여 한 점의 부끄러움이 없는 삶을 살며 그리고 너희가 하는 행동은 모두 믿고 신뢰하고 따를 수 있는 그와 같은 자세가 필요함이니라.
25 너희의 그 행동이 소중한 것이요, 외형적인 분위기 속에서 너희를 의심할 것이라 하여 그걸 깨고 파괴하며 그곳에 너를 담고 같이 있는 것을 싫어하는 것이 아니라,
26 그러한 여건이 갖추어졌을 때 행하지 않으며, 그리하여 남으로부터 신뢰를 받는 그와 같은 삶을 살아가는 것이 나의 아들을 따라가는 제자요, 나의 법전을 읽고 깨우친 만백성 너희가 가고 행할 길이니라.
27 실질적인 범죄를 하지 아니하며, 실질적인 죄를 짓지 아니하며, 어떠한 여건이나 은밀한 곳에서 이루어질 수 있는 그 모두도, 남이 보지 않는 곳에 황금 덩어리가 있다 해도 그걸 쥐지 아니하며 훔치지 않는 그와 같은 행위가 중요한 것이니라.
28 황금 덩어리가 있는데 그걸 보고 만질 수도 있는 길을 너희가 훔쳐갔다 할까 봐 그 앞에 근접하여 가는 것을 두려워하며 무서워하는 자는 미래가 없으며 변화되는 것이 없으며 발전이 없는 것이니라.
29 그것은 위선된 삶이라는 것을 너희 제자들은 알아야 할 것이며, 나의 법전을 읽고 깨우친 만백성 너희는 행함이 소중함을 알라.

7,265 번째 하나님 말씀

2003년 8월 23일 14시 14분

1 사랑하는 나의 아들아!
2 "네, 아버님! 말씀하옵소서."
3 너희가 즐기는 그 스포츠요, 운동할 때, 상대방에게 공을 어찌 보내느냐에 따라서 너희에게 올 때 그 공이 그대로 답례로 온다 하였음이니라.
4 너희가 감정을 가지고 감정적으로 그 공을 상대방에게 보내며 신경질적으로 그 스포츠에 임한다면, 그 상대방

또한 더 열을 받게 됨이니, 너희에게 더 감정적인 대화를 하게 되어 있음이니라.
5 그러니 스포츠요, 운동이라는 것을 떠나서 인간관계에서 또한 그러니라.
6 그것은 기본이요, 지키고 가야 할 당연한 도리라는 것을 너희는 알고 있을 것이니라.
7 그러니 여기서 너희는 하나를 깊이 깨우쳐야 할 것이니라.
8 지금의 모든 종교 집단이 수천 년 동안 흘러오면서 굳어질 대로 굳어졌으며 단단해질 대로 단단해졌으며,
9 오로지 저희 뜻이요, 저희는 구원을 받았다 생각하는 그 백성을 바로잡고 깨우치는 길은,
10 너희가 얼마만큼 그들을 사랑으로써 다스리며 인내로써 그들과 대화하며 더불어 사느냐 하는 그것이 가장 중요한 것임을 알아야 할 것이니라.
11 저희는 도저히 참을 수 없는 것을 너희가 인내하고 참을 때, 저희는 더 이상 들어줄 수 없는 것을 들어주고 있을 때,
12 저희는 도저히 너희에게 면박이요, 더 이상의 화풀이를 할 수 없을 정도로 극에 달한 상황까지 간다 해도, 너희는 처음과 같은 태연한 자세로 그들과 대화할 수 있는 그 마음의 준비가 되어야 함이니, 그것은 바로 무엇이더냐?
13 사랑의 그릇이 커야 함이니라.
14 사랑의 그릇이 작으면 절대로 감싸고 안을 수가 없는 것이 이 세상의 법도 아니더냐?
15 아랫사람이 윗사람을 사랑하고 윗사람을 가다듬을 수가 없는 것이 아니더냐?
16 그리하여 인간 세상에서는 아무리 뭐라 해도 사랑은 내리사랑이니라.
17 자식이 부모를 사랑하는 마음이 아무리 높다 하고 효성스럽다 해도, 부모가 자식을 사랑하는 마음을 능가할 수 없으며 그를 넘을 수 없다 함이 여기 있음이니라.
18 그러니 너희가 얼마나 큰 가슴으로써 얼마나 큰 그릇으로써 성장해야 하는가를 너희 스스로 알아야 할 것이며, 나의 아들을 통하여 내리는 성령이요, 강론이요, 그리고 법전을 읽고 끝없는 사랑의 가슴으로 안는 자로 변화되지 아니하면 아니 될 것이니라.
19 지금 너희는 사랑의 마음이 과연 얼마나 방대하며 얼마나 뿌리깊이 잡혔으며 넓게 되어 있는가?
20 모든 종교 집단 속에 형식적으로 살아가는 그들이 말하는 사랑의 한계요, 속과 겉이 다른 마음으로써 표현하고 사랑하며 인간 세상의 계산을 생각하며 살아가는 그들보다 너희의 사랑의 가슴은 과연 얼마나 더 깊고 더 넓은가?
21 그들과 지금 너희가 별로 변함이 없으며 넓지 못하며 깊이 뿌리를 내리지 못했다면 너희는 절대 그들을 감쌀 수가 없으며 사랑으로 맞이할 수가 없음이니라.
22 작은 그릇이 큰 그릇을 감쌀 수 없듯이, 당연히 큰 그릇이 작은 그릇을 감싸며 그를 숨길 수 있는 것이 아니더냐?

23 그러니 너희의 가슴이 얼마나 넓고 얼마나 평화로우며 그 사랑의 마음의 끝이 없어야 하는지 그것을 알겠는가?

24 그와 같이 변하지 아니하면 아니 될 것이니라.

25 너희가 똑같은 인간 세상에서 똑같은 인간의 생각을 하고 살아오다, 너희 자신을 넓고 넓은 마음으로 다스리는 그 길을 가기 위해서는 너희가 어떠한 훈련이요, 어떠한 고된 역사 속에서 변화되는가 너희는 그걸 알아야 할 것이니라.

26 나의 법전을 정독하며 강론을 들으며 너희가 생활에 임할 때마다 성령의 나의 뜻에 따라 살며, 그리고 나에게 기도하여 정답을 물으며, 의문 날 때 항시 기도하여 나에게 물어서 바른 답을 얻는 그와 같은 마음 자세로 가지 아니하면 너희는 절대 지탱할 수 없으며 역사할 수 없다는 것을 잊어서는 아니 될 것이니라.

7,266 번째 하나님 말씀

2003년 8월 23일 14시 21분

1 사랑하는 나의 아들아!

2 "네, 아버님! 말씀하옵소서."

3 내가 너에게 뭐라 말하였더냐?

4 지금의 모든 믿음의 길을 가는 그 백성이 구약은 구약의 시대를 절대적이라 부르짖었으며,

5 그리하여 구약의 시대는 절대적이며 그건 어떠한 변화도 없으며 역사할 수 없다 하여 목숨을 걸고 이를 지키며 그와 같이 행하고자 했던 것이 나의 백성이 아니던가?

6 그리하여 그것은 절대적이며 어떠한 경우든 예외가 없으며 생각할 여지가 없으며, 오로지 그대로 실천하고 살아가는 것만이 하늘에 오르는 길이며 나의 백성이 가는 길이라 그리 굳고 또 굳어져 있느니라.

7 신약의 시대는 또 어떠하던가?

8 신약의 시대도 한 획을 더하고 빼도 안 되며 고쳐도 안 된다 말하며 그대로 행하고 지키는 것이라 그리 말함이니라.

9 그러나 정녕 너희는 그 뜻을 제대로 알지 못하며 그 비유의 뜻을 알지 못하며 제대로 지키고 살아가지 못하는 그 백성들이 있음이니라.

10 그러나 너희는 진정 그걸 지키며 하나의 오차도 없이 나 여호와의 뜻에 살아간다 말하고 있지 않은가?

11 그러나 너희는 그와 같은 믿음으로써 정녕 깨우치고 그걸 들을 수가 없음을 알아야 할 것이니라.

12 이제 내가 너희에게 전함이니라.

13 성경이요, 나의 법전이요, 그 모든 것은 책으로써 세상에 전해지는 것이며 나의 뜻으로써 기록하여 모든 것을 전함이니라.

14 그러니 지금 나의 성경을 가지고 종교 지도자들이 비유의 뜻을 그들이 강론하고 설교하는 것에 목숨을 다 걸며 그리 살아감이니라.

15 그러나 그 모든 것은 다 변화될 수 있으며 상황에 따라 역사할 수 있음을 알아야 할 것이니라.

16 책으로 나왔으며 글로 나왔으니 그걸

읽고 깨우치며, 그건 변화될 수 없으
며 틀에 박힌 것처럼 거기에 목숨을
걸고 살아가나,
17 그 내용이요, 그와 같은 역사는 모두
다 때에 따라서 변화될 수 있으며 또
한 나 여호와가 선택하여 쓸 수 있음
이니라.
18 너희가 말하기를 어느 것도 한 자도
더 빼고 더해도 안 되는 것이 성서라
말하나,
19 나 여호와가 모두 내린 것이니 그걸
고치고 더하고 빼는 것은 나 여호와는
얼마든지 할 수 있으며 나는 그를 다
스릴 수 있음을 알아야 할 것이니라.
20 지금 나의 아들을 통하여 내리는 법전
도 또한 마찬가지니라.
21 내가 내리는 것이요, 나의 뜻이니 내
가 더 가감을 할 수 있으며, 그 모두를
다스리고 손질하며 고치고 또 변화시
키는 것은 나 여호와는 할 수 있다 하
였음이니라.
22 누구도 할 수 없는 것이 나의 성경이
요, 법전이라 하였음이니라.
23 그러나 나 여호와는 할 수 있음을 너
희는 알아야 할 것이니라.
24 지금 나의 법전 또한 나의 성경도 모
두 책으로써 나왔을 뿐이요, 그건 책
일 뿐이며 너희를 가르치는 지침서일
뿐이니라.
25 지침서가 되어 너희를 가르치고 책으
로써 너희에게 읽게 하여 깨우침이니
라.
26 그러나 그 모두를 나 여호와가 변화하
고자 하며 역사하고자 하면 그는 내가
얼마든지 시정하며 내가 다시 다스릴
수 있음이니라.
27 너희는 여기서 들어야 할 것이니라.
28 책으로 기록되어 전하는 그 내용보다
도 내가 직접 나의 아들들에게 내리는
것, 그리하여 그들에게 내려 그들에게
명하는 그것이 얼마나 우선한 것이며
선행하여 이루어야 하는지를 모르느
니라.
29 인간 너희는 넘으려야 넘을 수 없는
선이 있어 알아듣고 듣지 못하나,
30 나의 아들은 내가 내리는 그 명이요,
그 뜻을 예수도 들었으며, 지금의 나
의 아들도 그걸 다 알고 있음이니라.
31 그러니 그를 통하여 내가 변화된 것을
세상에 내린다면 그게 나 여호와의 뜻
이요, 그게 바로 법이며 그게 질서이
며, 너희는 그걸 향하여 가는 것이 우
선이라는 것을 알아야 할 것이니라.
32 그러나 너희는 그와 같이 생각하지 아
니하며 그걸 인정하려 하지 아니하는
것이니, 너희 마음을 돌리고 다스릴
수 없는 것이 너희가 가진 그 마음이
니라.
33 나의 뜻을 직접 전하는 것, 그리고 내
가 직접 행하는 것, 나의 아들에게 내
가 명하여 그에게 내려 그 뜻을 이루
도록 하는 그것보다도 귀하고 소중한
것이 없으며 위대한 것이 없다는 것을
너희는 알아야 할 것이니라.
34 너희는 알아야 할 것이니라.
35 내가 뭐라 말하였느냐?
36 너희가 어떠한 죄인이든 무엇을 잘못
했든 그 죄인을 용서해 줄 수 있으며
또 매로 다스릴 수 있으며 법으로 다
스릴 수 있으며 또 그 종을 팔 수도 있

으나,
37 똑같은 잘못을 했다 해도 그를 덮어
줄 수 있으며 주인이 그를 용서할 수
있는 것은 과거와 현재와 미래의 어떠
한 그 삶에 대한 방법이요, 그 판단을
주인이 하기 때문이니라.
38 그러니 너희가 똑같은 죄를 지었다
하여 주인으로부터 똑같은 대우를 받
지 아니하면 불공평하며 그건 주인의
법도가 아니라 그리 생각하지 말라.
39 너희를 쥐고 좌지우지하는 주인의 뜻
에 의해 주인은 임의대로 그를 조정할
수 있으며 변화시킬 수 있으며 자리를
바꿔 놓을 수 있으며 임무를 바꿔서
줄 수 있다는 걸 너희는 알아야 할 것
이니라.
40 그게 바로 주인이 가진 위대함임을
잊어서는 아니 될 것이니라.
41 그러니 나의 피조물 만백성 너희에게
역사하는 것, 또한 너희가 이루는 것,
그것도 나 여호와가 바로잡고자 하고
또 내가 다시 너희에게 내리고자 하
며 다시 잡아서 역사하고자 하는 것은
나 여호와만이 할 수 있음이니라.
42 나의 아들을 통하여 내가 나의 성령을
직접 내리는 그것이 얼마나 위대한 것
이며, 그것이 가장 소중하고 귀한 것
이라는 것을 너희는 알아야 할 것이
니라.
43 그러나 종교 집단이요, 지도자 너희는
나로부터 듣지 못하며 나의 음성을 듣
지 못하니, 그 누가 나의 음성을 들어
내 뜻을 그대로 전하다 해도 그를 믿
지 아니함이니라.
44 나의 아들 예수가 와서 그렇게 기적을
역사했으나, 그를 내 아들이요, 내가
보낸 자요, 진정한 하늘의 뜻으로 보
냄을 받은 자라 믿지 아니하고 그와
같이 했듯이,
45 지금 나의 아들을 통하여 누구도 이룰
수 없는 대장정의 160권의 법전을 세
상에 내놓으며,
46 나의 아들이 죽을 때까지 지상의 낙원
을 이루는 데 필요한 내용이요, 또한
너희가 사는 방법이요, 하늘에 오르는
길을 보는 그 모두를 상세히 기록하여
너희에게 전하는 그 역사를 계속하나,
너희는 그를 보고 믿지 아니함이니라.
47 정녕 너희도 나의 아들 예수를 죽게
하고 몇천 년이 흐른 다음에 오늘날
예수의 보혈로써 구원을 받았다 말하
듯이,
48 나의 아들이 죽어 간 몇천 년 후에 진
정한 나의 아들이요, 그 역사함이 위
대하다 그리 말하고 또 그를 따라야
한다 할 자들이니라.
49 그때는 또 너희가 뭐라 하겠느냐?
50 구약은 지났으며 또한 신약의 시대도
지났으며, 새로운 시대가 왔으니, 이
법전만을 읽고 깨우치는 것이 하늘에
오르는 길이라 하는 그와 같은 백성으
로서 다시 결집될 것이니 너희의 마
음이 그러하니라.
51 그러나 미래에 변화되는 것을 너희는
알 수 없기 때문에 이 모두는 나의 뜻
이요, 나의 진리요, 내가 역사한다는
것을 지금 믿고 따르고 가는 백성이야
말로 구원의 길에 들어설 수 있는 백
성이요, 선택된 백성임을 잊지 말라.

7,267 번째 하나님 말씀

2003년 8월 23일 14시 36분

1 사랑하는 나의 아들아!
2 "네, 아버님! 말씀하옵소서."
3 지금 나의 피조물 만백성들이 얼마나
나약해졌으며, 저희 자신이 이 세상에
태어난 그 위대한 능력이요, 나로부터
가지고 나간 그 은혜의 위대함을 모르
고, 사용하지 못하고 살다 나에게 옴
이니라.
4 내가 너희에게 내린 은혜요, 영광이
요, 그 능력을 10분의 1도 쓰지 못하
며 이 세상에 살다가 옴이니,
5 너희의 나약함을 하나의 예를 들어
너희에게 깨우쳐 준다면,
6 나의 피조물 만백성 너희는 세상에
살면서 죄에 대하여 너희 스스로 싸
워서 이길 수 있는 자신이 전혀 없으
며 힘이 없는 자며, 죄와 싸워서 이길
수 있는 능력이 없는 자라 스스로 포
기하는 자들이니라.
7 그리하여 너희는 스스로 죄 앞에 무
너지게 되어 있으며, 죄에서 벗어날
희망이 없는 백성이라 자처하며,
8 어떠한 능력이 있는 자도 죄를 짓지
않고 살 수 없다는 그와 같은 마음의
상태로 지금 되어 있음이니라.
9 그리하여 그 마음의 상태에 쓰러진 생
각을 하고 지금 살아가는 것이며, 그
를 스스로 이기고 역사하며 다스리겠
다는 그와 같은 생각을 하는 백성이
없음이니라.
10 너희가 어찌하여 그리 나약해졌는가?
11 너희는 죄에 대해서 싸워서 이길 능력
이 없으며, 죄에 대해서 싸워 이길 수
있다는 것은 거짓된 자며 믿을 수 없
는 자라 하여 죄 앞에 고개를 숙임이
니,
12 너희가 싸워 이겨서 스스로 죄를 다
스리겠다는 그 용기 있는 나의 백성이
없음이니, 어찌하여 너희를 그리 나약
하게 만들었는가?
13 그 모두는 종교 집단이요, 지도자들이
잘못되었으며 잘못 가르치기에, 용기
있는 나의 백성마저도 쓰러지게 한
것임을 너희는 알아야 할 것이니라.
14 너희가 나로부터 받아나간 용기와 힘
이요, 그 능력이 얼마나 방대한 줄 알
겠느냐?
15 너희가 자식을 살리려고 한 번에 힘을
쓰면 맨주먹으로 바위도 깰 수 있는
그와 같은 능력을 가지고 있으며 그
와 같은 상태의 것을 너희에게 다 주
었거늘, 그를 쓸 줄 모르며 사용할 줄
모르기 때문이니라.
16 너희가 그곳에 써야 할 그 연장이요,
그 기회를 다른 곳에 쓰면 과연 되겠
느냐?
17 그것은 절대 되지 아니하며 그 능력을
발휘 못 하느니라.
18 너희가 지렛대라는 것을 써 보지 않았
느냐?
19 작은 돌을 받혀서 지렛대를 이용함으
로 인하여 얼마나 큰 힘을 발휘하고
들 수 있는가?
20 너희는 지혜와 능력이 그와 같이 한도
끝도 없거늘, 어찌하여 죄악과 싸워서
이길 수 있는 그와 같은 용기 있는 백
성으로서 살아가고자 아니 하며,

21 그저 죄 앞에 무능력하며, 싸워서 이
길 수 없으며, 도저히 그것에서 벗어
날 희망이 없는 백성이라 하여 스스로
무너지는 나약한 삶을 사느냐?
22 너희는 악을 행하지 않고는 절대 살
수 없으며 선만을 행하고 사는 것은
절대 불가능하며, 선만을 행하고 살
수 없다는 그와 같은 절망적인 생각에
빠져 있음이니,
23 그것이 지금 사탄에게 넘어가는 것이
며, 사탄의 유혹에 넘어가며, 그리하
여 잘못된 종교 지도자들이 복음이라
는 것을 전하는 그곳에 너희가 낚싯
밥에 걸려 넘어가는 그와 같은 처참한
형국이니라.
24 이제 나의 아들을 따르는 제자들이요,
나의 법전을 읽는 백성 너희는 스스
로 죄를 다스리며 죄를 이기고 악과
싸워서 이길 수 있으며 오로지 선만을
행하고 살 수 있는 것이 인간이며, 그
리하여 우리 아버지께서 십계명을 내
렸으며 그 십계명을 지키고 살면 절대
로 죄에 넘어지지 아니하며 죄에 대해
공포증이 없으며, 죄 앞에 오금을 못
펴는 그와 같은 자가 되지 아니하며,
25 고양이 앞에 쥐와 같은 형국으로 살아
가지 아니해도 되니,
26 내 아버지께서 내려 준 십계명을 지키
고 살면 선만을 행하며 죄 앞에 무능
하지 아니하며 죄 앞에서 무너지는 그
와 같은 자가 아니 될 수 있으며 죄를
다스릴 수 있는 용기 있는 마음을 가
지고 살아야 할 것이니라.
27 너희가 죄를 짓지 아니하며 죄를 다
스리고 사는 것은 절대 불가능하며,
절망적이라 그리 생각하는 자는 사탄
이요, 사악한 자이거늘, 어찌하여 그
리 말하는가?
28 그와 같은 말을 하는 용기 있는 자는
거짓된 자며, 누구도 그를 알려 하지
아니하며 그의 말을 들으려 하지 아니
함이니,
29 너희가 싸워서 이기고자 하는 그 마음
이 중요한가, 꼬리를 내리고 고양이
앞에 쥐처럼 절대로 죄악과 싸워서 이
길 능력이 없다고 모두 포기하는 상태
로 살아가는 것이 나의 아들딸이 가야
할 길인가?
30 무한한 능력을 내가 너희에게 주었으
며, 너희가 발휘하면 발휘할수록 오늘
의 삶보다도 열배 백배 더한 능력을
발휘하고 살 수 있는 것이 너희임을
알아야 할 것이니라.
31 인간이 초능력이요, 기적적인 역사를
이루지 않았던가?
32 그들은 다만 마음을 비웠음이니라.
33 그와 같이 너희의 마음 자세를 다스
린다면,
34 너희가 악과 싸워서 절대 질 리가 없
으며 악 앞에 미리 겁먹고 주저앉는
자가 되지 아니할 것이니라.
35 다리가 떨리는 자가 어찌 악과 싸울
수 있는가?
36 다리에 힘이 있는 자, 그리고 용기를
가진 자만이 악과 싸울 수 있음이니라.
37 너희는 악을 이길 수 있으며 선한 마
음을 가지고 살 수 있는 것은 꿈에도
생각할 수 없는 일이요, 그를 믿는 백
성은 아무도 없음이니라.
38 너희는 그와 같이 믿고 갈 수 없으며

악과 싸울 수 없는 것이요, 꿈에도 너
희는 악과는 절대 싸워서 이길 수 없
으며 죄를 뿌리칠 수 없는 백성이라
그리 가르쳐 놓았으니, 그리하여 그
앞에 붙인 게 무엇이더냐?
39 나의 아들 예수의 보혈로써 믿기만 하
면 구원을 받으며 악과 싸워서 이길
수 있다는 그 미끼를 던지니,
40 수많은 자가 그 낚시를 덥석덥석 물어
지옥으로 가는 그와 같은 형국이니라.
41 그리하여 너희는 누구나 용서받을 수
없는 그 죄인이 되어 그 길을 가고 있
음이니,
42 지금의 모든 종교 집단들이 그리 가르
치고, 때로는 너희를 협박하며 너희에
게 그리 가기를 종용하는 그와 같은
사악한 자들이니라.
43 강자가 약자의 것을 뺏기 위해 갖은
방법과 수단을 동원하는 것처럼, 너희
를 사탄의 자식으로 만드는 데 사탄이
된 그들이 수단과 방법을 가리지 않고
있음이니,
44 너희 제자들은 악과 싸울 수 있는 용
기 있는 자가 되라 함을 알아야 할 것
이니라.
45 너희는 어찌하여 밤길에 귀신이 너희
에게 들이닥친다면 겁먹고 도망가는
사람이 되는가?
46 너희 제자들은 이제 바로 서서 그 귀
신을 다스릴 수 있으며, 그와 같이 사
악한 자를 다스릴 수 있다고 마음먹고
살아갈 때,
47 어떠한 것이 어떠한 형체로 나타나도
너희는 두려울 것이 없음이니라.
48 나 여호와가 너희와 더불어 가고 있
으며, 너희는 나 여호와의 아들이라
함이니, 너희가 사탄이고 귀신이고 정
녕 무서울 것이 무엇이 있단 말이더냐?
49 너희가 말하는 인간 세상의 사악한 귀
신이 밤중에 너희를 역습하고 공격한
다 해도,
50 그들은 직접 물리적으로 너희를 다스
리지 못함이니 그들이 어떠한 형태로
써 너희에게 겁을 줄 때,
51 너희는 나 여호와가 있으며, 그들은
내 앞에 맥을 못 쓰며, 너희는 나의 뜻
을 받는 백성이니 감히 너희를 대적할
수 없다는 그와 같은 단단한 마음을
먹고 그를 노려보고 그리 호령할 때,
그는 감히 너희 앞에서 용기 있는 것
처럼 대들지 못할 것이며 그는 그 자
취를 감출 것이니라.
52 그러하거늘 사탄이 무엇이더냐?
53 사악한 자들이 그와 같은 형국으로 너
희에게 지금 접근함에 너희가 미리
겁을 먹고 두려워하는 자들이니라.
54 그리하여 너희 자신이 싸울 능력이
없다 말하며 그리하여 무너지며,
55 절대 그들과 싸워 이길 희망이 없다
말하며 그것은 절대 불가능하며 절대
역사할 수 없다는 그와 같은 포기하는
마음에 너희는 바람 소리에도 놀라는
그와 같은 백성이 되어 있음을 알아야
할 것이니라.
56 이제 그들의 협박에 두려워하는 것이
아니요, 그들을 다스리며 그와 같은
행위를 할 수 없도록 다스리고, 감히
너희에게 근접할 수 없도록 호령함으
로써 그 모두는 네 앞에서 고양이 앞
의 쥐가 되어 꼬리를 내릴 것이거늘,

57 어찌하여 그들의 위풍에 미리 겁먹고
대적하지 못하며, 강자가 약자에게 끌
려가는 그와 같은 형국으로 산단 말이
더냐?
58 그러니 너의 제자들은 그 지혜를 다해
서 역사할 때, 모든 죄악은 너희 몸에
올 수 없으며, 너희에게 역사할 수 없
으며, 너희가 죄를 짓게 하지 못하는
것이 그들이라는 것을 알아야 할 것
이니라.
59 지금 너희 스스로 모두를 포기하며
나약한 백성이 되었기에, 잘못된 종교
집단 지도자들이 너희의 그 나약한
마음이요, 그 마음의 빈틈을 타 너희
에게 보혈로써 구원을 받았으며 예수
를 찾으면 구원을 받는다는 그 낚싯밥
을 던지니,
60 거기에 너희를 지옥으로 끌고 가는 그
바늘이 걸려 있는 것을 모르고 너희가
덥석덥석 무니,
61 물린 자는 제정신이 아니며 끌려가기
에 바쁘다 보니, 제가 어디로 가는지
어찌 가는지조차 볼 수 없는 백성이
되어 지옥으로 가는 그와 같은 삶을
살아가는 것이 나의 백성이니라.
62 이제 그와 같이 가르치는 자들의 말에
현혹되지 말며,
63 내가 법전에 기록하기를, 나와 같이하
는 너희는 감히 어떠한 사탄이요, 마
귀요, 귀신에게도 지지 아니할 것이
며, 그들한테 넘어질 것이 하나도 없
음이니라.
64 그러니 너희가 나 여호와가 같이한다
는 그와 같은 자신과 용기를 가지고
호령할 때, 그들이 고양이 앞에 쥐처
럼 너희에게 다 고개 숙이며 꼬리 내
리고 도망갈 것을, 어찌하여 너희는
미리 싸워서 이길 힘과 능력이 없다
하는가?
65 나 여호와가 너희를 그와 같이 나약
하게 만들어 사탄과 마귀와 싸워 이겨
나에게 오라 한다면 나는 공의의 하나
님이 아님을 너희가 알지 않느냐?
66 죄에서 벗어날 힘이 없으며 죄에서 벗
어난다는 것은 꿈에도 생각하지 말라.
67 그와 같은 나약한 생각을 하고 살지
말도록 하라.
68 너의 제자들과 나의 법전을 읽은 백성
너희는 나를 대신하여 삶이니, 이 세
상 어떠한 것도 너희와 대적할 수 없
으며 너희를 이길 수 없다는 것을 알
라.
69 너희를 두려워하고 무서워하거늘, 너
희가 조금만 버티고 호령하면 될 것
을, 어찌하여 그 호령 소리에 그 앞에
고개를 숙이고 하수인이 되고 그 제자
가 되어 지옥으로 가는 그와 같은 삶
을 사는가?
70 이제 너희는 나 여호와가 있음을 단
단히 믿으며, 이 세상 어느 것도 너희
를 넘길 수 없으며 너희를 이길 수 없
다는 것을 알라.

7,268 번째 하나님 말씀

2003년 8월 23일 14시 44분

1 사랑하는 나의 아들아!
2 "네, 아버님! 말씀하옵소서."
3 너희는 스스로 죄인임을 자처하며 어
찌하여 나약한 백성으로 그리 산단 말

이더냐?
4 나 여호와의 아들딸인 너희가 어찌하
여 사탄이요, 귀신을 두려워하며, 사
탄이 되어 악을 뿌리치지 못하는 나약
한 백성으로 자처하며, 어찌하여 못난
이라 인정하고 그리 살아간단 말이던
가?
5 이제 너희가 그와 같은 것에서 벗어
나야 할 것이며, 감히 그들은 너희를
대적하지 못함을 알아야 할 것이니라.
6 그리하여 그 모든 죄에서 벗어나는 길
을 내가 너희에게 또 깨우쳐 주지 아
니하였더냐?
7 너희가 어떠한 죄를 짓고 살았다 하여
그 죄에 마음이 아프고 그 죄에 눌린
다 해도, 너희가 선행을 많이 하여 선
행으로써 그 모두를 갚는 길이 있다
내가 일찍이 너희에게 가르쳐 주었거
늘,
8 어찌하여 나의 아들 예수를 믿기만 하
면 그저 구원받는다는 그와 같은 생각
부터 하고 있는가?
9 그것이 종교 집단이요, 지도자들이 잘
못 가르치고 잘못 간 대표적인 것이
니라.
10 선행을 베풀며 살아가면 되는 것이니
라.
11 너희는 나의 아들 예수를 믿고 찾기만
하면 구원을 받는다 하나, 내가 나의
아들을 통하여 가르치는 것은 무엇인
줄 알겠느냐?
12 너희가 믿음의 길을 가면서 선행을 하
며 살라는 것이니라.
13 선행을 베풀면서 믿음의 길을 가라는
것이며, 믿음의 정도의 길을 가라는
것이니라.
14 어찌하여 너희는 믿음의 길을 간다며
선행마저도 뿌리치며 인간이 해야 할
그 도리를 뿌리치고 믿음만 매달리면
구원을 받는다고 그리 말하고 가르치
는가?
15 나 여호와의 뜻을 반드시 너희는 알
아야 할 것이니라.
16 너희가 진정한 믿음의 그 길을 갈 때,
선행을 베풀고 병행해서 가며,
17 선행을 베풀면서 진정한 믿음의 길을
가는 그와 같은 백성으로서 거듭나지
아니하면 아니 됨을 알아야 할 것이
니라.
18 인간이 살아가면서 그러하니라.
19 너희는 죄 없는 자는 없다고 말하느니
라.
20 다만, 어떤 백성은 죄를 많이 지으며
어떤 백성은 죄를 적게 짓는 그 차이
가 있을 뿐이니라.
21 그러니 너희가 죄를 덜 짓는 사람이
되고자 노력하고 또 노력하면 덜 짓는
자가 될 것이요,
22 노력하지 아니하고 되는 대로 사는 자
는 더 많은 죄를 짓게 될 것이니라.
23 인간은 누구나 다 죄를 지으며 덜 짓
는 자와 많이 짓는 자가 있음이니, 그
모두를 다 선행을 베풀고 선행을 역사
하는 것으로써 지울 수 있다 내가 그
리 말하지 아니하였더냐?
24 그러니 종교 집단 지도자가 가르치기
를, 인간은 죄를 많이 짓는 자, 적게
짓는 자가 있으나 다만 너희가 선행
으로써 노력하면 그를 갚을 수 있으며,
25 그보다 더 많은 선행을 하여 너희가

참뜻이요, 하늘에 있는 아버지인 나 여호와의 사랑을 받을 수 있는 길이 그 길이라 그리 가르치면, 그들이 얼마나 노력하며 얼마나 아름다운 쪽으로 살아가겠는가?
26 나의 피조물 만백성 너희는 너무 일방적으로 죄인이요, 그리고 죄에 속한 자라 생각하지 말라.
27 나는 너희를 사랑함이니라.
28 너희가 살아가면서 의식적으로 죄를 짓는 사악한 자도 있음이니라.
29 계획적인 면에서 또는 의식을 하면서 죄라는 것을 알면서 죄를 짓는가 하면, 너희도 모르게 우연히 자연스럽게 죄를 짓는 그와 같은 행위를 하는 사람도 있으며, 그곳에 빠지는 자가 있으며,
30 또한 살아가다 보면 너희 뜻과 관계없이 타인에 의하여 다른 사람의 생각과 행동에 의하여 너희 자신도 모르게 죄를 짓는 그와 같은 형국에 빠지는 것이 너희니라.
31 그러니 그 모두를 하나하나 너희에게 탓함이 아니며, 그 모두를 다 면죄받는 길을 내가 너희에게 깨우쳐 주지 아니하였더냐?
32 너희가 선함을 행하고 사는 그것이 모든 죄를 다 지우게 됨이니라.
33 이 세상에서는 나의 피조물 만백성들이 무조건 죄 없는 자 없으며, 죄 없는 자가 없기에 너희가 죄를 안 짓고 살 수 없다고 말하나,
34 너희가 살아가는 중에 본의 아니게 타의에 의해서 짓는 죄가 있으며, 우연히 너희도 모르게 주변 환경에 자연적으로 죄에 빠지는 백성이 있으며, 또 더러는 죄를 알면서도 어쩔 수 없이 행하는 자들이 있음이니,
35 그와 같이 그 죄의 종류도 천태만상으로 역사하는 것이니라.
36 그러나 그 모두를 너희가 다 용서받을 수 있는 것은 아름다운 삶이요, 선행하는 마음으로 나의 존재함을 믿고 살며, 나 여호와가 너희와 항상 같이 하고 있으며, 그리고 너희는 반드시 나에게 오르겠다는 것,
37 그리고 '내 아버지께서 나를 쳐다보고 계시니, 내 아버지의 기쁨을 위해 살아가겠다'는 마음 자세로 살아가면서 하나하나 변화되는 삶을 살면 그것이 곧 나에게 오르는 길이요, 구원의 길이니라.
38 스스로 죄인임을 자처하지 말라.
39 그리고 그 죄에도 수많은 형상이 있음이니, 나 여호와는 그 모두를 다 알고 있으니,
40 무조건 죄가 무섭고 죄가 두렵고 죄가 무겁다 하여 너희 자신을 포기하는 어리석은 그와 같은 삶을 살지 말라, 사랑하는 나의 아들딸들아!

7,269 번째 하나님 말씀

2003년 8월 23일 15시 10분

1 사랑하는 나의 아들아!
2 "네, 아버님! 말씀하옵소서."
3 너희가 다시 태어나는 것은 어떠한 아픔과 고통이 있다 해도 그 모두를 다 씻어 내야 하며, 토해 내고 벗어 내야만 함을 알아야 할 것이니라.

4 너희가 다시 태어나는 것은 아름다운
모습으로 새로운 삶을 사는 것이 아
니더냐?
5 그러니 지난날 살아왔던 그 모두를 깨
끗이 씻어 내고 닦아 내야 하며 모두
를 다 뱉어 버려야 하는 것이 너희가
오늘 가야 할 길이며 거듭나는 삶이니
라.
6 그 모두를 씻어 내는 자만이 새로운
삶으로 새로이 태어나며 모두를 역사
하는 것이니라.
7 그러니 씻어 내는 그 모든 물줄기를
너희 스스로 선택하여 그 물줄기로
너희 스스로 씻어 내는 그와 같은 삶
을 살아야 할 것이니라.
8 그 씻어 낼 수 있는 물줄기도 너희 스
스로 만들어 너희 마음속에 물이 흘
러야 할 것이며,
9 그 흐르는 물을 너희가 만들었다면 또
한 그 흐르는 물로써 스스로 모두를
다 씻어 내어 변화되는 어렵고 힘든
그 길을 가야 하는 것이 너희가 바로
서는 것이요, 거듭나는 삶이라는 것을
잊어서는 아니 될 것이니라.
10 너희 자신이 씻고 거듭나려 하지 아니
하면 절대 거듭나지 아니하며 역사할
수 없는 것이니라.
11 그러나 지금의 모든 종교 집단이요,
구원을 받았다는 백성, 모든 종파에
속해 있는 지도자요, 그 백성이 어떤
마음을 가지고 사느냐?
12 저희 스스로 물줄기에 씻어 내는 그와
같은 변화의 역사를 이루는 것이 아니
요,
13 저희 자신을 초월하는 것, 제가 능가
할 수 없는 어떤 거대하고 보이지 않
는 힘과 능력에 의하여, 그 힘과 그 모
두를 이용하여 씻으려는 그와 같은 생
각을 하고 있으며,
14 그것이 모든 종교 집단이요, 지도자
요, 그 백성이 지금 가는 길이니라.
15 저희가 스스로 씻는 고통이 아니라,
저희가 능가할 수 없는 어떤 보이지
않는 위대한 힘이요, 저희 자신을 초
월하여 감히 근접할 수 없는 그 힘의
능력에 의하여 저희가 씻어지며,
16 그가 씻어 줌으로 인하여 저희가 거
듭나며 다시 태어나는 그와 같은 역사
를 이룰 수 있다고 말하며,
17 저희 스스로 물줄기를 만들어 그 물
줄기로 씻어 내는 그와 같은 고난의
길은 갈 수 없다고 말함이니라.
18 너희는 위대한 힘이요, 보이지 않는
거대한 능력을 위하여 이용하고 활용
하여 자생하고자 하는 그와 같은 생각
을 하고 있음이니라.
19 스스로 딛고 일어서는 자생의 능력은
모두를 다 말살되었으며 이미 모두
무너졌으며, 그와 같이 스스로 버틸
수 없는 형국으로 지금 나의 피조물
만백성들을 짓이겨 놓고 짓밟고 세뇌
시켜 가장 무능하며, 자생력은 물론이
요, 스스로 판단할 수 없는 그와 같은
나의 피조물 만백성들로서 지금 만들
어 놓은 것이 종교 집단이요, 지도자
들이니라.
20 우리 부자의 이름 앞에 모든 것을 행
하며, 우리 부자의 이름을 내세워 그
앞에 굴복시키며, 우리 부자의 이름을
팔아 모두를 거둬들이며, 우리 부자를

찾기만 하면 천국에 올라 구원을 받는
다는 그와 같은 망언으로써 나의 피조
물 만백성들을 지금 이와 같이 다 무
능한 자요, 저 자신을 구분하지 못하
는 자로 만들었음이니라.
21 그 죄 또한 그들이 지옥으로 가는 만
큼 너희도 감내한다는 것을 잊어서는
아니 될 것이며, 머지않아 그를 알게
될 것이니라.

7,270 번째 하나님 말씀

2003년 8월 23일 23시 45분

1 사랑하는 나의 아들아!
2 "네, 아버님! 말씀하옵소서."
3 지금의 모든 종교 집단이요, 지도자
요, 은혜를 받았다는 백성, 또 선택되
어 구원을 받았다는 그 백성 그들로
하여금 가장 문제가 되며 그들이 가장
잘못 가는 것이 무엇인 줄 알겠는가?
4 그들이 행함을 무시하며 행함이 아닌
믿음으로써만 구원을 받으며 나 여호
와를 찾으며 나의 아들 예수를 창조주
라 찾는 그것만으로써 구원을 받았다
말하는 백성이 있기에,
5 그게 가장 큰 문제임을 너희는 알아
야 할 것이니라.
6 너희가 음식을 만들어 취하는 것도 거
기에 갖은 양념과 염분이요, 그 모두
를 다 준비하지 아니하면 그건 아무런
가치가 없는 것이니라.
7 아무리 좋은 재료라도 간을 맞추지 아
니하면 그걸 만들 수 없으며, 너희가
간을 첨가하지 아니하면 음식으로서
가치가 없는 것이니라.
8 그와 같이 세상에 전하는 말이 있으며
너희는 그와 같은 이치를 깨닫고 있
지 않은가?
9 절대 행하지 않는 것은 역사할 수 없
으며 행하지 아니하는 것은 이루어질
수 없는 것이니라.
10 하늘이요, 천국의 그 역사와 지상에
이루어지는 것은 별개의 문제요, 연관
되지 아니한다 하나,
11 육의 세상의 삶이 다음의 구원의 길을
위한 준비 단계로써 이루어지는 것이
며, 예비 단계를 역사하고 있다는 것
을 잊어서는 아니 될 것이니라.
12 하늘에서 큰 사랑의 가정은 너희가
육의 작은 가정에서 이루어지는 그것
이 바로 하늘에서 큰 가정을 역사하는
것이요, 이루어지는 것이라 내가 너희
에게 일찍이 깨우쳐 주었듯이,
13 이 세상에 너희가 존재하는 것은 모
두 다 예비된 것이며, 구원의 길을 위
하여 모두 역사하는 것임을 알아야 할
것이니라.
14 그리하여 너희가 말하지 않느냐?
15 이 우주 공간에 오묘하게 돌아가는 것
이 너희 몸과 똑같은 이치요, 똑같은
원리로써 모두 행해진다는 그와 같은
말을 하는 백성이 있음이니라.
16 그와 마찬가지로, 이 지상의 모든 것
은 나 여호와가 역사하는 하늘나라의
작은 축소판에서 모두 그대로 행해짐
을 너희는 알아야 할 것이니라.
17 모든 것의 큰 것을 만들려면 작은 모
형도를 만들며 그 모습과 똑같이 만들
어 예행 연습을 하여 모든 일을 역사
하며 완성품을 만들어 가지 않더냐?

18 그와 같이 모형도를 만드는 것과 마찬가지로,

19 너희가 지금 육의 세상에 사는 것은 하늘나라 나에게 올라오기 위한 모형판이며, 예비로 만들어지는 그와 같은 것임을 알아야 할 것이니라.

20 너희가 정녕 구원을 받는 그 역사를 하기 위하여 나에게 오르는 길이요, 천국에 와서 살 수 있는 모든 연습 과정이요,

21 너희가 건축물을 지어 완성할 때까지 그것을 볼 수 있는 모델하우스라 하여 그 본보기를 지어 놓느니라.

22 그와 같은 형국으로 생각하면 될 것이니라.

23 너희가 천국에 오는 그 영원한 삶을 위하여 육의 삶은 준비하는 것이며 예비된 삶이라는 그와 같은 이치를 잊어서는 아니 될 것이니라.

24 준비된 삶으로써 너희가 여기서 어찌 사느냐에 따라서 나에게 오르고 못 오르는 것이 여기 있음이니,

25 모두는 하늘나라의 축소판으로써 여기서 이루어진다는 것을 잊어서는 아니 될 것이니라.

26 그리하여 준비된 삶이요, 오늘의 소중함을 알아야 할 것이거늘,

27 믿는 백성이요, 지도자요, 하늘에 오르는 길에 선택받았다는 신도라는 그 백성이 행함은 뒷전이요,

28 그저 믿음만으로 모두 이루어지는 것이며 역사한다고 생각하는 것으로 인하여 나의 피조물 만백성들이 지금 하늘에 오르는 찬란한 빛을 보지도 못하고 죽음의 길로 가고 있다는 것을 절대 잊어서는 아니 될 것이니라.

29 너희 마음에는 두 가지 마음이 있다 했음이니라.

30 선한 마음이요, 악한 마음이라 그리하였음이니,

31 선한 마음이 악을 다스릴 수 있는 그와 같은 삶을 살았을 때, 나에게 오르는 길이요,

32 선한 마음이 악의 지배를 받으면 안 된다 그리 말하였음이니라.

33 그러니 너희가 편안하고자 간단하고 쉬운 방법으로써 하늘에 오르고자 하는 그와 같은 마음이 무엇인 줄 알겠는가?

34 너희가 편하게 살며 나에게 오르고자 하는 그것이 욕심이요, 그 욕심이 무엇인가?

35 사탄이요, 사악한 자의 생각이요, 그들이 너희를 지배하기 때문이라는 것을 잊어서는 아니 될 것이니라.

36 너희가 모든 것을 쉽고 간단한 방법으로써 하늘에 오를 수 있다 하여 그 길을 찾아가다가는 결국 너희는 구원의 길을 오를 수 없으며 나를 만날 수 없으며 찾을 수가 없음을 알아야 할 것이니라.

37 그와 같이 편안하게 살아가며 즐거움이 있고, 노력하지 아니하고 힘든 길을 가지 아니해도 구원을 받는 길이라 가르치는 종교 집단이요, 지도자가 있는 한,

38 너희는 나에게 오를 수 있는 백성이 없으며, 깨달음이 없으며, 하늘의 참 진리를 볼 수 있는 백성이 없다는 그와 같은 무서운 의미를 알아야 할 것

이니 그리 알라.

7,271 번째 하나님 말씀

2003년 8월 23일 23시 50분

1 사랑하는 나의 아들아!
2 "네, 아버님! 말씀하옵소서."
3 수천 년 동안 흘러오는 그 속에 종교
집단이요, 지도자들이 얼마나 방대한
오늘의 현실을 이루었더냐?
4 나의 아들 예수는 사랑을 전하며 내
뜻을 전하고자 했으며, 너희가 바른
삶을 살며 죄 없는 세상을 만들기 위
해 나의 아들을 너희에게 주었으며
희생양으로 그리 주었거늘,
5 그를 보고 깨우쳤다는 종교 집단들이
지금 어찌 가고 있는가?
6 모든 종교 집단은 지금 겉으로 보기는
엄청난 수를 자랑하고 있으며, 엄청나
게 방대한 힘으로 너희 자신이 지금
다 하늘에 오르는 그와 같은 역사에
선택된 백성이라 그리 말함이니라.
7 엄청난 수를 자랑할 정도로 팽창되어
있으며, 그 수를 가지고 세상의 모두
를 지배할 것이며 그리고 저희를 감
당할 자가 없으며 이길 자가 없을 정
도라 그리 오만방자하여져 있는 것이
오늘의 종교 집단이요, 지도자가 지금
가는 행위라는 것을 알아야 할 것이
니라.
8 그리하여 엄청난 수를 자랑할 정도로
팽창하고 또 조직화하였음이니, 이 모
두를 가지고 세상을 지배하는 것처럼
착각 속에서 살아가는 것이 지금의 종
교 집단이요, 지도자이니라.
9 너희가 세상을 지배하고 지배하지 않
는 것으로 믿음의 길이요, 나에게 오
를 수 있는 진정한 길이 얻어지는 것
은 없으며, 하늘에 오르는 그 길의 안
내자의 역할을 할 수도 없는 것이 세
상을 지배하는 자요, 지배하고자 하는
자, 그리고 지배하는 듯이 착각 속에
살아가는 너희임을 잊어서는 아니 될
것이니라.
10 너희가 외적인 크기로써 외적으로 방
대한 조직만으로, 그리고 많은 물질과
재물을 가진 것으로써, 화려한 교회라
는 것을 지은 것으로써 성전을 가진
것으로써, 그와 같은 행위로서만 진정
한 진리요, 하늘에 오르는 길이며 구
원을 받았다고 생각하는 자,
11 너희가 얼마나 어리석고 불쌍한 백성
인지 알겠는가?
12 그리고 너희 집단에 들어오기만 하면
축복을 받는다고 오만방자하게 가르
치는 자는 그 순간부터 나와는 관계없
는 백성이요, 나와는 관계없는 지옥으
로 가는 삶을 산다 내가 나의 법전에
기록하여 너희에게 일찍이 전해 주었
음이니라.
13 아무리 방대하며 그 방대함을 자랑하
며, 엄청난 수로써 그 팽창하는 속도
가 지금 쉬지 않고 세상을 다 덮을 것
같이 늘어 간다 해도,
14 그 속에 있는 나의 피조물 만백성들이
양심을 저버리며 양심의 가책을 느끼
지 못하며, 양심을 팔아먹고 사는 그
와 같은 종교 집단이요, 지도자 속에
서 구원을 받았다고 울부짖는 그와
같은 행위를 한다면 과연 너희는 어

찌하겠는가?
15 너희는 그렇지 아니하며 너희 종교
지도자들이야 말로 너희를 하늘로 인
도하는 길이요, 나에게 올 수 있는 그
길의 안내자라 생각하고 지금 그리 가
고 있음이니라.
16 그러나 내가 보는 종교 집단 지도자
요, 잘못된 그들이야말로 지금 너희를
지옥행으로 인도하는 자들이며 양심
을 찾아볼 수 없으며 양심의 부끄러움
마저도 모르는 것이 그들이라 하면
너희는 믿겠느냐?
17 내가 보는 너희 지도자는 그러니라.
18 그러니 양심이라고는 찾아볼 수 없는
그 지도자 밑에서 깨우치며 하늘에 오
르는 길을 찾는 신도들은 과연 어떠하
겠는가?
19 그들 역시 참진리요, 나 여호와가 원
하는 하늘의 뜻을 모르며 양심이 없으
며 양심을 팔아먹는 그와 같은 자 밑
에서 배웠기에, 그들 또한 욕심으로써
가득히 차있는 것이 그 신도들이며,
20 그리하여 그 욕심으로 차있는 신도들
이 육의 삶을 위하여 혈안이 되어,
21 한 형제요, 사랑한다 하면서도 이해관
계에 따라, 돈을 주고 사는 그 직함을
놓고도 서로 경쟁하고 시비할 때 너희
는 재물을 갖다 붓고 온갖 잔꾀를 다
부리는 것이 너희니라.
22 그와 같이 사악한 자들은 나는 관계없
다 하였음이니라.
23 나는 공동묘지에 죽어 있는 그와 같은
백성을 구원하며 살리고자 법전을 내
리며 역사함이 아니니라.
24 살아 있는 나의 백성을 하늘에 오르
는 그 길로 인도하기 위하여 나의 아
들을 통하여 160권의 법전을 세상에
만들어 너희를 구원하고자 하는 그 역
사의 그 근본의 뜻이 여기 있음을 알
아야 할 것이니라.

7,272 번째 하나님 말씀

2003년 8월 24일 0시 01분

1 사랑하는 나의 아들아!
2 "네, 아버님! 말씀하옵소서."
3 창조주 나 여호와가 하늘에 너희가
말하는 수많은 형제가 있어서 여호와
하나님이라 하여 창조주의 역할을 하
는 그 많은 자들이 있다 생각하는가?
4 신이라 말하는 유일한 창조주 아버지
는 너희가 부르는 나 여호와 하나뿐이
니라.
5 그러니 나 여호와 하나로부터 모든 진
리가 나가며 나의 성령의 뜻이 전해지
며, 만백성을 구하는 그 길은 하나의
길이요, 참진리의 길은 한 길이니라.
6 진정한 믿음이요, 진리는 한 길이라
내가 나의 피조물 백성에게 그리 가르
쳐 주고 전했건만, 지금의 모든 교파
와 종파가 어찌하여 생겼는가?
7 모든 종파와 교리는 분열되었으며, 서
로서로 찢어져 교권 다툼의 속에서 또
하나가 떨어져 나가며, 교권 싸움의
실패자가 또 하나 나감이니라.
8 그리하여 그 종교 지도자들이 교권 다
툼에서 실패하는 자, 그리고 제가 무
엇인가를 역사하고자 하다 제 뜻대로
이루어지지 아니할 때, 그들은 그 교
회를 뛰쳐나와 또 하나의 갈림길을 가

며 교회 하나를 갈라 또 만드는 것이
그들이니라.
9 그것이 바로 무엇이던가?
10 너희가 말하는 삯꾼의 종교 지도자요,
잘못된 자들이요, 사탄의 후예들이 그
와 같은 짓을 하느니라.
11 그리하여 그들은 교권 다툼이요, 그
신도들을 놓고, 이해타산을 놓고 저희
들과 뜻이 맞지 아니할 때 갈라져 나
와 또 하나의 교회를 만듦이니, 그리
하여 지금 퍼지고 퍼진 것이 무엇이던
가?
12 나 여호와의 참진리는 한 길이요, 하
나건만, 지금 헤아릴 수 없이 종교요,
교회의 그 종파가 갈라져 있음이니,
과연 그 속에서 너희를 보는 내 마음
이 어떻겠는가?
13 너희 속을 들여다볼 수 있으며 너희
의 미래를 보는 나 여호와는 역겨워
세상을 내려다보고 싶지 않은 그와
같은 마음이라는 것을 너희는 알아야
할 것이니라.
14 또한, 너희는 금전을 갈취하는 데만
혈안이 되어 있는 종교 지도자요, 종
교 집단에 속한 자들이니라.
15 그뿐이던가?
16 너희가 나의 피조물 만백성을 깨우쳐
만백성에게 나의 뜻을 전하며 내 뜻으
로 부흥 사업을 사며 부흥시킨다 하며
설교하러 다니는 자들은 과연 어떠한
자들인가?
17 그들 자신이 또한 금전을 거둬들이며
재물을 거둬들이며 금화와 은화를 거
둬들이는 그와 같은 방법으로써 지금
도 나의 복음을 부흥시킨다고 다니는
자들은 바로 무엇이던가?
18 말품을 팔아먹고 사는 자들이니라.
19 그와 같은 자들에게 어떠한 진리가 있
으며 나의 피조물 만백성들이 나 여호
와의 뜻을 직접 듣고 내가 원하는 것
을 과연 알겠는가?
20 지금의 그와 같은 형국으로써는 절대
알 수가 없으며 깨달을 수가 없는 것
이니라.
21 서로 교권을 분리하여 교권을 잡다 패
자가 되어 물러났을 때, 또 하나의 교
리를 가지고 교회를 세우며 성당을 세
우는 그와 같은 삯꾼과 같은 그 종교
지도자요, 그리고 장사꾼보다 더한 대
표적인 그와 같은 자들이니,
22 장사꾼은 물건을 주고받는 그 결과요,
원인이 있음이니라.
23 그러나 종교 집단이요, 지도자 너희는
주고받으며 정상적으로 거래하는 장
사꾼의 그 근본도 모르는 자들이니라.
24 그리하여 제 뜻이 맞지 않을 때, 또 하
나가 갈라지며 또 하나가 분열되어 나
감이니,
25 갈라지고 갈라진 그와 같은 형국이 지
금 이름을 셀 수 없는 수많은 종교 집
단이 그리되었음이니라.
26 그와 같은 자들에게 무슨 진리가 있으
며 그들이 무슨 하늘의 뜻을 알기에,
거기에 가서 맹종 맹신하며 재물과 금
화를 바치며 구원을 받았다고 눈물 짜
며 그와 같이 오만방자한 생활을 하고
있는가?
27 교회를 부흥시킨다고 설교하는 자들
또한 말품을 팔아먹는 자요, 재물을
거둬들이고 갈취하는 데 혈안이 되었

음이니, 거기에 무슨 진리가 있으며
나 여호와의 뜻이 있는가?
28 그러니 나의 백성 너희만이 지금 지
옥으로 끌려가는 어리석은 그 삶에 지
금 젖어 있음을 알아야 할 것이니라.
29 그와 같은 종교 지도자들 앞에 사랑이
어디 있으며 나눔이 어디 있는가?
30 이는 시정잡배요, 모리배만도 못한 자
들이 그들이니라.
31 너희는 내가 이와 같이 말을 할 때, 이
는 사탄이요, 왕사탄이 목자요, 나 여
호와의 사업을 대신하며 역사하는 그
를 함부로 그리 말한다 할 것이니라.
32 내가 보는 그와 같은 잘못된 종교 지
도자, 모든 신도로부터 지탄받으며 만
백성으로부터 존경을 받지 못하는 그
와 같은 종교 지도자요,
33 또 부흥한다 하여 부흥 설교의 말품
을 팔고 다니는 자들은 마구잡이로
놀아나는 시장의 모리배만도 못하다
는 것이 내가 보는 형국이 그러하니
라.
34 그러나 너희는 이와 같은 것이 절대
있을 수 없으며, 너희는 나 외에 다른
신을 두지 아니하며 나의 뜻에만 살아
가는 자들이라 그리 말할 것이니라.
35 그와 같은 자들이 벌써 나를 속이는
자들임을 알아야 할 것이니라.
36 시정잡배와 같은 모리배들 속에서 너
희가 사랑이 무엇이며 하늘에 오르는
길이 무엇이며, 사랑하는 나의 백성이
살아가는 모습이요, 그들이 어찌 살아
가야 나에게 구원을 받는가 그 자체도
그들은 알지 못하며, 그걸 연구조차도
하지 아니하며,
37 거기에 참진리에 따라 살고자, 어렵고
힘든 고행의 길을 가고자 하는 자들이
하나도 없음이니라.
38 그러니 자신도 나에게 오르지 못하는
자들이 나의 사랑하는 피조물 만백성
들을 내가 문을 열고 닫는 고유 권한
을 가진 천국에 올 수 있게 한다 하니,
39 너희가 과연 나에게 올 수 있다고 생
각하는가?
40 올 수 있다고 말하는 자, 그리고 지금
내가 말하는 그와 같은 종교 지도자
밑에서 울고불고 구원이요, 은혜에 감
사드린다고 말하나, 나와는 무관함이
니라.
41 너희와는 아무런 관계가 없음이니라.
42 내가 나의 법전에 기록하여 그와 같은
자들과 그와 같은 신도들은 나와 무관
하다는 것을 여기 기록함은, 너희가
죽어 와 나에게 물고 늘어지며, 하나
님 여호와의 뜻에 따라 지키고 행한
죄밖에 없거늘 어찌하여 저희를 버리
나이까 하는 원망 섞인 소리를 듣지
아니하고자,
43 너희와 같은 자와 나는 아무런 관계없
으며 너희는 천국이요, 나의 나라에
올 수 없다는 것을 미리 내가 전함이
니 이를 알라.
44 그와 같이 살아가는 자 밑에서 구원을
받고자 재물을 바치며 찬송을 부르며
형제지간의 우애마저도 저버리면서
행함이 중요함을 모르고 사는 너희들,
나는 너희를 모름이니라.
45 그러니 어떠한 곳에도 너희 이름은 내
가 알 수 없으며 기록된 것이 없다는
것을 알아야 할 것이니라.

46 이제 너희는 나의 사랑하는 백성을
갈취하여 이루는 그 행위를 중단해야
할 것이니라.
47 나의 피조물 만백성들의 어렵고 힘든
고통은 헤아리지 아니하며 그저 거둬
들이기만 하며 갈취하는 방법으로써
만백성에게 과시하는 교회를 짓고 교
회를 역사하는 데만 혈안이 되어 있
느니라.
48 너희 신도들이 어떠한 고통 속에 살아
가며, 너희 신도들이 어떻게 너희에게
재물을 바치며 그들의 생활이 어쩌며
그들이 살아가는 방법이 얼마나 어렵
고 힘든가를 알려 하지 아니하며, 그
를 도와주려고 생각하지 아니하며, 그
저 무조건 갈취하는 데만 혈안이 되었
음이니라.
49 그리하여 나의 사랑하는 백성으로부
터 재산을 갈취했을 때, 너희는 지금
의 그 교회라는 것을 또 때려 부수며,
더 방대하고 더 위대하게, 나 여호와
의 궁궐보다도 더 아름다운 모습으로
써 존재하게 하고자 하는 것이니, 그
것이 사탄이요, 사악한 자들이니라.
50 아무것도 가져서는 아니 되며 지닐 필
요가 없으며, 모두를 다 놓고 온다 하
지 아니하였더냐?
51 백 년도 안 되는 삶을 위해서 예비하
는 그와 같은 생각을 하며 그와 같은
행동으로 살아가는 자는 정녕 그 속에
진정한 믿음이 없음이니라.
52 나의 사랑하는 백성의 고충과 시련은
생각하지 아니하며, 그저 수단과 방법
을 가리지 아니하고 재물을 거둬들이
고 갈취해서 더 큰 교회요, 더 호화로
운 성전을 역사하며,
53 그와 같이 행하는 것이 나에게 복 받
는 길이요, 하늘에 오르는 길이라 가
르치는 사탄의 노예가 된 잘못된 그
종교 지도자들 말에 기울여, 너희 자
신이 죽어 가는 그와 같은 삶을 살아
서는 아니 될 것이니라.
54 그 교회를 역사하기에 혈안이 된 자
들, 그 교회를 짓는 데만 온갖 정성을
다 바치며, 더 크고 방대하게 지으며
남보다 더 호화로운 내부 장식을 하는
것에 혈안이 된 자들이니,
55 거기에 무슨 믿음이 있고 사랑이 있으
며 참진리가 있단 말이냐?
56 신도들의 고통도 모르는 자, 그와 같
은 자들이 바로 사기꾼이요, 사탄의
자식이요, 악마의 노예라는 것을 너희
는 잊지 말라, 사랑하는 나의 아들딸
들아!

7,273 번째 하나님 말씀

2003년 8월 24일 0시 08분

1 사랑하는 나의 아들아!
2 "네, 아버님! 말씀하옵소서."
3 교세로써 만백성을 위협하고자 하며,
방대한 성전이요, 그 방대한 조직이
요, 재물로써 최고라 생각하며, 많은
신도를 거느리는 자가 나 여호와로부
터 선택된 것이며 하늘에 오르는 길이
요, 참진리의 지도자라 말하며, 너희
를 따르는 자만 구원을 받는다 말하는
자들,
4 이제 내가 더 이상 너희의 그 방대함
이요, 오만함을 그냥 두지 아니하며

내가 단죄하기 시작하였음이니,
5 너희는 무너지기 시작하였으며, 머지
않아 그 문을 닫으며 다 무너진다는
것을 알아야 할 것이니라.
6 나 여호와가 나의 아들을 세상에 내려
보내 너희에게 하늘에 오르는 그 길
을 알려주며, 죄 없는 세상에 죄 없는
인간을 만들고자 했던 것을,
7 너희가 나의 아들을 그리 죽였으며 나
를 거부함이니,
8 내가 2천 년간 암흑의 세상에서 모두
를 버려둔 것이 오늘의 너희 삶이라
하였음이니라.
9 그리하여 너희가 참진리요, 나 여호와
의 뜻에 의해 역사하는 것이 아니요,
10 참진리는 뒷전으로 하며 나의 뜻을 외
면한 체 나의 피조물 만백성들의 고통
만 가중시켰으며, 그들이 힘들고 어려
운 그 길만을 살아가도록 오늘같이 이
와 같이 역사한 자들이니라.
11 그리하여 나의 피조물 만백성들에게
힘들고 어려운 그 짐을 가중시켜 짊어
지게 한 그와 같은 역할을 하면서 너
희는 그 속에서 어떻게 성장한 줄 알
겠느냐?
12 그 백성 속에서 독버섯처럼 성장한
것이 바로 오늘날 그 교회요, 성당이
요, 회막이라는 것을 알라.
13 내가 2천 년 동안 모든 손을 놓았으
나, 이제 다시 내 시대를 열며 나의 아
들을 통하여 너희를 심판하는 법전을
세상에 내려보내, 내가 구원할 자와
버릴 자를 선별하고 있으며, 이미 심
판의 시대가 열렸음을 알아야 할 것
이니라.
14 지금 심판의 시대가 열렸으며 제3의
시대가 역사하여 가는 것을 모르고 그
저 신약대로 살아가며, 신약의 예수의
이름만 부르고 구원을 받으면 하늘에
오른다 하는 자들,
15 오늘의 그 종교 집단들이 얼마나 사악
한 줄 아는가?
16 위로는 나의 아들 예수가 나의 아들이
아니요, 내 뜻을 가지고 세상에 나간
것이 아니라 그리 말하며,
17 오늘의 160권의 대장정의 법전을 나
의 성령을 태워 나의 아들을 통하여
너희를 구원하고자 내리나,
18 이를 또 사탄이요, 사악한 자라 하느
니라.
19 지금 이와 같이 화려한 모습이요, 방
대한 조직으로 성장한 것이 다 독버섯
처럼 나의 피조물 만백성들을 갈취하
며 그와 같이 이끌어 간 자들이요, 그
속에서 역사한 것은 바로 나의 피조물
만백성들만 고통스럽게 했으며,
20 육의 세상에서 내가 내려 준 자연의
아름다움이요, 행복함을 느끼지 못하
고 너희들의 낚싯줄에 걸려 평생을 고
통스럽게 살며, 그리고 하늘에 오르는
구원을 받았다 하여 너희에게 맹종
맹신하며 모두를 다 갖다 바치는 그와
같은 삶을 살아온 불쌍한 백성,
21 그들에게 너희가 얼마나 마음의 고충
을 주었는지 알겠는가?
22 너희는 지금 그들에게 은혜요, 영광을
내리겠다 하나, 그들이 죽어 바로 나
에게 와 심판을 받을 때 얼마나 고통
스럽게 잘못된 세상을 살아왔으며 너
희에게 얼마나 우롱당했는지 알게 될

것이니라.
23 너희가 지옥문을 들어가기 전에 아무
리 몸부림치고 누구를 원망한다 해도
너희는 거기를 넘지 아니할 수 없는
백성이니라.
24 오늘날 독버섯처럼 성장한 종교 집단
이요, 지도자요, 그들의 가르침이요,
그들의 설교로써 하늘에 오른다며 지
금도 울고불고하는 백성은 심판의 시
대가 열렸으며 심판이 시작되었음을
먼저 알아야 할 것이니라.
25 지금의 갈라진 교파로써는 진정 나로
부터 선택된 종파가 하나도 없으며,
나로부터 선택된 종교 집단이요, 지도
자가 절대 아님을 너희는 알아야 할
것이니라.
26 나와는 무관하며 나와는 아무런 인연
도 없으며 내가 너희를 모름이니, 너
희 또한 나를 모르는 그와 같은 관계
라는 것을 내가 나의 법전에 기록하여
전함이니라.
27 그러나 너희가 지금이라도 나의 법전
을 읽고 깨우치며 내가 직접 친필로
써내린 십계명을 지키고 사는 데 모두
를 다 바치고 가는 백성, 그리고 생각
을 바꾸고 가는 자, 그리고 변화되고
자 하는 백성,
28 그들은 내 가슴에 안을 것이며, 그들
을 위하여 천국의 문은 항상 활짝 열
려 있음을 알라, 사랑하는 나의 아들
딸들아!

7,274 번째 하나님 말씀

2003년 8월 24일 07시 42분

1 사랑하는 나의 아들아!
2 "네, 아버님! 말씀하옵소서."
3 날짐승이 제가 나는 것이 힘들며 하
늘 높이 공중에서 먹이를 취하는 것이
너무 힘들고 어렵다 하여 지상에서 걷
기만 하며 살아가는 생활 방식으로 모
두 바꾼다면 과연 그 날짐승은 어떻게
되겠는가?
4 어느 날 적으로부터 공격을 받아 날고
자 해도 날 수가 없을 것이며, 또한 그
를 따라 그들의 새끼는 계속 날 수 없
는 짐승으로써 변화되며, 날짐승이 날
지 못하는 그와 같은 형국이 될 것이
니라.
5 그러니 너희가 얼마나 노력하고 얼마
나 자기 자신을 잘 관리하느냐에 따라
서 나로부터 받은 그 모든 것을 활용
할 수 있으며,
6 내가 너희에게 내려 준 지혜요, 내가
내려 준 모든 삶의 방법을 백분 활용
하여 너희 것으로 만들 수 있을 것이
니라.
7 그러니 날짐승이 날아서 먹이를 잡는
것이 힘들어 걷기 시작한다면, 내가
날 수 있는 지혜를 준 것을 제 스스로
버린 것이요, 그와 같은 변형된 삶을
살게 됨이니, 과연 제가 어떠한 길이
바른 삶인지 알겠는가?
8 지금 나의 피조물 만백성들이 하늘에
오르는 길이요, 진정한 믿음의 길을
가는 것이 그와 같은 변형된 믿음으로
써 다 젖어 있음을 너희는 알아야 할

것이니라.
9 내가 너희에게 말하기를 하늘에 오르
는 길은 어렵고 힘들며 협착한 길이라
그리하였음이니라.
10 그러니 너희가 어렵고 힘든 그 길을
선택하지 아니하며, 편안하고 평탄한
그 길만을 찾아 하늘에 오르는 길이라
하는 백성이니라.
11 그게 바로 날짐승들이 날기를 포기하
는 어리석은 새처럼, 너희가 지금 그
와 같은 믿음의 길을 가는 자들이라면
과연 믿겠는가?
12 너희가 아무리 믿음을 갖고 나를 믿고
경배한다 해도, 참진리요, 진정한 길
을 가지 아니하며 내가 너희에게 지
키라는 계명이요, 율법이요, 그리고
지금 제3의 시대에 나의 법전에 기록
하여 지키고 살라 하는 것, 그리고 나
의 아들을 통하여 너희에게 직접 강
론으로써 깨우쳐 지키고 행하라는 것,
13 그 모두가 평탄하고 즐기고 갈 수 있
는 것은 정녕 없음이니라.
14 그 길을 가려면 너 자신을 버려야 하
며, 모두를 다 버리고 모두를 대중적
으로 생각하며 남을 위하여 살지 아니
하면 너희는 진정한 믿음이요, 하늘에
오르는 길이요, 내가 말하는 사랑의
실천함이 없음이니라.
15 더욱이 너희는 뭐라 말하느냐?
16 그와 같이 어렵고 힘든 길을 가기 위
하여 노력하는 것이 아니요, 인간은
그리 갈 필요가 없으며 그저 향락이
요, 즐거움이요, 육의 즐거움을 가지
고 살면 되며 그것이 하늘에 오르는
길이라 그리 가르치는 종교 집단이요,
지도자들이 있음이니라.
17 어렵고 힘든 고통의 길이요, 어떠한
생명을 내놓는다 해도 내가 직접 내린
십계명이요, 율법을 지키고 살아야 하
늘에 오르는 길이라 그리 가르치는 것
이 도리이거늘,
18 그것을 정면으로 부인하는 자들이 이
세상에 모든 교회를 지었으며 성당을
지었으니,
19 또한 그것도 짓지 말라는 것을 정면으
로 거역한 자들이니라.
20 바로 나의 뜻을 거역하는 자들이 지금
이 세상을 다 덮을 것처럼 그리 요란
을 떨고 있다 함이니라.
21 그러니 그 속에서 어찌 진리가 있고
깨달음이 있겠는가?
22 내가 어렵고 힘든 길이 하늘에 오르는
길이라 하였음이니,
23 나의 뜻에 따라 사랑을 베풀고 실천하
는 것은 항상 손해 보고 적자 보는 인
생의 삶을 사는 것과 같은 그 생각을
넘지 못하고, 그를 즐거움으로 행하지
못하는 자,
24 그들은 정녕 편안한 길이요, 안일한
길을 구원의 길이라 가고자 하는 자들
이니,
25 그들은 정녕 나와는 관계없다 함이 여
기 있음을 알아야 할 것이니라.
26 모든 것을 스스로 포기하고 저버리며,
내가 너희에게 준 지혜요, 그 능력이
한도 끝도 없다 할 정도로 많은 것을
내려 주지 아니하였더냐?
27 철창에서 사자에게 물려 죽게 생긴 그
자식을 위해 철창을 휘는 그 어미의
그 위대한 힘이요, 초능력이 과연 어

디서 나오는가?
28 이는 너희가 상상할 수 없는 것에서
나오는 것이니라.
29 그와 같은 능력을 발휘하고 살 수 있
기에, 너희가 사탄과 모든 악귀와 마
귀들과 싸워서 이길 수 있는 동등한
그 능력을 내가 주었다 하였음이니라.
30 너희가 욕심이라는 다른 신을 가슴에
서 뽑고 천사와 같은 마음으로 변했을
때, 너희 마음이 하늘의 구름처럼 하
늘에 뜰 수 있는 것같이 깨끗하고 가
슴에 담은 것이 없는 그 마음이 되었
을 때,
31 너희는 이 산에서 저 산 너머의 역사
함을 볼 수 있으며 미래를 볼 수 있으
며 너희에게 역사하는 모든 것을 볼
수 있음이니라.
32 마음이 깨끗하여 성령으로 그득 차지
아니하였기에 보지 못하고 느끼지 못
하는 그와 같은 삶을 사는 것이 너희
임을 잊어서는 아니 될 것이니라.
33 나는 새가 위에서 먹이를 잡기가 어
렵다 하여 지상에서 걷기 시작하여 내
가 준 날 수 있는 기능을 버린 것처럼,
34 지금의 모든 종교 집단이요, 믿음의
길을 가는 백성이 그와 같이 다 전락
되었으며 타락되었으며 본질을 버리
고 살아가는 자들이니라.
35 그러니 그들을 바로 세워 나는 것이
얼마나 필요한 것인가를 그 날짐승에
게 가르쳐 주듯이,
36 진정한 믿음이요, 참진리가 어떠한 것
인가를 깨우쳐 그들이 바로 볼 수 있
도록 그 역사를 하는 것이 너희임을
잊어서는 아니 될 것이니라, 사랑하는
나의 아들딸들아!

7,275 번째 하나님 말씀

2003년 8월 24일 07시 46분

1 사랑하는 나의 아들아!
2 "네, 아버님! 말씀하옵소서."
3 너희가 아무리 신앙생활이요, 믿음의
생활을 했으며, 평생을 그리 가르치며
정녕 나 여호와의 뜻의 믿음의 그 길
을 갔다고 아무리 말해도,
4 진정한 믿음이요, 참진리의 길이 아닌
거역하는 반대의 믿음으로 가는 백성
은 정녕 나와는 아무런 관계없다 그리
말하였느니라.
5 너희가 나의 천국의 잔치에 참여하는
자, 자리가 있는 자, 그와 같이 참여할
수 있는 자격을 내가 심판할 때 주는
자,
6 그와 같은 백성이 진정한 믿음이요,
진정한 신앙생활을 한 것이며 진정한
천국의 길을 온 자임을 알아야 할 것
이니라.
7 내가 너희에게 성경에 기록하여 일찍
이 가르쳐 주었음이니라.
8 믿음이라는 것은 말로써 부르짖는 믿
음은 구원의 길이 아니요, 진정한 참
진리를 행하고 사는 것이 나에게 오
를 수 있다 하였음이니, 그것이 바로
무엇인 줄 알겠느냐?
9 율법에 대한 진리를 지키며, 계명대로
행하여 살아가는 그와 같은 백성이 나
의 생명록에 이름이 기록됨이니,
10 생명록에 이름이 기록된 자가 나에게
오를 수 있다는 것을 너희는 알아야

할 것이니라.
11 지금 너희가 가는 믿음이요, 신앙생활 이 너희 가슴속에 다른 신을 두며, 시기와 질투로 진정한 사랑을 모르며, 자기만 천국에 가는 것을 사겠다는 그와 같은 사악한 욕심으로써 가는 오늘의 그 믿음은 너희가 아무리 나에게 와 생명록을 뒤지고 또 뒤져도 그 생명록에 너희 이름이 없음을 알아야 할 것이니라.
12 너희 명단은 천국에 없으며 생명록에 없음이니, 너희 명단과 너희 자리가 있는 곳을 찾아가야 할 것이니,
13 바로 그것이 너희 이름이 생명록에 기록되어 있지 않으면 천국에 오지 못하며 지옥으로 가는 것이니라.
14 그러니 너희 자리요, 너희 이름이 있는 지옥으로 찾아가야 하는 것이 너희니,
15 그때 지옥이 얼마나 두려운 것이며 오늘의 삶에서 잘못된 행함이 얼마나 무서운 결과를 초래하는가?
16 영원히 헤어날 수 없는 그곳에서 너희가 상상할 수 없는 그 고통 속에서 살아가는 것이 지옥이라는 것이요, 나를 찾을 수 없으며 나를 볼 수 없으며 나에게 기도드릴 수 없으며 나에게 구원을 원할 수 없는 것이니라.
17 지금처럼 달라, 이루어 달라, 온갖 하고 싶은 대로 놀 수 있고 행할 수 있고 역사하고 참회하고 사악한 짓을 지상에서처럼 그리할 수 없는 것이니라.
18 오늘의 얼마 남지 않은 육의 삶을 모두 다스리고 역사하며 그 모두가 선택하는 기준이라는 것을 절대 잊지 말라, 사랑하는 나의 아들딸들아!
19 나의 법전에 기록하는 것이 무엇이더냐?
20 내가 신앙생활을 하지 말며 믿음을 가지지 말라 하였느냐?
21 너희가 신앙생활이요, 믿음의 생활이요, 성경을 읽고 깨우치며 나의 법전을 읽고 깨우쳐 착하고 아름답게 사는 삶이 중요하다 함이니,
22 아름다운 마음으로 아름다운 선행을 하고 살아가면서 나를 경배하고 찾으면 될 것을,
23 너희는 하나만을 선택하며 하나는 버림이니, 쉬운 길은 선택하고 진정한 하늘에 오르는 어려운 길은 버림이니 그리 알라.

7,276 번째 하나님 말씀

2003년 8월 24일 07시 50분

1 사랑하는 나의 아들아!
2 만백성에게 전하고 또 전해야 할 것이니라.
3 너희가 지금처럼 나의 아들 예수의 보혈로써 그리고 너희가 지은 죄의 온상에 와 기도하고 경배하며 나를 찾는 그것으로써 구원을 받았다 하며 그것이 진정한 믿음이라고 생각하고 가는 자, 그리고 구원을 받았다는 그 오만하고 교만한 백성,
4 너희는 그 길은 하늘에 오르는 길이 아니요, 지옥의 길이라 하였음이니, 지옥으로 내려가는 자는 천국에 오는 자처럼 명단에 너희 이름이 없다 말하였음이니라.

5 천국에 이름이 없는 자는 지옥에 너희
이름이 있으니 그리 가는 것이 타당한
것이며, 그건 누구도 바꿔 놓을 수 없
으며 돌려놓을 수도 없으며,
6 너희가 아무리 몸부림을 친다 해도 지
옥에 있는 너희 이름이 천국의 생명록
에 기록될 수 없다는 것을 알라 하였
음이니라.
7 너희가 지금 가는 모든 형식적인 행
사요, 복음을 전하는 그 방법이요, 그
리고 너희가 역사하는 것이 모두 다
잘못되었으며,
8 형식적인 예배의 행동으로써 구원을
받는 것이 아니요, 진정한 사랑을 베
풀며 아름다운 삶을 사는 것이 하늘에
오르는 길이요, 너희 이름이 나에게
기록된다는 것을 알아야 할 것이니라.
9 지금과 같이 요란한 형식이요, 행사
요, 내가 짓지 말라는 교회요, 회당에
서 예배하며 울고불고하는 자는 모두
나의 발등상에 상처를 내는 자들이요,
계속 대못을 박고 또 박은 다음에 그
대못을 밟고 짓이기는 그와 같은 형국
이 지금의 믿음이요, 너희가 가는 길
이라 하면 너희는 과연 믿겠는가?
10 그와 같은 고통을 나에게 주면서 나를
경배하며 나를 사랑하며 나에게 오른
다 말하는가?
11 그와 같은 행위를 하는 것은 나에게
오르는 길이 아니요, 나 여호와와는
아무런 관계도 없음이니라.
12 너희가 정녕 나에게 오르고자 한다면
내가 다시 한 번 명하니, 나의 계명을
지키고 살며 내 뜻대로 살며,
13 그와 같이 행하지 아니하는 자는 정
녕 나를 볼 수 없으며 나에게 오를 수
없음을 알아야 할 것이니라.
14 이제 나의 아들을 따르는 제자요, 나
의 법전을 읽고 깨우친 만백성 너희는
알아야 할 것이니라.
15 오늘의 육의 고통이요, 삶의 그 고통
은 너희가 나를 만날 수 있으며 나와
대화할 수 있으며 나와 지상에서 살았
던 그 삶을 이야기하며 웃음꽃을 피우
고 살 수 있는 천국에 올 수 있으며 나
의 아들딸로서 거듭나는 것임을 잊지
말라.
16 오늘의 믿음의 길을 가는 모든 백성
그들이 지은 교회요, 죄의 온상에서
기도하고 경배하며 재물을 바쳐 사탄
에게 역사하는 나의 사랑하는 백성,
너희는 그 대가를 치를 것이며,
17 너희가 아무리 선함을 행하고 행해도
그 사악한 행위를 씻을 수 없으며 그
를 능가할 수 있는 행함이 없다는 것
을 알아야 할 것이니라.
18 나에게 심판을 받을 때 너희는 죄가
무거워 지옥으로 그대로 흘러내려 간
다는 것을 절대 잊지 말라.
19 선이 무거운 자는 나에게 오를 수 있
으나 악이 무거운 자는 지옥으로 그대
로 흘러들어 간다는 것을 절대 잊어서
는 아니 될 것이니 그리 알라.

7,277 번째 하나님 말씀

2003년 8월 24일 07시 58분

1 사랑하는 나의 아들아!
2 "네, 아버님! 말씀하옵소서."
3 구원을 받았다, 구원의 길이라, 하늘

나라 나에게 오르는 길이라 하는 백
성, 저희는 다 올 수 있는 자격이 갖춰
졌다 하는 백성, 그리고 지금의 믿음
으로써 그냥 가면 올 수 있다는 자들,
4 그 모든 생각을 다시 한 번 해 보지 아
니하면 아니 된다 그들에게 간곡히
전하고 전해야 할 것이니라.
5 지옥으로 가는 것을 아는 너희가 그
를 막지 않는다면 또한 그 죄가 얼마
나 크더냐?
6 범죄하는 자를 다스리지 아니하며 그
가 하도록 그저 같이 편승한 자의 그
죄 또한 무관하지 않으니라.
7 윗사람이 아래 사람을 다스리지 아니
하며 잘못하는 것을 다스리지 아니하
고 그대로 방관한다면 인간 세상에도
그 책임이 있으며 죄가 있지 않더냐?
8 그와 마찬가지이니라.
9 너희는 깨달아서 내가 하고자 하는 뜻
이 무엇이며 나 여호와가 이 세상에
이루고 역사하고자 하는 것을 알고 있
으며 나 여호와에게 오르는 길이 어떠
한 삶이요, 어떠한 길이라는 것을 알
고 있느니라.
10 그리하여 어떠한 백성이 잘못 가고
있는지, 그들이 지금 지옥의 길을 달
려간다는 것을 알면서, 그대로 방관하
며 위에 있는 너희가 깨우쳐 주고 인
도하지 아니하면,
11 너희 형제들을 지옥으로 가도록 놔둔
그 죄 또한 너희에게 있을 것이니, 이
를 소홀히 해서는 아니 될 것이니라.
12 그러니 지금 구원을 받았다는 모든 백
성은 생각을 다시 하며 깨달음을 다
시 얻어야 할 것이며,
13 성서를 다른 마음으로 읽어 봐야 할
것이며, 그리고 성서를 다른 방향에서
공부해 보며 연구해 보라고 그리 전
하라.
14 지금의 잘못된 종교 지도자요, 사탄의
앞잡이가 된 자들이 설교하고 강론하
는 것에 '옳소' 맞습니다.' 손뼉 치고
광란의 짓을 하지 말며, 너희 스스로
조용히 다락방에서 기도하며 나의 성
경을 읽어 보도록 그리하라.
15 그러면 다른 각도에서 볼 수 있으며
생각을 할 수 있으며, 그 생각 속에서
깨달음이 있음을 알아야 할 것이니라.
16 지금의 모든 믿음을 다시 생각하지 아
니하는 자는 다시 태어날 수 없으며,
다시 태어나는 길을 가지 않는 자는
정녕 변화될 수 없는 것이니,
17 변화되는 삶을 살지 않는 것은 무엇
이던가?
18 나에게 오르는 길이 없다 함이니라.
19 그러니 지금이라도 늦기 전에 다시 한
번 생각하는 그와 같은 기회를 갖도
록 나의 피조물 만백성을 너희가 깨
우치고 전해야 함을 절대 잊지 말라.
20 너희가 지옥으로 가고 있다 생각해 보
라.
21 지옥으로 가는 자를 옆에 있는 사람이
조금만 잡아 주고 이끌어 주어도 영원
히 사는 지옥의 길을 가지 아니할 것
을, 그를 모른 체하며 흘러가도록 그
냥 놔둔다 하면,
22 모르고 간 너희들이 이다음에 나에게
와 심판을 받아 지옥에 갔을 때, 옆에
서 손 한번 내밀어 잡아 줄 수 있었던
자를 얼마나 원망스러워하고 그 인색

함에 치를 떨겠는가?
23 그와 마찬가지이니라.
24 너희가 지옥으로 가는 그 백성에게
손을 내밀어 끌어올리지 아니하며 그
들을 깨우치지 아니하면, 바로 그들이
지옥으로 가 원망하며 그 인색함에 대
하여 치를 떠는 그 대상이 바로 너희
가 될 것이니라.
25 그러니 너희는 이제 하늘에 오르는
그 길을 알았으면 육의 세상의 삶이
다 무엇이던가?
26 그저 육의 세상에 사람답게 살고 착한
마음으로 세상을 살아갈 때 모두 다
살아가는 길이 있다 하였음이니라.
27 너희가 살아갈 수 있는 그 모두는 내
가 너희에게 주었기에, 이제는 진정한
믿음이요, 하늘에 오르는 길이요, 아
름다움을 행하고 살라 내가 너희에게
명하느니라.
28 너희가 선한 일 착한 일을 하는 것이
손해 보는 것 같으며 너희 것을 잃는
것 같은 마음을 가질 수 있으나,
29 내가 이미 너희가 행하고 취하고 살
수 있는 것은 다 주었음이니, 그것은
누가 빼앗아 가지도 못하며 누가 덜
어 가지도 못한다는 것을 알라.
30 그러니 너희가 살아갈 수 있는 그 능
력이요, 오늘의 삶을 존재 할 수 있다
면 너희는 참진리요, 나의 십계명이
요, 지금 내가 내리는 나의 법전이요,
이와 같은 것을 지키고 사는 데 모든
정성을 다해야 할 것이며, 그를 지키
고자 하는 노력을 소홀히 해서는 아니
될 것이니라.
31 그리하지 아니하면 변화될 수 없는 것
이 너희니라.
32 지금의 종교 집단이요, 지도자들은 지
금 잘못 가고 있음이니라.
33 너희는 육의 세상의 삶은 소중하지 아
니하다 함이니라.
34 그러니라. 너희가 육의 세상에 사는
것은 내가 모두를 다 주었으니, 백이
라는 것 중에 열을 노력하는 그 삶으
로써도 충분히 살아갈 수 있는 것이
며,
35 그리하여 믿음이라는 곳에 가 광분하
며 재물을 바치며 울고불고하며 90퍼
센트라는 시간을 그곳에 갖다 바치는
자가 구원을 받는 것이라 지금 착각을
하고 있으며, 그와 같은 형태에서 믿
음의 길을 가는 것이니라.
36 그러니라. 그 90이라는 것을 영원히
사는 삶을 위해 바치고 투자하는 것은
당연하나, 이는 조용히 혼자 생각하는
것이니라.
37 혼자 나에게 기도하고 성경을 정독하
고, 그리하여 혼자 연구하고 생각하라
는 것이지,
38 모리배처럼 날짐승들이 떼로 다니듯
이 그 무리 속에서 무엇인 줄 모르며
그저 앞에 가는 자를 따라가는 그와
같은 형국으로써 모두를 바치라는 것
이 아님을 알라.
39 재물을 갖다 바치며 시간과 노동력을
바쳐 가면서 종교 지도자에게 맹종하
고 맹신하는 그와 같은 믿음으로써 가
는 것이 90퍼센트를 바치고 가는 삶
이 아니라는 것을 알라.
40 너희가 하늘에 오르는 그 길이요, 다
시 태어나는 역사는 물론 투자의 비율

로 90퍼센트 이상을 바쳐도 타당한 것이며 그 길을 가는 것이 소중함이니라.

41 그러나 육의 생활에서 할 일을 하면서 너희가 정신적이요, 생각하는 그 마음이요, 선한 마음을 갖고 살 수 있는 그 방법, 그리고 악을 이기는 방법, 악과 싸워서 지지 않는 방법, 악을 다스리는 것을 너희가 성경을 보며 나의 법전을 보며 나에게 기도하면서 너희 스스로 마음을 다스려 나가라는 것이니라.

42 그리하여 변화되는 삶을 살며, 진리를 깨우치며, 선함이 어떤 것인가를 깨우치는 데 너희 생각과 마음가짐을 90퍼센트를 바치라는 것이니라.

43 재물과 시간을 성전에 바치며 교회에 바치는 그와 같은 행위를 하라는 것이 아님을 알아야 할 것이니라.

7,278 번째 하나님 말씀

2003년 8월 24일 08시 03분

1 사랑하는 나의 아들아!

2 "네, 아버님! 말씀하옵소서."

3 내가 너희에게 말보다 행함이 중요하며, 그 행함을 행하는 것이 나에게 오르는 길이라 그리 가르치고 전하며, 나의 법전에 그리 기록하는 것을 너희는 아니라 말할 것이니라.

4 그러나 성경에 행함이 얼마나 중요한 것인지 이미 다 가르쳐 주지 아니하였더냐?

5 너희는 달란트 사업이라는 그 내용을 알고 있으며, 달란트의 역사의 가르침을 너희는 아느니라.

6 달란트라는 그 역사의 가르침이 무엇이더냐?

7 내가 준 것을 가지고 제가 노력하고 행함으로써 많이 얻은 자에게 상을 내렸으며, 게을러 노력하지 아니하고 땅에 묻은 자에게 그 모두를 다 뺏어 노력하여 얻은 자에게 주었음이니, 그것이 무엇이더냐?

8 그와 같이 더 역사하고 행하고 노력한 것으로써 그들이 행한 만큼 나에게 사랑을 받으며 은혜를 받는 것이요,

9 기다리는 마음 행하지 않는 마음은 그 모두를 회수하여 노력한 자에게 준다는 것을 이미 기록하여 전했거늘,

10 그것을 공부하고 깨우치면서도 행함이 얼마나 중요한가를 모르는 것이 너희니라.

11 그와 같은 설명이요, 그와 같은 이치를 너희는 다른 것에 붙여 나의 피조물 만백성들을 이끌어 가고 있음이니라.

12 그게 바로 무엇인 줄 알겠느냐?

13 노력하지 않는 자, 행하지 않는 자는 내가 준 모든 은혜를 박탈하며, 내가 너희에게 준 모든 기회를 박탈당하고 너희 스스로 소멸하는 그와 같은 삶을 살아가는 자라 내가 거기에 일찍이 기록하여 전하였거늘,

14 어찌하여 깊은 내 뜻을 알지 못하며 그 비유의 뜻을 모르고 지금 성서를 공부하며 나에게 오르는 길을 공부한다 하는가?

15 이는 행함이 얼마나 소중한지를 말함이니,

16 행함이 없는 백성은 나에게 버림을
받는 것이며, 나에게 올 수 없으며, 내
가 베푸는 그 화려하고 성대한 잔치에
참석하지 못하는 자들이라는 것을 알
라.
17 너희는 달란트에 대한 대목을 다시 읽
으며 내가 오늘 나의 아들에게 전하는
그 뜻을 알라.
18 노력해서 배로 얻은 자가 있으며, 그
리고 노력하지 아니하고 그저 묻어 둔
자는 바로 너희가 노력하지 아니하는
자이니라.
19 너희가 죄를 사하며 죄에 물들지 아니
하며 선한 마음이요, 천사와 같은 삶
으로 노력하는 것을 내가 거기에 비유
하였음이니,
20 행동을 아름답고 선하게 살고자 하여
변하는 그와 같은 자는 당연히 내가
거두어들이며 받아들이나, 노력하지
아니하고 연구하지 아니하는 자는 내
가 버린다 함이니라.
21 그나마 내가 기초로 내려 준 60점까
지도 너희에게서 모두 회수해 가며
모두 박탈한다는 그 무서운 내용을 일
찍이 성경에 기록하여 전했느니라.
22 그걸 알지 못하니 지금 나의 아들을
통하여 행함이 얼마나 중요한 것인지
강조하고 또 강조하여 너희 머릿속에
심어 주며, 그저 읽기만 하면 깨달을
수 있도록 강조함이 여기 있음이니라.
23 달란트의 내용을 알고 제대로 가르치
는 자가 없으며 제대로 역사하는 자
가 없음이니라.
24 그저 나의 아들을 통하여 간단하게 너
희에게 모두 전했으나, 이제는 내가
세세히 풀어 너희가 알 수 있도록 나
의 아들을 통하여 나의 성령인 이 법
전이요, 참진리를 너희에게 전함이니
라.
25 이를 읽고도 깨우치지 못하며 나의 법
전을 읽고 성서에 기록된 예비된 것을
깨우치는 것이 아니요, 이는 사탄이
요, 사악한 자가 하는 짓이라 너희가
그리 보면 그와 같이 보일 것이니라.
26 이 모두는 성서에 기록되어 있는 것을
상세히 설명하며 성서를 가지고 역사
하지 못한 것을 너희가 역사하도록
잘 다스리는 하늘에 오르는 길이요,
나 여호와 하나님의 성령이요, 너희를
하늘에 오르는 길로 인도하며 하늘에
오르는 길을 눈을 뜨도록 하는 그 역
사함이라 하여,
27 너희가 감사의 눈물을 흘리며 나의
법전을 가슴에 안고 정독했을 때,
28 너희는 마음이 열리며 하늘을 보는 그
눈이 열리며, 하늘에서 내리는 성령을
듣는 귀가 열림을 절대 잊지 말라, 사
랑하는 나의 아들딸들아!
29 그렇지 아니한 자는 들을 수도 없으며
볼 수도 없으며 변화될 수 없으며, 최
종적으로 너희가 그리도 갈구하는 하
늘나라에 절대 올 수도 없다는 것을
알라.

7,279 번째 하나님 말씀

2003년 8월 24일 11시 56분

1 사랑하는 나의 아들아!
2 "네, 아버님! 말씀하옵소서."
3 너희가 똑같은 시간에 고개 숙여 나에

게 기도하고 경배하며 참진리를 깨우
치고자 공부하는 시간을 평생을 바쳐
살아가는 그와 같은 백성이 있지 않
으냐?
4 그러나 그들이 나에게 오르는 길이 아
니요, 나의 뜻을 거역하는 그와 같은
믿음을 가고 있다 하면 그건 얼마나
불행한 일이며 그 자신 또한 얼마나
처참한 그 삶을 사는 것이더냐?
5 참진리의 아름다운 길이요, 하늘에 오
르고자 하는 그와 같은 길이 아니요,
그를 거역하는 삶을 살고 있다면, 과
연 그걸 어디에서 보상받을 수 있다고
생각하는가?
6 그건 그들을 잘못 끌어가는 지도자에
게 그 책임이 있음을 알아야 할 것이
니라.
7 지도자는 바로 무엇이더냐?
8 참진리요, 아름다움을 깨우치고 또 느
끼고자 너희에게 고개 숙여 기도하는
그들의 아름답고 소중한 마음을 안다
면, 종교 지도자가 한 점의 부끄럼이
없는 삶을 살아야 할 것이며,
9 단상에 서서 그들에게 설교하며 그들
을 가르치는 자세를 다시 한 번 돌이
켜 보고 자신을 가다듬어 저 자신이
어떠한 위치에 있는가부터 먼저 깨닫
는 그와 같은 삶을 살아야 할 것이니
라.
10 지금 내가 너희에게 이르노니, 모든
종교 집단들이 잘못 흘러가고 있다 함
이 무엇이던가?
11 내가 너희에게 일찍이 깨우쳐 주었음
이니라.
12 너희는 없는 자, 가난한 자를 돕고 그
들을 위해서 살아가며 너희 자신을
접어 두고 살아가는 것이 나의 뜻이
요, 하늘에 오르는 그 길이라 말하였
음이니라.
13 그러나 너희는 지금 어찌 살아가는가?
14 내가 십계명에 기록하여 '네 부모를
공경하라' 하였음이니라.
15 그러나 너희는 네 부모를 공경하는 것
보다도 믿음이 우선이며 믿음을 먼저
역사하는 것이 하늘에 오르는 길이라
그리 가르치고 있지 않더냐?
16 너희가 사막을 여행하다 지쳐 쓰러져
도적을 만나 죽어 가는 그자를 살리
고 그를 보호하는 것이 나 여호와의
뜻이라 하였음이니라.
17 그러나 지금의 종교 집단이요, 지도자
들은 어찌 가르치는가?
18 사막에서 도적 맞아 쓰러진 자에게,
그를 도와주며 그에게 여비를 주며 그
를 보호해 주는 그와 같은 경비요, 자
금 쓸 일이 있으면 그와 같이 쓰는 것
보다,
19 너희 손으로 지어 이끌어 가는 그 교
회의 주춧돌을 세우며 거기를 더 아름
답게 꾸미는 데 투자하는 것이 더 축
복을 받으며 은혜를 받으며 영광을 받
는 것이라 그리 가르치는 종교 지도자
들은 없는가?
20 배고프고 불쌍한 자에게 먼저 베풀어
주는 것이라 하였거늘,
21 배고프고 불쌍한 자에게 먼저 베푸는
자에게 그것보다도 너희 교회요, 손으
로 지은 성전에 바치는 것이 더 큰 은
혜를 받으며 영광을 받는다고 가르치
며 그리 행동하도록 유도하며 이끌어

가는 자는 과연 없는가?
22 나 여호와는 아무것도 필요 없으며 받
을 것이 없으며 거둬들일 것이 없으며
하늘에 쌓을 것이 없으며, 나는 필요
없느니라.
23 필요 없는 나에게 바치는 것이 영광이
요, 축복받는 길이라 하여 거둬들이
며, 내 뜻을 행하고자 하는 나의 백성
까지도 그 길을 막음이니라.
24 그들이 그를 행함으로 나에게 올 수
있는 선한 길에 눈을 뜨는 것이며 선
함을 행할 때 눈을 뜨기 시작하여 선
함을 하게 되면 계속 그와 같은 역사
를 함이니라.
25 너희는 버릇이라는 것이 있지 않더냐?
26 너희가 버릇을 들이면 그 버릇은 너
희도 모르게 행하게 되어 있지 않더냐?
27 술이라는 것을 마시는 자는 계속 마시
게 되어 몸에 배면 그는 술을 끊지 못
하고 사는 것이요, 그림을 그리고 사
는 자는 그림을 그리지 아니하면 또한
삶의 의미를 잃는 것처럼,
28 어떠한 것이든 습관을 들이면 너희도
모르게 그와 같이하게 되는 것은 너
희 신체 구조요, 그 마음에 달렸음이
니라.
29 내가 너희에게 말하기를 어려운 자에
게 베풀어 주며 이웃을 도우며 살아가
는 것도 남이 알지 못하도록 하여, 보
탬을 받으며 은혜를 받은 자가 마음
상하지 않도록 너와 그만이 알고서
역사하는 그와 같은 참모습으로 살아
가는 것이 하늘에 오르는 길이요, 나
의 뜻이라 하였거늘,
30 너희는 나의 뜻에 따라 행하는 자들
에게 말하기를, 하늘에 많이 쌓아 놓
으며 먼저 교회에 바치는 것이 더 큰
은혜요, 더 큰 사랑이니,
31 작은 사랑이요, 나 여호와가 기억하지
않는 일을 하지 말라, 그리고 나 여호
와가 기억하며 너희가 죽어 나에게
와 상을 받을 수 있는 그 일을 먼저 하
라고 말하느니라.
32 그러면서 뭐라 말하느냐?
33 더욱이 이방인을 돕는 것, 이방인을
위해서 역사하는 것은 아무것도 아니
니, 그와 같은 행위를 하지 말고 나에
게 바치라 함이니라.
34 너희가 참진리요, 아름다운 길을 간다
면 이방인을 깨우치도록 그리하는 것
이 믿음이 아니던가?
35 내가 너희에게 일찍이 말하였느니라.
36 이방인이 죽어 가는 것을 보살피는 것
이 급선무냐, 그를 모르는 체하고 가
는 것이 급선무이며 나의 뜻이냐 내
가 너희에게 물었느니라.
37 아무리 급한 일이 있다 해도 너희가
이방인이요, 죽어 가는 자를 치료하고
살리는 것이 더 위대함이니라.
38 그리하여 나의 피조물 만백성, 그리고
어려운 자, 불쌍한 자를 도우며 이웃
의 어려움을 같이 나누고 살고자 하는
자, 그리고 이웃을 돕고자 하는 그와
같은 백성의 사랑의 마음을 막은 것
이 오늘의 종교 집단이요, 지도자들이
니라.
39 거둬들인 사실이 없으며 받은 것이 없
으며 원하지도 아니하며 필요치도 않
은 나에게 그저 바친다 하며,
40 바치는 것이 영광이요, 축복이요, 살

아서 열배 백배 은혜를 받으며 죽어
서까지 천국에 오르는 길의 그 길잡이
라 함이니,
41 그 말을 믿는 어리석은 백성이 그를
따르지 아니할 자가 어디에 있는가?
42 그러나 그것은 지옥으로 가는 길이요,
너희는 지옥으로 가는 표를 구매하는
것이니라.
43 어려운 백성을 도와주며 그들에게 위
로하며 더불어 살아가는 그 사랑을 실
천함이 나의 뜻이니 그리 알아야 할
것이니라.
44 모든 종교 집단이요, 믿음의 길을 가
는 자들이 과연 그와 같은 행위를 하
고 있으며, 그것이 정녕 참진리요, 아
름다움이더냐?
45 너희는 그들이 가는 것을 탓하며 시
시비비하지 말며,
46 오로지 너희 자신이 그와 같은 길을
가지 않는 나로부터 선택된 백성이요,
지도자로서 바로 서고 아름답게 살며
정도를 가라 하여 내가 그와 같은 입
에 담기도 싫은 추한 이야기들을 나의
법전에 기록하여 전함이니라.
47 이제 나의 아들을 따르는 제자 너희는
한번 생각해 보라.
48 그들이 하는 것이 얼마나 추하고 더
러우며 볼 수 없는가?
49 너희 인간으로서 잘못된 짓을 하고
있다 하면 그곳에서 썩은 냄새가 남이
니, 나 여호와는 그들의 심장까지 썩
은 냄새를 맡는다 하였음이니 그 역겨
움이 오죽하겠느냐?
50 그것을 치료하고 수술하는 것이 너희
니, 작은 것부터 다스리도록 하라.
51 너희는 성서에 기록한 대로 그대로
전하라.
52 나의 법전을 가지고 전해서 그들이 깨
우치지 못하거든, 성경에 기록된 그
구절을 읽고 암송하여 내가 행하라 한
것을 그대로 이야기하며 그대로 행하
는 것이 하늘에 오르는 길이요, 불쌍
하게 죽어 가는 자를 돕는 것이 우선
이요,
53 교회를 짓는 곳 성전을 짓는 곳에 가
서 재물을 거기다 바치는 것이 큰 상
이요, 은혜를 받는다고 가르치는 것은
정녕 나 여호와의 뜻을 거역하는 것이
아닌가?
54 '친구야! 한번 깊이 읽어 보라' 그리
전하며 그 대목을 펼쳐 읽도록 그리하
라, 사랑하는 나의 아들딸들아!

7,280 번째 하나님 말씀

2003년 8월 25일 06시 49분

1 사랑하는 나의 아들아!
2 "네, 아버님! 말씀하옵소서."
3 빛이 찬란한 보석이요, 또한 기암절벽
이요, 자연의 생긴 모습은 그들이 있
는 그대로 보여 주며 있는 그대로 보
고 경탄하며 감사하며 또한 그대로 느
끼는 것이니라.
4 그들은 스스로 관리할 능력이 없으며
스스로 자신을 다스릴 능력이 없음이
니라.
5 더 아름답게 보이고자 더 우아하게 보
이고자 치장할 줄도 모르며 자신을 가
꿀 줄도 모르며, 또한 자신을 다스려
나갈 줄도 모르느니라.

6 그러나 나의 피조물 만백성 너희는
알아야 할 것이니라.
7 내가 너희를 아름답게 만들었으며, 내
가 가장 높은 지혜를 주었음이니,
8 너희는 너희 자신을 얼마만큼 값진 사
람으로, 얼마만큼 능력 있는 사람으
로, 얼마만큼 이 세상에 필요한 사람
으로 다스려 나가고 또 만들어 나가고
가꾸어 갈 수 있는 것인가?
9 그것은 무한정함이니라.
10 내가 60점이라는 점수를 주었으니,
세상에 살아가는 그 속에서 어찌 노력
하고 어찌 가느냐에 따라서 너희는
무한한 변화를 이룰 수 있는 것이니라.
11 다만, 노력하지 아니하며 열심히 살지
아니하는 그와 같은 자가 남에게 폐를
끼치며 남에게 신세를 지는 삶을 살게
되는 것이요,
12 진정으로 노력하는 자, 그리고 열심히
노력하는 자는 저 자신을 가꾸기에
따라서 잡석이 보석으로 변할 수도 있
는 것이 인간인 너희가 가진 한계요,
은혜요, 특성임을 알아야 할 것이니라.
13 너희가 많은 사람으로부터 존경을 받
는 인격자가 되기 위해서는 무한한
노력을 해야 할 것이며,
14 많은 공부를 하여 많은 것을 얻음으로
써 또 그를 바로 씀으로써 주변의 모
든 사람에게 스승이요, 선생 소리를
들으며 인격자로서 존경을 받는 것이
니라.
15 너희가 재물을 누리고 사는 것 또한
얼마나 노력하며 얼마나 절약하며 아
름답게 관리하였느냐에 따라서 문제
가 거기 있음을 알아야 할 것이니라.
16 그뿐이던가? 그보다도 더한, 너희 자
신이 얼마만큼 남으로부터 평가를 받
느냐 하는 것도 너희가 어찌 가꾸고
다스렸느냐에 달렸음이니라.
17 그러니 너희가 나에게 오르는 그 길도
그와 마찬가지이니라.
18 너희가 얼마만큼 진실한 마음으로 사
랑을 베풀며 사느냐, 그리고 너희가
얼마만큼 실천을 하고 사느냐 그것은,
19 너희가 남들이 보는 앞에서 행하는
것, 남들이 보는 앞에서 실천하는 것,
그것으로써는 평가받을 수 없으며 그
것이 아님이니라.
20 남들이 보지 않는 가운데 남들이 주시
하지 않는 가운데 너희 스스로 아름
다운 믿음이요, 진실한 믿음이요, 진
정한 사랑이 무엇인가를 깨달아 가는
그와 같은 삶을 삶으로써, 잡석에서
보석으로 변할 수 있는 것이 너희임을
알아야 할 것이니라.
21 보석과 같은 자에서 또한 잡석으로 무
너지는 것도 일순간임을 알아야 할
것이니라.
22 하늘에 오르는 길이요, 진정한 믿음의
길을 어찌 가느냐에 따라서 너희가
보석이 되느냐, 그렇지 않으면 잡석으
로 되느냐 하는 것은 여기에 달렸음이
니라.
23 진정한 믿음이요, 나의 아들 예수를
통하여 역사하고자 한 사랑의 실천이
요, 그리고 내가 일찍이 내렸던 나의
계명이요, 내가 친필로 직접 쓴 계명
대로 지키고 살아가느냐, 너희가 얼마
만큼 노력하느냐에 따라서 나에게 오
르고 못 오름이니,

24 나에게 높이 오르는 자는 진정한 보석
의 의미를 알 것이며, 오르지 못하는
자는 잡석의 형태로써 그저 쓰임이 없
이 흘러가는 것이라는 것을 알아야 할
것이니라.
25 그러니 진정한 믿음이요, 그 길을 어
찌 살아가느냐 그것도 너희가 어찌
다스리고 어찌 노력하고 어찌 가느냐
에 달렸음이니라.
26 나의 피조물 만백성 너희가 이 세상
에서 필요한 사람이든 필요치 않은 사
람이든 그 모두는 너희에게 달렸으며
너희가 노력하기에 달렸듯이,
27 너희가 나에게 오르는 것도 오르지 못
하는 것도 다 너희에게 달렸음이니라.
28 이를 명심하여, 나에게 오르는 백성이
요, 나에게 올 수 있는 백성이요, 나와
더불어 영원히 사는 이 천국에서 존재
할 수 있는 사람으로 산다는 것은 내
가 내린 계명을 지키며 나의 아들 예
수를 통하여 내렸던 사랑의 실천함이
요, 죄 없는 세상, 죄 없는 사람들이
사는 세상을 만들고자 했던 것,
29 그리고 지금과 같이 사는 자는 어떠한
형태로든 나에게 와 벌을 받으며, 그
렇지 아니한 자는 어떠한 은혜를 받는
지, 그 모두를 풀어서 내려보내는 새
로운 성경이요, 나의 법전을 가슴에
안고 정독하고 그대로 행하고 실천하
고 사는 것,
30 그것이 곧 너희가 하늘에 오르는 위
대한 길임을 잊지 말라, 사랑하는 나
의 아들딸들아!

7,281 번째 하나님 말씀

2003년 8월 25일 11시 41분

1 사랑하는 나의 아들아!
2 "네, 아버님! 말씀하옵소서."
3 너희가 인간 세상에서 살아가면서 다
음과 같은 말이 있지 않더냐?
4 '내 코가 석 자나 빠졌으니, 남의 코
빠지는 것을 생각할 겨를이 어디 있느
냐?' 그리 말하느니라.
5 이는 너희가 배고프고 힘들고 어려움
이니, 자기가 지치고 힘든 상태에서
남을 어찌 돌아다볼 수 있으며 남을
생각할 수 있느냐는 그와 같은 뜻의
말이니라.
6 그러하니라. 나의 피조물 만백성을
너희가 구원하기 위해는, 너희가 안
정된 생활이요, 모든 것이 다듬어지지
아니하고 갖추어지지 아니한 상태에
서,
7 나의 피조물 만백성을 구원하며 그들
을 하늘로 인도하는 그 길을 역사하는
것, 그리고 나의 법전을 가슴에 안고
그 모두를 전하는 일, 그리고 그들의
가슴에 전해 주어 깨우치도록 역사하
는 모든 것은,
8 너희가 갖춰지지 아니하며 준비되지
아니하면 절대 할 수 없는 것이니라.
9 너희 말대로 자신의 발등에 불이 떨
어져 있음이니, 그를 끄기 전에 남의
것을 먼저 끄는 자 없듯이,
10 너희가 그와 같이 어렵고 힘든 상황에
서는 어떠한 역사도 이루기가 힘들며,
너희가 역사를 이룬다 해도 노력하는
만큼 결과를 거둘 수 없으며,

11 한 마음이 아니라 두 마음, 세 마음,
열 마음을 갖게 되어 있는 것이니라.
12 그러나 너희는 지금 깊이 깨우쳐 행
하여야 할 것이니라.
13 너희가 지금 나의 뜻에 따라 마음을
다스리고 변하여 과연 내가 내려 준
재물이요, 내가 내려 준 그 모두를 나
를 위하여 나의 뜻에 따라 쓸 수 있도
록 변화되는 백성이 있다면 내가 너희
에게 어찌 안 주겠는가?
14 너희 코를 석 자를 빠지게 하며 너희
를 며칠씩 굶게 하며 너희는 먹지 아
니하고 남을 주라 그리하며 그와 같이
살라 하겠는가?
15 다만, 내가 주었을 때 그걸 나의 뜻이
요, 내가 원하는 방향으로 쓸 수 있는
마음 자세요, 깨달음이 되지 아니하였
기 때문에 내가 너희에게 내려 주지
못함이니라.
16 너희가 지금서부터라도 바로 서며, 독
한 마음으로써 나의 계명이요, 나의
법전대로 살아가는 것, 그리고 하늘을
향하여 한 점의 부끄러움이 없는 삶을
살아가는 것,
17 그리고 나 여호와가 너희를 항상 보고
있으며 너희가 내 뜻을 거역하지 아
니하는 그와 같은 삶을 사는 것에 목
숨을 던져서라도 지키겠다는 굳은 결
의로 행동하는 그 삶이 없이는 내가
너희에게 내려 주지 못함이니,
18 너희 코는 점점 빠지게 될 것이며 점
점 지치고 무너질 것이니라.
19 정녕 너희는 점점 지치고 무너져 나
에게 오르는 그 길마저 포기하며 영
원히 죽지 않고 사는 그 지옥 불에 가
기를 원하는 것인가?
20 너희는 이제 여기서 결단을 해야 할
때가 왔음을 알라.
21 나의 아들을 따르는 제자는 모두 어떠
한 마음으로 어찌 변하여 살아야 그
모든 역사를 이룰 것인가 그걸 결정
할 때가 되었음을 알아야 할 것이니
라.
22 나의 아들 예수를 따르던 그 제자들이
그 많은 역사와 기적을 보면서도 그들
의 마음이 하나가 되지 못하였으며,
23 수시로 그들이 배고플 때 마음이 변했
으며 재물이 들어왔을 때 마음이 변했
으며,
24 그와 같이 수천수만 갈래로 변화된
것이 그 제자들이니, 다스려지고 다스
려짐이 없었음이니라.
25 그러니 지금 나의 아들을 따르는 제자
너희들 또한 그러하니라.
26 너희가 과연 얼마나 다스려졌으며 얼
마나 변했는가?
27 지금의 변한 모습이요, 다스려진 것을
가지고 과연 내 뜻에 따라 모든 재물
이요, 부귀와 은혜와 영광을 주었을
때, 그리 쓰고 사용할 수 있다고 생각
하는가?
28 너희는 천 갈래 만 갈래로 갈라짐이니
라.
29 그리고 가장 어리석은 자로 될 것이니
라.
30 나의 법전을 읽고 깨우친 백성이 미래
에 구원을 받아도 오늘의 육의 삶의
그것부터 생각할 것이며, 그것에 더
계획을 세울 것이니, 그는 너희가 아
니라 해도 당연한 것이니라.

31 그러니 이제 너희는 한 점의 부끄러움이 없는 삶을 살도록 변하는 그 길이 먼저임을 알라.
32 계속 맷돌에 매달려 날지 못하면 점점 쇠약해짐이니라.
33 다리에 맷돌을 매단 독수리도 날고자 하며 처음에는 그도 거부하나, 날고 날아도 날지 못할 때 지치고 지쳐 결국 죽게 되어 있음이니라.
34 너희가 그러한 형국이니라.
35 너희에게 달린 사악한 마음이요, 욕심의 근원의 뿌리를 일찍이 다 잘라 내고 버리면 훨훨 날 수 있으나,
36 그렇지 아니하고 지금 욕심이요, 사악한 마음이 변화된 것 없이 하늘을 향하여 변화됐다 하며 날 수 있다고 퍼덕거려 봐야 기운이 빠져 지쳐 쓰러짐이니라.
37 너희 코가 빠지고 나면 남의 코 빠지는 것을 볼 수 없듯이, 너희가 바로 서지 아니하고는 그 모든 역사를 할 수 없으니, 여기서 용단을 내려야 할 것이니라.
38 너희 자신을 다스리는 것이 오죽 힘들고 어려우면, 내가 너희 신체의 일부분이 잘못했을 때 그를 자르고라도 바로 서는 것이 위대하다 하였더냐?
39 너희가 과연 신체 일부를 자를 만큼 그 각오가 되어 있는가, 너희 자신을 보라.
40 과연 너희 팔이 도적질했을 때, 너희 혀가 사악한 말을 했을 때, 너희 귀가 더러운 것을 들었을 때, 너희 눈이 더러운 것을 보고 즐거워할 때,
41 과연 신체 일부를 버려서라도 그 사악한 뿌리를 버릴 수 있는가?
42 그것이 나 여호와가 너희에게 가르치며 내가 나의 아들 예수를 통하여 너희에게 그리 가는 것이 옳다 했음이니라.
43 지금 나의 아들을 따르는 제자 너희는 만백성의 기틀이 될 것이며, 내가 천년에 걸쳐 지상에 낙원을 이루는 그 역사의 기초를 다지는 너희는,
44 그와 같은 마음이 되지 않은 상태에서 재물이요, 물건이요, 부귀와 영화를 원해서는 아니 될 것이니라.
45 너희는 점점 지쳐 쓰러질 것이며, 날지 못하는 독수리와 같이 될 것이니라.
46 다리에 돌이 매달려 처음에 날지 못한 독수리가 아무리 퍼덕여도 힘은 점점 떨어질 것이며 지쳐 결국 죽게 되어 있음이니라.
47 너희의 오늘의 그 형태가 그러함이니라.
48 아무리 너희가 위로 날고 난다 해도 너희는 나는 것이 없으며 변화되는 것이 없음이니, 거기에 내가 무엇을 준들 무엇하겠는가?
49 너희는 몸만 비대해지며, 결국 자충수를 놓아 죽게 되는 그와 같은 형국이 될 것이니라.
50 그리하여 내가 너희에게 주지 못함을 알아야 할 것이니라.
51 제 코가 석 자니 남의 코를 바라볼 수 없으며, 제가 지금 배고파 죽을 지경이니 남을 돌아다볼 수 없는 것은 인간 너희의 본연의 자세요, 본연의 행동이요, 본연의 마음이며, 본성이니라.
52 그러니 너희가 그걸 다 벗어났을 때

만백성을 도울 수 있으며 또한 신뢰할
수 있는 것이며,

53 나의 법전을 지고 이고 만백성에게 전
하여 하얀 눈이 세상을 덮듯이 그 역
사를 이루는 데 좀 더 편안한 길이요,
나의 뜻을 이루며 내가 역사하고자 하
는 것을 이루려면 먼저 마음을 다스리
고 다 비워 내야 함을 알라.

54 흘러가는 물에 모두를 다 씻어 내지
아니하면 아니 되느니라.

55 감히 더러운 죄의 근성이요, 욕심의
뿌리요, 인간의 생각을 머릿속에 두고
가슴에 안고서 어찌 너희가 변화되어
나에게 올 수 있다고 생각하는가?

56 절대 오를 수 없으며 변화될 수 없음
이니, 여기서 너희 스스로 수술을 해
서 다시 태어나는 그 고통에서 역사를
하든, 그렇지 아니하면 너희 스스로
물러나든, 그와 같은 길을 가도록 그
리하라.

57 너희는 이제 나의 성서에 기록된 내용
하나하나를 점검해 봐야 할 것이니라.

58 나의 법전을 읽고 깨우쳐 그리 행하기
어렵거든, 성서에 기록된 내용을 보면
그 내용이 법전에 기록되어 있으니,

59 그걸 완성하고 완벽하게 하기 위하여
나의 법전이 세상에 내려가며 그 덕목
이 거기에 세세히 기록되어 있음이니
라.

60 나의 법전을 읽고 깨우칠 수 없으며
그걸 보고 믿지 못하겠거든, 성서를
보라.

61 하늘에 오르는 길이 얼마나 어려운 길
이며, 나에게 오르는 그 역사의 길이
얼마나 어렵고 힘든 것인가 이를 봐야
할 것이니라.

62 너희가 나에게 와 변한 만큼 상을 받
음이니, 너희가 상을 받고 은혜를 받
을 수 있는 것은 너희 노력 여하에 달
렸고 변하는 삶에 달렸느니라.

63 백 년도 안 되는 인간의 육의 삶을 위
해서 영원히 사는 그 삶에 투자하지
못하며 변화하지 못하는 어리석은 백
성이 너희라고 나 여호와는 생각하지
아니함이니라.

64 이제 나는 나의 아들을 통하여 갈 길
이 시급하며 역사할 길이 시급함이니
라.

65 그를 따르는 제자 너희는 아직도 제
자리에서 맴돌고 있음이니,

66 다리 힘이 없어 일어서지 못하고 주저
앉는 자와 같으니라.

67 일어서려다 주저앉아 땅을 헤매고 있
으며 일어서려 몸부림치나 일어서지
못함이니,

68 거기에는 대단한 결단과 용기가 있어
야 함을 알아야 할 것이니라.

69 지나가는 사람이 채워 주기를, 그리고
옆에 가는 사람이 잡아 주기를, 그 누
가 잡아 주기를, 너희보다 거대한 사
람이 일으켜 세워 주기를 생각해서는
아니 될 것이니라.

70 너희 스스로 두 발로 딛고 불끈 일어
설 때 일어설 수 있음이니라.

71 이제 너희 과제만 남아 있음이니라.

72 너희가 나의 아들이 가는 길에 그 내
면을 들여다보면 알 것이니라.

73 그는 무서울 정도로 변해 가고 있으며
무서울 정도로 그 길을 지금 가고 있
음이니, 나는 그를 데리고 달려감이

니, 너희가 따라오지 못한다면 과연 어찌하겠는가?
74 너희가 코가 빠져 자신이 다스리지 못하는 그와 같은 무거운 짐을 지고 더 이상 허덕이지 않으려거든,
75 너희 마음이 변하는 그 대수술을 지금서부터 과감히 시작해야 할 것이니라.
76 세상 것에 눈을 감으라, 그리고 세상 것을 듣는 귀를 막으라, 그리해야만 될 것이니라.
77 듣되 듣지 아니하는 것이며 보되 보지 아니하는 것이니,
78 내가 너희에게 그리 말하면 나 여호와의 뜻을 모른다 할 것이나,
79 들어도 더러운 것은 귀를 씻어 듣지 아니한 것이라 생각하며 기억하지 말며, 추하고 더러운 것을 보았더라도 너희 머릿속에 기억하지 말며 입력시키지 말라.
80 그리 지나가면 되는 것이니라.
81 나의 아들이 뭐라 말하더냐?
82 항상 무엇을 해도 그것을 생각할 수 없으며 잊어 버리며 기억이 안 난다 하지 않더냐?
83 그는 잘못된 것을 기억하지 아니하고 머릿속에 담지 않기 때문이니, 어찌하여 똑같은 인간인 너희는 그 길을 못 가는가?
84 너희도 이제는 들어도 지워 버리며 봐도 보지 않는 그와 같은 마음 자세로 변하는 역사를 이루어 가야 할 것이니라.
85 그것만이 하늘에 오르는 길이니라.
86 '할 수 있다'는 용기와, '나는 할 수 있다'는 것, 그리고 '나는 꼭 해낸다'는 것, 그와 같은 굳은 결의를 갖는 것부터 너희가 변하는 역사이니라.
87 이제 내가 무겁고 힘든 짐을 지고 능력 없는 너희에게 더 이상 가라 하고 싶지 아니하며, 지쳐 있는 너희에게 더 무거운 짐을 지워 주고 싶지 아니한 것이 나 여호와니라.
88 그러니 내가 그 무거운 짐을 덜어 줄 수 있게 마음 자세요, 변화되는 삶을 살아야,
89 내가 더 무거운 짐을 지워 주는 것이 아니요, 너희가 진 짐을 덜어 주지 아니하겠느냐?
90 훨훨 날 수 있는 너희가 되게 하기 위하여 마음을 비우라 하였거늘, 그 마음 한자리를 비우지 못하겠느냐?
91 너희가 순간의 감정을 억제하지 못하며 순간에 보는 것을 억제하지 못하며 순간에 듣는 것을 억제하지 못함이니, 너희가 과연 남들과 다른 것이 무엇이더냐?
92 나 여호와가 해서는 안 되고 이것은 잘못한 것이라 한 것을 지난 다음에 후회하고 다시 행하고 또 후회하는 그와 같은 삶이 곧 거짓된 삶이라는 것을 잊지 말라.
93 하나를 고치고자 하면 완벽히 고치라.
94 그리했을 때 내가 무거운 짐을 덜어 줄 것이며,
95 너희 코가 빠져 배고파 지쳐 쓰러지면서 남에게 밥을 줘야 하는 고통은 너희에게 면해 주고 싶은 것이 나 여호와의 뜻이니,
96 이를 명심하여 행하도록 그리하라.

7,282 번째 하나님 말씀

2003년 8월 25일 11시 49분

1 사랑하는 나의 아들아!
2 "네 아버님! 말씀하옵소서."
3 나의 사랑하는 만백성 너희 마음속에
과연 어떠한 마음들이 자리를 잡고 있
는가?
4 각자의 마음속에 사악한 뿌리를 뽑지
못한 자들이 나의 백성이며, 음해하는
마음과 더러운 것과 음란한 생각이 있
는 것이 너희며, 그리고 도적질하고자
하며 남에게 거짓 하고자 하는 마음
이 가슴에 그득 차 있는 백성이니라.
5 그것뿐이던가? 너희는 우상을 숭배하
여 무엇인가를 얻을 수 있다면 그 길
을 선택하고자 하며,
6 점술가 같은 자들의 예언에 의하여 무
엇을 얻고자 하며 그 길을 선택하고
자 하는 자들이며,
7 술수와 속임수를 써서라도 육의 생활
의 부귀영화를 얻는다면 그와 같은
길을 갈 수 있으며 행할 수 있는 것이
지금의 너희요,
8 믿음의 길을 가는 백성이요, 또한 나
의 아들을 따르는 제자 너희도 다 같
은 자들이니라.
9 각자가 가장 사악한 생각들이 항상 너
희 마음속에 도사리고 있음이니라.
10 그것을 뽑아내지 못하는 나의 백성
너희는, 너희 자신도 모르게 유사시에
그와 같은 마음들이 돌출하여 그 모두
를 행동으로 옮기며 그것이 다 옮겨짐
으로써 행하느니라.
11 그리고 사탄과 사악한 자들이 그리 행
할 수 있도록 항상 유도하고 있으며
너희를 유혹하고 있음이니라.
12 너희 자신이 지키기 어렵고 힘든 것을
사악한 사탄이요, 마귀들이 너희 마음
을 항상 그리 유도하고 이끌어 가며
유혹하고 있음이니,
13 그곳에서 견디는 너희가 정녕 어렵고
힘든 줄 나 여호와는 아느니라.
14 그리하여 하늘의 나에게 오르는 길이
그리 힘들고 어렵다 하였으나,
15 그 모두를 견디고 이길 수 있는 그와
같은 능력을 또한 나 여호와가 너희에
게 베풀어 주었음을 알아야 할 것이
며,
16 너희는 그 모든 능력을 갖추고 있음
을 절대 잊지 말라.
17 너희가 얼마만큼 노력하며 나로부터
받은 역량을 얼마만큼 발휘하느냐에
따라서 모두 결정됨이니라.
18 모든 악의 씨앗을 뽑아내지 아니하면
그들의 유혹하는 것에 약해짐이니, 너
희가 무너짐이니라.
19 그리하여 그걸 떨쳐 버리며 통제하지
못하는 자가 됐을 때, 너희 자신도 모
르게 스스로 지옥 불로 가는 그와 같
은 역사의 길을 가게 되어 있음이니라.
20 모든 것은 스스로 떨쳐 버려야 하며
너희 마음을 스스로 통제하는 그와
같은 길을 가야 할 것이니라.
21 그리하여 너희를 그리 만들어 놓았으
며, 그와 같은 양립된 세상 속에서 어
찌 통제하고 살아가야 하는가 하여
나를 원망할지 모르나,
22 나는 그에 대한 치료법을 다 너희에게
내려 주었음이니라.

23 내가 그들을 이길 수 있는 것을 다 내
려 주었으니, 너희가 이기고 다스릴
수 있는 것이 무엇이더냐?
24 곧 내가 친필로 써내린 십계명이니라.
25 나의 십계명을 암송하며 그 의미를 생
각하며 그대로 행하고 사는 길밖에 없
음이니,
26 그대로 살고자 노력하는 자는 그 모든
악의 근원에서 벗어날 수 있으며 그
모두를 뿌리칠 수 있음이니라.
27 그를 행하지 아니하면 이길 수 없으며
악을 뿌리칠 수 없느니라.
28 그러니 지금 믿음의 길을 가는 많은
백성 그들이 뭐라 말하느냐?
29 인간이기에 이를 지킬 수 없으며 이대
로 행하고 살 수 없다고 그리 말함이
니, 그 말을 뒤집으면 너희가 하는 소
리가 무엇인 줄 알겠느냐?
30 '나는 인간이기 때문에 도저히 구원을
받을 수 없으며, 나는 인간이기에 구
원받을 수 없다.' 하며,
31 오로지 창조주 나 여호와가 너희를
구원해 주며, 나의 아들 예수를 찾는
그것만으로써 구원을 받는 길이지 너
희는 구원을 받을 수도 없다 그리 말
함이니라.
32 여기서 너희가 깊이 깨우쳐야 할 것
이니라.
33 모든 백성이 인간의 능력으로써는 벗
어날 수 없으며, 인간의 한계로써는
죄를 벗어날 수 없다 그리 말함이니라.
34 그러면 너희가 지금 말하는, '인간이
기에 십계명을 지킬 수 없다.' 하는 그
것이 과연 인간이기에 지킬 수가 없겠
는가?
35 그걸 하나하나 놓고 따져 보며 짚어
갈 때, 너희는 인간이기 때문에 그걸
지킬 수 있음이니라.
36 그러니 인간이기 때문에 지킬 수 없으
며 행할 수 없는 십계명을, 인간이기
때문에 지킬 수 있다는 것으로써 깨닫
고 마음자리를 돌려 잡으면,
37 너희는 인간이기 때문에 선함을 행하
여 너희 자신이 노력하는 것만큼 구원
의 길에 들어설 수 있으며 구원을 받
을 수 있다는 것을 알게 될 것이니라.
38 그러니 너희는 인간이기에 모두를 포
기하는 나약한 자들이니라.
39 인간이기 때문에 구원을 받을 수 없다
하여, 너희가 살아가면서 조금만 실수
를 하고 더 무거운 죄를 지어도 좌절
하며 그대로 포기하여 사탄의 손에 끌
려가는 그와 같은 형국이 되고 있음이
니라.
40 그러면서 또 한편에서 뭐라 말하느냐?
41 너희는 모두 나 여호와로부터 나의 아
들 예수의 그 이름으로 구원받은 자라
그리 말하며 구원을 받았다고 말함이
니라.
42 그러니 너희는 나로부터 나의 아들의
이름으로써 구원을 받았다고 말하기
전에,
43 너희는 인간이기 때문에 구원받을 수
없다는 그와 같은 말을 해서는 아니
될 것이며, 인간이기 때문에 나의 십
계명을 지킬 수 없다고 말해서는 아니
될 것이니라.
44 인간이기 때문에 십계명을 지키고 살
수 있으며, 인간이기 때문에 죄에서
구원받을 수 있으며,

45 인간이기 때문에 나 여호와가 내린 모
든 계명이요, 나의 아들을 통하여 내
린 죄 없는 세상을 이루고자 하여 사
랑을 베풀고 살아가라는 그 뜻에 따라
그 아픔이요, 고통을 마다하지 아니하
고 그 길을 따라갈 수 있는 자,
46 너희는 인간으로서 모든 고통을 다
느끼며 처참히 죽어 간 나의 아들의
삶을 그대로 너희 십자가를 지고 갈
수 있는 마음 자세를 가졌을 때,
47 곧 모든 구원의 역사요, 너희가 갈구
하는 나에게 오르는 길이 열린다는 것
을 절대 잊지 말라, 사랑하는 나의 아
들딸들아!

7,283 번째 하나님 말씀

2003년 8월 25일 12시

1 사랑하는 나의 아들아!
2 **"네, 아버님! 말씀하옵소서."**
3 사랑하는 나의 피조물 만백성에게, 너
희는 아무리 죄를 벗어나고자 노력하
고 아무리 발버둥쳐도 원죄가 있어 구
원을 받을 수 없으며 죄에서 벗어날
수 없다고 가르치느니라.
4 그러면서 오로지 나의 아들 예수를 믿
는 것만으로써 구원을 받을 수 있다고
말하며, 인간은 아무리 노력해도 죄를
벗어날 수 없으며, 그 원죄로 하여 인
간은 구원받고자 해도 구원받을 수 없
다고 그리 가르치느니라.
5 구원받고자 아무리 노력해도 너희 스
스로 벗어날 수 없다고 말하나,
6 나의 법전에 기록하여 내가 너희에게
뭐라 말하였느냐?
7 너희에게 원죄는 존재하지 아니하며
너희가 지은 죄의 그 대가로써 심판을
받는 것이라 그리하였음이니라.
8 그러니 인간 너희가 구원받고자 하면
스스로 노력하여 죄를 짓지 아니하며
아름답게 살아가면 되는 것이니라.
9 너희는 악한 마음의 길과 선한 마음의
두 길이 있음이니라.
10 선한 길의 삶을 살며 죄를 짓지 아니
하면 그대로 나에게 와 구원을 받는
것이요,
11 악한 짓이요, 죄를 지으면 구원을 받
지 못하며 지옥으로 가는 것은 엄연한
사실이 아니더냐?
12 그걸 알면서 지옥의 길인 죄짓는 길을
살면서, 인간이기 때문에 죄를 짓지
않을 수 없으며 죄에서 벗어날 수 없
다는 것은 너희가 죄짓고 행하는 것
이니라.
13 그러니 스스로 선한 길이요, 죄짓지
아니하는 그 길을 간다면 너희는 죄가
없음이니라.
14 그리하여 너희 스스로 노력하여 죄짓
지 않는 그와 같은 길을 가며 그 삶을
살라 말하는 것이며,
15 이 모두는 내가 내린 계명이요, 내가
너희에게 가르친 성서요, 그걸 그대로
보고 따르는 길만이 구원을 받는 길이
라 하였느니라.
16 그리하여 너희가 그를 이해하지 못하
고 방황하는 백성을 위하여 내가 160
권의 대장정의 법전으로 모두를 풀어
너희 손에 쥐여 주며,
17 이를 가슴에 안고 정독하면 하늘에 오
르는 반석 위에 설 수 있다 내가 명하

여 내려보낸 뜻이 여기에 있음이니라.
18 너희는 나 여호와의 뜻을 순종하는
백성으로서 변화되는 그와 같은 삶을
살면 죄를 용서받으며 죄를 짓지 아니
하며 죄에서 스스로 구원받을 수 있는
것이니라.
19 너희는 말로만 믿음의 길을 가면 구원
을 받으며, 행동으로는 구원을 받는
것이 아니라 그리 말함이니,
20 너희가 변하는 길은 어렵고 힘들며 그
길은 노력하지 아니하면 절대 갈 수
없는 길이기 때문에, 너희는 그 어렵
고 힘든 길을 행하려 하지 아니함이니
라.
21 그저 말로써 나의 아들을 찬양하며 나
를 부르며 그리고 그저 죄의 온상에
재물을 갖다 바치고, 그 재물을 바치
는 행동을 함으로써 모두 구원을 받
으며 역사한다 그리 말하느니라.
22 너희는 더욱이 뭐라 말하느냐?
23 이웃지간에 형제간에 다투고 싸워 서
로 감정이 격화되었다가 그들이 회개
하고 반성하여 돌아서 화해를 해도
죄는 그대로 남아 있는 것이며 그 죄
는 용서받지 못하는 것이요,
24 오로지 나 여호와에게 그 지은 죄를
용서받아야 하며, 용서를 받지 아니하
면 구원의 길에 오를 수 없다고 말함
이니라.
25 그리하여 너희 손으로 지은 교회요,
그 죄의 온상에 와서 재물을 바치고
회개하며 눈물의 기도를 드리며 그들
의 강론을 듣고 설교를 듣는 것으로써
구원을 받는다 말하고 그리 가르치고
있음이니라.
26 그러나 나의 법전에 나의 아들을 통하
여 말하기를 뭐라 하느냐?
27 너희가 서로 다투었으면 서로 먼저
화해를 하며 먼저 용서를 빌라 하지
아니하였더냐?
28 성서에도 기록되어 있음이니라.
29 형제지간에 다툼이 있어 마음에 꺼림
칙함이 있으면, 나에게 제물을 드리며
절하기 직전, 경배드리기 직전이라도,
그 형제부터 먼저 화를 풀라 하였으니,
30 그걸 푸는 것이 바로 너희가 용서를
받는다는 뜻이요, 나에게 은혜를 받는
그 길에 들어서는 것이며 그를 내가
용서하거늘,
31 어찌하여 먼저 화해를 해도 그건 은혜
가 되지 아니하며, 꼭 너희 손으로 지
은 교회에 와 재물을 바치며 강론을
듣는 것만 용서받는다 하느냐?
32 지금의 종교 집단이요, 지도자들이 얼
마나 사악해졌는지 알겠느냐?
33 축복을 받기 위해 재물을 바치며 금
화와 은화를 바치며 모두 맹종 맹신을
해야 한다고 그리하느니라.
34 그리하여 축복을 받기 위해서 모두를
다 바쳐야 하며, 또 지은 죄를 용서받
기 위해서 모든 재물과 시간과 모두
를 다 바치며 맹종하고 충성하고 그저
고리에 걸린 짐승처럼 끌려가는 그와
같은 형국으로 가는 것만이 구원을 받
으며 하늘에 오른다 함이니,
35 과연 이 세상에 이러한 법도가 어디에
있단 말이더냐?
36 그러면 나 여호와는 무엇이란 말이더
냐?
37 내가 너희에게 축복을 내려 주기 위

하여 배로 받으며, 내가 너희 죄를 용
서해 주며 또 배로 거둬들인단 말이
냐?
38 나 여호와는 그와 같은 재물이 필요
없으며 쌓아 놓을 곳이 필요 없으며
나는 관계없는 것이며, 육의 세상에
존재하는 어떤 것도 천국의 문에 들어
설 수 없다 하였음이니라.
39 내가 만든 나의 아들딸이요, 그 소중
하고 귀하고 사랑스러운 너희도 육을
가진 그 형체로는 하늘나라에 오르지
못하거늘,
40 어찌하여 재물이요, 물건이요, 금화
요, 은화요, 그 돌덩어리만도 못한 것
을 나에게 바침으로 나에게 올라오며,
그것이 하늘에 닿으며, 은혜와 은총과
영광이 거기 있다 말하느냐?
41 너희는 앞으로 가도 재물이요, 뒤로
가도 재물이요, 좌로 가도 재물이요,
우로 가도 재물이니,
42 그저 하나의 선을 그어 놓고 거기서
조금만 움직여도 재물을 받고 용서를
빌며 죄의 온상에 와서 바치는 것만이
구원을 받는다 하니,
43 이와 같은 법도요, 이와 같이 사악한
자는 세상에 없으며, 세상의 폭군도
이러한 행위는 하지 아니할 것이니라.
44 폭군도 숨은 터 놓고 몰 것이니라.
45 그리고 사악한 군주도 갈 수 있는 틈
을 밀어놓고 너희를 밀 것이니라.
46 틈도 주지 아니하며 도망갈 길도 열어
주지 아니하고 몰고 쫓아 나의 피조물
만백성들을 그저 무능력하며 사고력
까지 없게 한 것이 너희니라.
47 축복을 받기 위해 재물과 은화를 바
쳐야 하며 용서를 받기 위해 재물과
은혜를 바쳐야 하며 모두 다 바치는
것뿐이니, 너희가 나에게 받는 것이
무엇이 있단 말이더냐?
48 너희가 그와 같은 자 밑에 가서 울고
불고 기도하고 경배하는 것은 너희 죄
만 가중된다는 것을 알아야 할 것이
니라.
49 나 여호와의 뜻은 그렇지 아니하니라.
50 서로 다투었으면 다툰 자끼리 화해하
고 웃는 그 모습으로써 나 여호와를
기쁘게 하며 내 마음을 기쁘게 하는
것이니라.
51 부모 앞에서 형제지간에 언성을 높이
고 다투는 그 자식은 잘못된 자니, 서
로 웃고 화목한 모습으로 변할 때 그
부모는 기뻐며 행복할 것이니라.
52 그리하여 부모에게 용서를 빈다면 얼
마나 아름답고 좋은 경관이더냐?
53 그러니 서로 화해를 하지 아니하고
서로 가슴에 응어리를 안고서 부모 앞
에 와서만 형식적으로 부모에게 기쁨
을 준다 하면 과연 그것이 진실한 기
쁨이더냐?
54 속으로는 원수지간의 마음을 가지며
겉으로만 그저 부모에게 무엇을 하는
행위보다도 더 사악한 것이,
55 너희가 지금 서로 잘못하고 다툰 것
을 화해하고 푸는 것은 아무런 가치가
없으며, 그저 나 여호와를 찾으며 재
물을 바치고 그저 강론을 들으며 봉사
하고 모두를 다 바치며,
56 저희가 설교하는 것을 듣고 '옳소, 맞
습니다.' 손뼉을 치고, 찬송 부르며 눈
물을 지으며, 나의 아들을 찾으며, 나

를 부르기만 하면 다 모두를 용서받는
다 하는 것이니라.
57 저희가 속마음으로는 원수가 되어 있
으면서 부모 앞에서 어쩔 수 없이 자
식의 도리를 지키기 위하여 웃는 모
습이니, 돌아섰을 때 그들은 과연 어
찌하겠느냐?
58 거기에 사랑이 있고 화합이 있고 용서
가 있더냐?
59 너희가 서로 사과하고 용서하며 다툰
자끼리 서로 손잡고 웃는 그것으로서
나 여호와에게 용서를 구함이요, 나에
게 기쁨이니, 그걸 먼저 행해야 한다
는 것을 절대 잊지 말라.
60 나의 아들을 따르는 제자들이요, 나의
법전을 읽은 너희는 그것이 행함이니
라.
61 다툰 자끼리 먼저 화해하고 개인이 화
해하고 그리고 너희가 잘못한 것을
용서를 비는 기도를 드릴 때, 나 여호
와는 그 모두를 들어줌이니라.
62 그러니 지금의 모든 종교 집단이요,
지도자들이 사탄의 온상이요, 죄의 온
상에서 나의 피조물 만백성들을 지옥
으로 이끌어 가는 그와 같은 행위만을
하고 있음을 너희는 알아야 할 것이
니라.
63 거기 와서 구원을 받는다는 자가, 다
투면서 회개하지 않은 죄가 있으며,
서로 마음을 아프게 하여 가슴에 안고
죽었을 때 그 죄는 감당치 못할 만큼
무서운 것이거늘,
64 어찌하여 잘못된 종교 지도자요, 집단
밑에서 재물을 바치며 울고불고 광란
의 짓을 하는가?
65 그는 너희가 또 한 번 무거운 죄를 짓
는 것이니, 몇 번의 죄를 짓고 나에게
오는 것인지 죽어 내 앞에 왔을 때만
알 것이니라.
66 그 모두를 털어 버리라 함이니라.
67 나의 아들을 따르는 제자들이요, 나의
법전을 읽고 깨우친 백성 너희는 그와
같은 죄악을 다 털어 버리고 가벼운
마음으로 살라 함이니라.
68 죄지은 자는 먼저 용서를 빌며, 남의
것을 도적질했을 때 원상복구시켜 놓
으며, 그리고 용서를 받아야 할 것이
며,
69 먼저 원상태로 해 놓고 용서를 빌어야
할 것이며,
70 정녕 그리할 수 없으면 열 배 이상을
했을 때, 정상참작한다 나 여호와가
그리했음이니,
71 이 무서운 하늘의 법도를 너희는 가
슴 깊이 새기며 그대로 행하고 살아가
도록 하라.
72 그러면 너희는 죽어 와 나에게 은혜와
영광이 있을 것이며,
73 모든 백성이 나의 법전을 읽고 깨우
치며, 법전이 하얀 눈처럼 세상을 덮
어 너희가 그리는 이 지상의 낙원을
역사하는 기초를 닦는 것은, 그와 같
은 마음이 흔들리지 아니하고 살아가
는 것만이 너희가 역사하는 기초라는
것을 잊지 말라, 사랑하는 나의 아들
딸들아!

7,284 번째 하나님 말씀

2003년 8월 25일 12시 09분

1 사랑하는 나의 아들아!
2 "네, 아버님! 말씀하옵소서.'
3 너를 따르는 제자들이요, 사랑하는 선
택된 나의 백성 그들에게 '나는 누구
인가'를 알고 깨우치도록 노력하게 하
라,
4 '나는 누구이며, 나는 어디서 왔으며,
나는 과연 어디로 흘러가는 것인가'를.
5 '나는 무엇을 위하여 오늘을 살아가는
것이며, 오늘을 살아가는 그 삶은 무
엇인가?'
6 그리고 나의 법전을 읽고 착한 것은
무엇이며, 나의 아들을 통하여 내리는
그 강론은 과연 무엇이며, 너희가 들
어서 얻어지는 것은 무엇이며 잃는 것
은 무엇인가?
7 너희 자신의 자체가 무엇인가를 다시
한 번 점검하고 다스려 보는 시간을
갖도록 그리해야 할 것이니라.
8 너희는 '나는 누구인가, 어디서 와서
어디로 가는 것이며, 내가 정녕 창조
주 아버님을 생각하고 사는 것인가?
9 그리고 나는 구원을 받는 길을 가는
가?'
10 그리고 나의 아들을 통하여 내리는 그
법전의 내용은 과연 정도요, 진리의
길인가,
11 너희를 사악한 길로 인도하는 것은
아닌가,
12 이제는 너희 스스로 점검하고 깊이 깨
우쳐 너희 마음을 굳혀야 할 것이니
라.
13 그와 같이 마음을 굳히고 다스려 나가
며 나를 찾았을 때, 고독한 너희 자신
과의 싸움이요, 이 질문에서 답을 찾
을 수 있을 것이니라.
14 나는 너희를 아느니라.
15 오늘의 가는 길이 얼마나 고독한 싸
움이요, 얼마나 어려운 길인지, 너희
가 질문해도 답을 찾지 못하며 정답을
찾지 못하고 방황하며 고통 속에 살아
가는 것을 알고 있음이니라.
16 이제 너희 자신은 누구인가, 너희는
어디서 왔으며, 너희가 지금 부름을
받아 법전의 내용을 들으며, 나의 아
들을 통하여 내리는 강론을 듣는 것은
너희에게 어떠한 것이 득이 되며 어떠
한 것을 잃는 것이며,
17 과연 이 속에는 사악한 가르침이 없는
가, 그리고 나 여호와의 진정한 뜻인
가,
18 이 모두를 독백하여 스스로 찾아 일
어서는 자가 되어야 할 것이니라.
19 그와 같은 삶에서 스스로 이기고 다스
렸을 때, 멀고도 먼 고독한 싸움에서
이길 것이며, 험악하고 험악한 이 길
에서 너희가 승자가 될 것이며,
20 어렵고 힘들 때 나의 아들에게서 등을
돌리며 나에게 침 뱉고 돌아서는 그와
같은 일은 없을 것이니,
21 너희 자신을 완전히 찾도록 그리하라.
22 그리고 그 어려운 것을 아무리 질문해
도 메아리가 없으며, 아무리 찾고자
해도 답을 알 수가 없으며, 아무리 보
고자 해도 나를 볼 수 없으며, 아무리
만지고자 해도 나를 만질 수 없음이니,
23 그 모든 역사가 이루어지는 것은 너

희 자신의 확고한 신념이요, 확고한
자신이 섰을 때 그 역사를 얻을 수 있
을 것이니 그리 알라.
24 내가 너희에게 꿈으로 보여 줄 것이
며 환상으로도 보여 줄 수 있으며, 내
음성을 너희가 들을 수 있는 그와 같
은 것은 너희가 이 고독하고 어려운
싸움에서 확실한 자세를 지키는 것,
그리고 죽음 앞에서도 흔들리지 않는
마음 자세가 섰을 때,
25 내가 파도 치는 바다에 뛰어들라 하
면 두말없이 뛰어들 수 있는 그와 같
은 용기요, 사자 굴에 들어가라 할 때
들어갈 수 있는 그와 같은 확실한 믿
음의 자세가 섰을 때,
26 너희는 이 고독한 싸움에서 모두 벗어
날 것이며, 너희가 승자가 될 것이며,
27 들어도 들어도 듣지 못하며 물어도 물
어도 알지 못하는 나 여호와의 참진리
의 뜻을 알게 될 것이니라.
28 너희 자신이 누구이며, 네가 어디서
와서 어디로 가는가, 그리고 지금 가
는 그 길은 과연 어떤 것인가,
29 그를 확실한 답부터 알고 바로 서는
자세를 먼저 다스려야 함을 잊지 말
라.
30 이제 너희는 그 중요하고 어려운 시
기를 너희 스스로 해결할 때가 되었
으며, 너의 제자들 또한 그걸 밝혀 낼
수 있을 것이니라.
31 그러니 나의 법전을 보며 나의 성서를
읽고 거기에 일치하는 하나의 답을 찾
다 보면, 너희가 어찌해야 할 것인지
를 알 것이니라.
32 아직도 마음이 흔들리는 자, 아직도
마음을 다스리지 못하는 자, 아직도
바로 서지 못한 그 제자들이요, 나의
법전을 읽고 깨우친 백성이 흔들리는
자는 마음 자세를 바로 세울 때가 지
금임을 잊지 말라.
33 지금의 모든 종교 지도자요, 그들은
나의 뜻을 알고 있는가 진정 그들에게
물어보라.
34 그들은 아무것도 모르느니라, 그들은
아무것도 알지 못함이니라.
35 그러하기에 저희가 뭐라 말하느냐?
36 자신이 없어서 나의 피조물 만백성들
이 저희에게 질문하며 무엇인가 알고
자 묻는 것이 두려워, 성서는 한 획도
고쳐서는 안 되며 한 줄을 더 넣어서
도 안 된다는 것만 주장하고 있으며,
그대로 가르치는 것이라 그리 말하느
니라.
37 그러니 하늘의 뜻을 듣지 못하며 알지
못하며, 그나마 비유의 뜻으로 내려진
성서의 뜻 자체도 알 수가 없으며 그
들은 모르고 있음이니라.
38 그러니 그저 저희가 뭐라 말하는 줄
알겠느냐?
39 한 자도 한 획도 고쳐서는 아니 되며,
그대로 따르고 지키는 것이며,
40 저희가 하는 말에는 절대복종이요, 물
어서도 안 되고 질문을 해서도 안 되
고, 잘못된 것을 탓해도 안 된다 하면
서 지금 저희 마음대로 가르치고 있음
이니, 그것이 어떠한 말이더냐?
41 너희가 이 세상에 살아가면서 그런 말
이 있느니라.
42 꿈보다 해몽을 잘한다는 말이 있지 않
더냐?

43 그들은 꿈보다도 해석을 잘하며 해몽
을 잘하는 말재주꾼이라는 것을 알아
야 할 것이니라.
44 내가 저희에게 보여 준 그 꿈은 다른
것이요, 다른 뜻으로 보여 주었거늘,
45 그 꿈의 의미를 모르니 그저 해석만
번지르르하게 잘하는 자들이요, 해몽
을 잘하는 자들이 말장난하는 것이
지금의 종교 집단이요, 지도자임을 어
찌하여 모르고 그들을 따라가는가?
46 꿈의 내용을 모름이니라.
47 내가 곧 죽을 것이라는 내용을 내려
주었거늘 너희가 관직에 오르며 앞으
로 장수한다는 그와 같은 설명을 하
니, 그것이 바로 무엇이더냐?
48 꿈보다 해몽이요, 해석이 근사한 것이
아닌가?
49 그 이치요, 내가 내리는 것을 알지도
못하면서 나의 법전이요, 내가 내리는
새로운 성경을 욕하고 핍박하며, 내가
일찍이 내린 성경의 비유의 뜻을 알지
못하며 저희가 필요한 대로 갖다 붙
여 대니, 그게 바로 눈뜨고 꿈꾸는 자
요, 눈뜨고 잠자는 자가 꿈 해몽에만
정신이 없으니,
50 그 이치요, 그 깊은 뜻은 모르는 자들
이니라.
51 제 마음대로 제 임의대로 제 생각대로
해석함이니,
52 그 해석하는 것이 또한 유창하여 나의
피조물 만백성들이 그걸 들으며 '맞
소, 옳소.' 그리 손뼉을 치고 눈물 흘
리고 있으니, 이를 보는 나 여호와가
어떠하겠는가?
53 그들을 꿈에서 깨어나게 해야 하며,
바른 꿈 해몽을 가르쳐 주는 나의 법
전을 세상에 전함이니,
54 너희가 만백성을 위하여 그들을 깨우
치는 것은 전하는 길밖에 없으며, 또
한 가지고 가 전하는 자가 발라야 할
것이니라.
55 나의 법전을 전하는 자가 말만 잘하며
다른 백성처럼 다른 종교 지도자처럼
해석을 잘하며 해몽을 자랑하면서, 도
둑질하고 거짓 하는 행위를 했을 때,
나의 법전을 그들은 뭐라 하는가?
56 불을 질러 태울 것이니라.
57 그러니 너희 자세가 얼마나 소중한지
여기서 다시 깊이 깨우치라.
58 나 여호와의 뜻을 모르며 말잔치를
하는 백성, 그리고 그것을 믿고 따라
가는 자들은 저희 손에 잡히는 것이
없으며 이루어지는 것이 없으며, 공허
한 마음에서 제 가슴만 쓸어안고 있다
가 지옥으로 간다는 것을 알라.
59 나의 뜻이요, 내가 명하는 것, 나의 아
들에게 내리는 것, 지금 내가 역사하
고 이루고자 하는 것은 아무도 모름이
니라.
60 나의 아들을 따르는 제자 너희는 알
아야 할 것이며 나의 법전을 읽고 깨
우친 백성 너희는 알라.
61 이 세상 어떤 종교 지도자요, 집단도
나의 뜻이요, 내가 이루고자 하는 역
사를 모름이니라.
62 오로지 나의 아들밖에는 그걸 모름이
니라.
63 선택된 백성 너희는 나의 아들이 깨
우쳐 너희에게 전했을 때 나의 뜻을
알게 될 것이며,

64 나의 아들이 나의 뜻을 알며 나의 아
들을 따라 나의 법전을 가지고 공부하
고 깨우친 그 제자들이 나의 아들과
더불어 내 뜻을 알게 될 자들이니 그
리 알라, 사랑하는 나의 아들딸들아!

7,285 번째 하나님 말씀

2003년 8월 25일 12시 17분

1 사랑하는 나의 아들아!
2 "네, 아버님! 말씀하옵소서."
3 너를 따르는 그 제자들을 내가 사랑함
이니라.
4 너희가 말하기를 부모가 자식을 눈에
넣어도 아프지 아니하며 눈에 넣어도
아프지 아니하는 자식들이라 그리 사
랑함이니라.
5 너를 따르는 제자들이요, 나의 법전을
읽고 깨우친 만백성 너희가 바로 내
눈에 넣어도 아프지 않은 소중한 자식
이며, 내가 너희를 그리 사랑함을 알
아야 할 것이니라.
6 내가 너희를 그리 사랑하니, 너희는
과연 어떠한 삶을 살아야 한다 생각
하느냐?
7 너희가 나로부터 생명을 받아 세상에
나가 그 삶을 살다가 나를 만날 수 있
는 삶을 사는 것이 바로 나에게 가장
큰 기쁨이요, 나 여호와에게 효성스러
움을 다하는 자식이라는 것을 어찌 모
르느냐?
8 너희가 나를 만날 수 있는 그와 같은
삶을 살라는 것은, 위로는 효도하는
아들딸이요, 아래로는 너희 자신을 구
하는 그와 같은 삶을 살며,
9 지옥의 끓는 불 속에 영원히 사는 그
암흑의 세계에서 고통스러운 삶을 살
지 말라는 것이 나 여호와의 뜻이니라.
10 너희가 그리 가지 아니하는 것은 내가
내린 십계명을 지키고 살며 그 속에
있는 의미를 알며, 내가 너희에게 내
려보내는 나의 법전이요, 새로운 성경
을 행하고 살라 그리 말함이니,
11 너희는 어찌하여 나 여호와의 그 뜻을
모른단 말이더냐?
12 너희 인간 세상에 살아가면서 하는 말
이 있지 않더냐?
13 자기 부모의 재산을 가지고 가 그 모
두 탕진하고 버린 자식이 남으로부터
괄시를 받으며 저를 따르던 사람들까
지도 저를 핍박함이니,
14 이제는 죽음밖에 남지 않은 그자가
마지막으로 부모에게 그 죄를 용서 빌
며 부모가 받아 주면 새로운 생명으로
태어나겠다 하여 그 아버지에게 마지
막 편지를 썼다는 이야기가 있지 않더
냐?
15 '아버님 전상서.
16 이 자식의 불효한 그 마음을 아버지께
용서를 비옵나이다.
17 그러니 아버지, 제가 몇 월 며칟날 그
앞으로 차를 타고 지나갈 것이니, 집
앞에 있는 정자나무에 노란 수건을 달
아 주시면 그것이 나를 용서하는 아버
지의 뜻이라 하여 제가 아버지를 찾아
뵙겠나이다.' 하는 그 편지를 쓰며 밤
새워 기다리고 기다렸으며, 그 고통과
시련의 세월을 참고 인내하였음이니
라.
18 그리하여 그는 약속한 날 차를 타고

그 앞을 지나감이니, 그 정자나무에는
하나의 노란 수건이 달린 것이 아니
요, 그 나무 전체에 노란 꽃이 피어 있
었음이니라.
19 그를 보는 그 아들이 혹시나 하나를
달았을 때 보지 못할까 봐 수없이 천
을 달아 노란 꽃을 피우게 했던 그 부
모의 마음,
20 그보다 천배 만배 더한 것이 나 여호
와며 너희가 그리 돌아오기를 바라는
것이 나 여호와니라.
21 잘못된 내 자식이요, 나의 아들딸들에
게 그 빈집에 들어와 달라 하였음이니
라.
22 내 집이 비어 있으며 유산을 받을 자
식이 없으며 유업을 계승할 자식이 없
이 그 집이 비어 있음이니,
23 너희가 그 집에 돌아와 나를 기쁘게
하며 나의 유업을 받아 내 역사를 대
신할 너희를 기다리느니라.
24 노란 수건을 나무에 수없이 매달아
놓고 기다리는 그 부모의 마음보다 더
소중하고 천배 만배 더한 것이니라.
25 그 부모의 사랑은, 그 부모가 죽기 전
까지 육신이 살아 있을 때 아름답게
살기를 바라는 것은 백 년도 안 되는
그 소망에 의해 그 나무에 노란 꽃을
피워 놓는 그 애절한 마음이니,
26 영원히 죽지 않고 살아가는 너희를
바라보는 내 마음이 그보다 천배 만배
더 강함을 알아야 할 것이니라.
27 이것이 나 여호와의 마음이요, 나의
뜻임을 알라, 사랑하는 나의 아들딸들
아!
28 그러니 너희에게 바르게 살고 바르게
나에게 오르라 그리 말하고 부르짖건
만,
29 너희는 바르게 깨우쳐 나에게 오르는
것이 아니요, 내가 내린 계명대로 살
지 못한 것을 용서를 빌며 그대로 계
명대로 지키고 나에게 오르는 그와 같
은 삶을 살지 아니함이니라.
30 그러면서 나의 아들 예수가 그 죄를
대속하여 너희 죄를 안고 죽었음이니,
너희는 죄가 없으며 깨끗한 자라 그리
말하며 지금 그리 살아감이니라.
31 그 모두가 나를 거부하는 짓이요, 내
앞에 오만한 자들이 아니더냐?
32 너희는 죄를 진심으로 회개하고 용서
를 비는 사랑의 편지를 띄우고 수건을
달아 놓도록 한 그 아들의 마음만도
못한 어리석고 미련한 자들이며 돌아
올 줄 모르는 자들이니라.
33 그저 지옥으로 가면 갔지, 하늘에 오
르는 그 길을 오지 아니하려는 자들이
바로 행함은 필요 없으며 그저 나의
아들 예수를 대속물로 보내어 그 보혈
로써 은혜를 받았다 말하는 자들이니,
34 그 은혜는 절대로 있을 수 없으며, 너
희는 구원을 받을 수 없다는 것을 알
아야 할 것이니라.
35 너희는 나의 아들 예수가 십자가에서
너희 죄를 대신하여 죽어 간 그 고통
과 그 아픔을 과연 얼마나 생각해 보
는가?
36 믿음의 길을 가는 그 백성도 이와 같
은 마음을 가지고 있음이니라.
37 예수는 성령으로써 태어났으며 나의
아들이니, 그 고통도 너희가 육에서
받는 것만큼 고통스럽지 아니할 것이

며, 그 시련도 그보다 더하지 아니할
것이며,
38 부드럽게 그래도 고통으로 창조주께
서 보호해 주었기 때문에 그 길을 갔
을 것이라는 사악한 마음이요, 그것이
위안의 마음이요, 기대의 마음이나,
39 그 마음 자체가 사탄이 작용하여 너
희에게 그와 같은 여유 있는 마음을
불어넣는다는 것을 알아야 할 것이니,
40 너희는 사탄으로 뭉쳐진 자들이니라.
41 예수는 육을 가졌음이니, 너희가 육을
가지고 당하는 고통만큼 똑같은 고통
을 겪었으며, 너희가 겪는 그 길을 그
대로 갔음이니라.
42 그러니 너희가 그를 생각해야 하며
그 고통을 한번 생각해 봐야 할 것이
니라.
43 너희가 생각하는 것처럼 편안한 죽음
이 아니었음이니라.
44 너희가 생각할 수 없는 그 어렵고 힘
든 고통이요, 너희가 겪는 육의 고통
을 그대로 겪고 죽은 나의 아들이 예
수임을 알라.
45 그렇다면, 과연 그 죽음의 고통을 욕
되게 하는 행위를 계속 해서야 되겠는
가?
46 예수의 그 육의 고통은 너희가 받는
것만큼 똑같이 받은 그 고통을 좀 더
생각한다면, 오늘에 함부로 말로써만
가는 믿음으로 갈 수 없을 것이니 그
리 알라.

7,286 번째 하나님 말씀

2003년 8월 26일 0시 26분

1 사랑하는 나의 아들아!
2 "네, 아버님! 말씀하옵소서."
3 너희가 살아가면서 속 생각과 겉 생
각이 다른 마음을 가지고 사는 자는
내가 정녕 용서하지 못하며, 그와 같
은 백성은 내가 기억하지 아니한다 했
음이니라.
4 그러니 거짓 하는 것이 곧 살인하는
죄와 같다 하였음이니, 작은 거짓이
요, 거짓말하는 것도 그와 같이 무서
운 죄라 너희에게 일깨워 주었거늘,
5 두 마음을 가진 자, 속과 겉이 다른 자
는 무엇이던가?
6 항상 그는 거짓말을 하고 사는 자며,
거짓말을 하기 위하여 준비를 해 놓
고 사는 자가 바로 그와 같은 자이니,
7 그와 같은 백성은 내가 기억하지 아니
하며 나에게 절대 올 수 없음을 너희
는 알아야 할 것이니라.
8 그리하여 두 마음을 가진 자는 거짓
하는 자요, 남을 속이는 자요, 그리고
진실이 없는 자니,
9 그 말을 믿고 그를 믿고 따르다 그 모
두는 다 실패의 역사가 이루어짐이니
라.
10 육의 세상에 살면서 너희가 살아왔던
그 모두를 다 바쳐 상대방을 믿고 어
떠한 일을 역사하고자 할 때, 그가 두
마음을 가지고 너희에게 접근한 자라
면 과연 무엇이던가?
11 너희는 실패하게 되어 있으며 모두를
다 잃게 되는 것이니라.

12 평생을 바쳐 모으고 역사한 것을 두
마음을 가진 자로 하여금 모두를 다
잃었을 때, 너희의 그 고통과 아픔의
시련은 정녕 얼마나 견디기 어려운 길
이던가?
13 그 속에서 너희는 포기하며, 좌절하
며, 세상을 원망하며, 인간을 원망하
며, 인생을 포기하는 그와 같은 사람
이 수없이 많이 있음이니라.
14 그와 같이 사악한 짓을 하면서도 고개
를 들고 이 세상을 당당히 살며, 제 자
식 앞에 제 가족 앞에 그리고 모든 이
웃에게 당당한 모습으로 고개를 들고
사는 그와 같은 자가 있으니,
15 그는 살았다 해도 그게 과연 사람이
며, 그게 어찌 인간의 도리를 하고 사
는 자던가?
16 짐승만도 못한 자이니라.
17 저를 위하여 남을 유혹하며 두 마음을
가지고 그를 속이고 넘어뜨림이니, 그
죄가 얼마나 무섭고 두려운 것인지 아
는가?
18 지금의 모든 종교 집단이요, 지도자
요, 나의 피조물 만백성을 인도하는
자들이 두 가지 마음을 가지고 있음을
너희는 알아야 할 것이니라.
19 그들이 가는 그 믿음이요, 그리고 저
희가 그리 가는 길이 정녕 하늘에 오
르는 길이 아니라는 것을 알며,
20 저 자신이 나로부터 직접 명을 받으며
나로부터 성령을 받으며 나로부터 역
사한 것이 아니라, 인간 한계의 교육
을 받고 소정의 과정을 마쳐 종교 지
도자로 섰음이니,
21 제가 배운 대로 또 거기에다 더 사악
한 것을 가감하여 제 입맛에 맞도록
교회법을 만들어, 제가 운영하는 교회
요, 성전에서 나의 피조물 만백성들에
게 그저 재물을 거둬들이며,
22 편안하고 남에게 뒤지지 않는 그와 같
은 삶을 살며, 많은 백성 앞에 군림하
고자 하며 제 강론이요, 제 설교에 고
개 숙이는 그와 같은 백성을 만들기
위하여 온갖 수단과 방법을 가리지 아
니하는 자들이니라.
23 진정한 믿음이 무엇인지 모르며 나 여
호와의 뜻을 모름이니, 그저 저 자신
도 알지 못하면서 인간 세상에서 배운
방법에 또 제 나름대로 인간의 생각을
가감하여 나의 피조물 만백성들을 이
끌어 가니, 너희가 바로 무엇이던가?
24 단상이요, 교단에 서서 강론하며 가르
칠 때 이미 두 마음을 가진 자이니라.
25 제가 진실을 모르며, 제가 가르치는
그 뜻이 나 여호와의 뜻이며 내가 역
사하는 것인지 그 자체도 모름이니,
26 그저 저를 가르친 선생이 그것이 하늘
에 오르는 길이요, 나로부터 은혜를
받는 길이요, 나의 아들을 찾으며 재
물을 거둬들여 역사하면 그저 그 모두
가 다 구원을 받는다는 지금까지 내려
온 전통에 의하여,
27 인간의 전통이요, 인간의 교리요, 인
간이 만든 규범에 따라서 오늘에 그와
같이 계속 흘러나오는 생활 속에서 나
의 피조물 만백성들을 이끈다 함이니,
28 너희는 처음서부터 두 마음을 가진 자
들이니라.
29 그러니 두 마음을 가진 자는 나와 관
계없으며 사악한 자요, 사탄이라 하였

음이니,
30 바로 두 마음을 가지고 설교하고 강론
하는 종교 지도자, 저희 자신도 모르
고 가르치는 그와 같은 자들이 두 마
음을 가진 자요, 그가 곧 사탄의 자식
이니라.
31 나의 백성을 인도한다며 그들로부터
재물과 시간과 모두를 갈취하면서, 그
들이 죽어 갈 때는 지옥문을 붙잡고
몸부림치는 그와 같은 길로 안내하고
역사하는 자들이기 때문에 그렇다 함
을 너희는 잊어서는 아니 될 것이니
라.
32 너희는 이제 두 마음을 가진 지도자가
되어서는 아니 될 것이니라.
33 너희가 정녕 진실되게 하늘에 오르는
길이요, 나로부터 명받은 자가 아니며,
34 인간으로부터 명받아 인간으로부터
받은 임명장을 가지고 지금 나의 피조
물 만백성을 구한다 하며, 남이 간 그
길을 그저 지도자라는 명분으로 나의
피조물 만백성들을 이끌고 간다 하면,
35 확실한 소신이요, 확실한 믿음이 없으
며 나로부터 성령으로써 직접 명을 받
지 못한 자, 그리고 내가 역사할 것을
명받지 못한 그와 같은 자는 종교 지
도자가 아니며, 나의 백성을 인도할
수 없음을 알라.
36 나로부터 선택된 백성은 너희가 말하
는 학벌이 필요 없으며 배움이 필요
없으며 깨달음이 필요 없음이니라.
37 아무리 배우지 아니한 자라도, 내가
역사하고자 그에게 임무를 주고 그를
깨우쳐 가르친다면, 그 누구도 따를
수 없는 선생으로서 육성시키며 그
능력을 줌이니,
38 바로 이와 같은 이치를 깨달아야 할
것이니라.
39 인간 세속에서 소정의 교육을 마치고
나오는 것은 인간의 교육이요, 인간의
한계요, 인간의 세상을 넘지 못함이니
라.
40 너희처럼 신학이요, 종교에 대한 교육
을 받지 아니한 자, 그를 모르는 자,
배우지 아니한 자라도,
41 나로부터 선택되어 그를 통하여 내가
역사할 때, 너희가 감히 따를 수 없는
진리요, 나의 참뜻을 깨우쳐,
42 너희가 감히 생각할 수 없으며 알지
못하는 것, 그리고 너희가 깨닫지 못
하는 성경의 비유의 그 모두까지 다
가르칠 수 있음이니라.
43 인간 세상에서 인간이 가르치는 지식
이요, 학벌이요, 그와 같은 것과 전혀
관계없는 것이 나로부터 선택된 백성
이요, 성령으로 임하여 내 뜻을 받고
역사하는 백성이라는 것을 알아야 할
것이니라.
44 지금 모두 인간으로서 배우고 소정의
과정을 거쳐 인간의 선생으로서 받은
그 자격증을 가지고 하늘에 오르는 길
이요, 하늘의 법도를 가르친다고 말하
고 있음이니라.
45 여기서 너희는 깊이 깨우쳐야 할 것
이니라.
46 인간으로부터 배워서 인간으로서 역
사하는 것은 인간의 교육이요, 인간의
한계요, 내가 직접 내리는 나의 성령
으로써 만백성을 가르치는 자들은 하
늘의 법도를 공부하며 나 여호와의 뜻

을 공부하는 것이니라.
47 지금의 종교 집단이요, 수만수억의 헤
아릴 수 없는 그 지도자들 단상에 서
서 저만을 따르며 제 앞에 오는 것만
하늘에 오르는 길이요, 구원을 받는다
고 말하는 자,
48 그들이 다 사탄의 자식으로서 어디로
가는지도 모르는 그 배를 타고 그저
흘러가는 대로 저 자신이 흘러가면서
모든 백성에게 그 배를 타면 지옥이
아니라 천국으로 간다 함이니라.
49 저희 자신도 모르고 이끌지도 못하며
물살에 의하여 흘러가는 그 배는 바로
험난한 것에 부닥쳤을 때 난파되어
떨어져 부서지듯이, 지옥으로 가는 너
희 삶의 한 단면임을 알아야 할 것이
니 그리 알라.

7,287 번째 하나님 말씀

2003년 8월 26일 0시 31분

1 사랑하는 나의 아들아!
2 "네, 아버님! 말씀하옵소서."
3 제1계명의 고개를 모든 백성이 넘지
못함이니라.
4 그 고개를 넘지 못하기에, 너희는 나
에게 오르는 삶이요, 하늘에 오르는
삶이라 그리 말하나, 나와 관계없다
하였음이니라.
5 너희는 제1계명의 그 가르침의 의미
를 깊이 깨우쳐, 너희 자신이 욕심이
라는 마음을 버리지 못하는 것, 세상
것을 탐욕 하는 것, 또 갖고자 하는
것, 그 모두가 다 '다른 신'을 가슴에
두는 백성이라 그리 말하였음이니, 그
다른 신을 섬기는 그 의미를 깊이 깨
우쳐야 할 것이니라.
6 너희는 말 못 하는 그 형상을 깎아 만
드는 것만 다른 신이라 그리 말하며
우상이라 생각하느니라.
7 너희가 말 못 하는 형상을 만들어 놓
고 거기에 절하고 경배하는 것이 우상
이라 그리 말하나,
8 너희 마음속의 욕심의 뿌리를 뽑지 못
한 그 자체가 마음의 우상임을 절대
잊어서는 아니 될 것이니,
9 그리하여 마음을 비우라 함이 여기 있
음이니라.
10 지금 나의 피조물 만백성이 살아가는
그 형국이요, 믿음의 길을 가는 백성
이 지금 어떠한 형국으로 살아왔느냐?
11 너희 인간 세상에 그와 같은 말이 전
하느니라.
12 재주는 미련한 곰이 부리며, 그 곰이
부리는 재주에 따라서 그 주인은 재물
을 거둬들이며 배를 채운다 하였음이
니,
13 지금 바로 믿음의 길을 가는 종교 집
단이요, 지도자라는 사람들, 그리고
구원을 받았다는 사람들이 모두 나의
백성이요, 나에게 오르는 길이라 그리
말하나,
14 정녕 너희는 나의 백성이요, 나에게
오를 수 없는 자들임을 알아야 할 것
이니라.
15 곰이 재주를 부리고 나머지는 너희가
그 모두의 금화와 은화를 챙기는 것처
럼,
16 나의 아들 예수를 너희에게 보내어 그
가 고통스럽게 죽어 갔으며 죄 없는

세상이요, 죄 없는 백성을 세상에 만
들어 지상에 낙원을 이루고자 했던 나
의 아들의 죽음을 너희는 모두 팔아
먹고 있으며,
17 그 이름 아래 역사하는 모든 것은 죽
어 간 나의 아들의 그 고통이요, 그 삶
을 따라서 나의 피조물 만백성들에게
양심을 지키며 양심에 부끄러움을 알
며 양심에 가책을 느끼고 살아가는 백
성으로 가르치고 깨우치는 것이 아니
라,
18 그저 나의 아들 예수의 이름을 팔아
모두 착복하며, 궁궐보다도 더 아름다
운 교회를 지으며 성전을 지으며 제왕
적인 위치를 지키고자 하는 것이니라.
19 미련한 곰이 재주를 부려 그 주인이
재물을 차지하며 금화와 은화를 챙기
며 배부르게 먹고 사는 그와 같은 형
태가 되어 있음이니,
20 나의 아들의 고통스러운 죽음을 팔아
종교 집단들이 지금 얼마나 상상할 수
없는 부귀와 영화를 누리고 살아가는
가?
21 그리하여 그 만행을 더 이상 볼 수 없
어, 내가 나의 법전을 세상에 내려 너
희를 다스리고자 함이니라.
22 내가 너희를 다스리는 길은 나의 법
전이요, 책으로 근거하여 나의 피조물
만백성들이 읽고 접하여 깨우치는 자
들이 너희를 단죄하는 그 길밖에 없
기에 내가 나의 아들을 통하여 160권
이라는 법전을 세상에 내보내며,
23 또한 나의 아들이 죽을 때까지 너희들
깨우친 백성이 살아가는 그 아름다운
하늘의 진리를 기록하여 전함이니라.
24 이것이 오늘의 사악한 것을 무너트리
며 그를 바로잡으며 다스릴 수 있는
나의 성령의 시대가 열렸음을 너희는
알아야 할 것이니라.

7,288 번째 하나님 말씀

2003년 8월 26일 06시 35분

1 사랑하는 나의 아들아!
2 **"네, 아버님! 말씀하옵소서."**
3 '일식삼찬'이라 하는 그 유하고 부드
러운 사람들의 모임의 역사를 반드시
이루어야 하느니라.
4 그렇지 아니하면 지금과 같이 인성이
거칠어진 사랑하는 아들딸들을 다스
려 나가며 잡아 나가려 노력하는 자들
이 없게 됨이니라.
5 이는 오로지 사랑하는 후손들이요, 너
희 자식들을 사랑하는 마음이요, 유한
마음으로 성장시키려면 '일식삼찬'이
라는 이 방대한 조직의 역사가 이루어
져야 하며, 그는 모두 여성이 주관하
는 그와 같은 마음으로 가야 할 것이
니라.
6 지금 살아가는 자녀의 그 모습이 과
연 어떠하던가?
7 내가 10년 단위로 세상을 끊어서 역
으로 계산해 보라 하였음이니, 너희가
과연 어떠하던가?
8 지금 50이 넘은 자들의 어린 시절에
는 잘못했을 때 어른들이 잘못함을 지
적하면 '예'라고 대답했으며 돌아서서
죄송하다 했으며, 미안하여 머리를 긁
적거리고 돌아서는 그러한 아이들이
었음이니라.

9 그러나 지금은 어떠하던가?
10 어떠한 것을 잘못해서 도저히 보고 넘
어갈 수 없는 것을 너희가 주의를 주
었을 때, 나이 고하를 막론하고 젊은
아이든 어른이든 그 차이가 없느니라.
11 할아버지 같은 자든 아버지 같은 자
든, '네가 나에게 무엇을 도와주었으
며 네가 나에게 해 준 것이 무엇이며
네가 무엇이기에 나에게 이래라저래
라 하느냐?' 하며 눈을 치뜨며 대드는
그와 같은 인성으로 어린 아이들의 마
음이 그리 변해 있음이니,
12 너희는 그걸 보고 가슴이 섬뜩하며 놀
라움을 느끼지 않더냐?
13 또한, 너희 자식들은 어떠하더냐?
14 그저 자식의 소중함만 알고 귀함만 알
아 그저 귀하게 기르다 보니,
15 밤낮 없이 제 마음대로 돌아다니며,
부모의 눈을 속이며, 어린아이로서는
해서는 안 되는 그와 같은 짓들을 그
저 무분별하게 하고 살지 않는가?
16 그러면서 그들의 생활은 부귀영화요,
재물이요, 그저 탐욕스러운 것에 그득
히 젖어 있는 이와 같이 험악한 세상
이니,
17 과연 미래에 이 세상이 어찌 되겠느
냐?
18 그들의 마음이 천사와 같이 돌아서지
아니하며 아이는 아이로서 자라는 그
와 같은 삶이 아니 되면 아니 될 것이
니라.
19 너희 자신이 두려움과 무서움을 알 것
이니라.
20 남의 자식이 두렵고 무서운 것이 아니
요, 네 속으로 낳은 자식도 두렵고 무
서운 그와 같은 지금의 형국으로 되지
않았던가?
21 그들은 급속도로 변화되어 말도 못하
게 쾌락이요, 즐거움이요, 또한 인생
을 향락에 젖어들어 있으며,
22 내 이름이요, 내 인격이요, 내 가문이
요, 내 부모의 얼굴을 생각해서 살아
가는 그와 같은 인성은 모두 무너졌음
이니라.
23 그와 같이 나의 백성이요, 너희 후손
이요, 그 어린아이들이 10년 단위로
지금 무섭게 변해 감이니,
24 과연 그러고도 이 세상을 아름다운 천
국과 같은 나라를 이룰 수 있다고 생
각하느냐?
25 그 모두는 너희 책임이며 먼저 살아
온 자들의 책임이니라.
26 너희가 그리 비쳤으며 그리 보였기
때문이니라.
27 가정에 질서가 없으며 사회에 질서가
없으며, 선배로서 윗사람으로서 갖추
어진 것이 없으며 다스려진 것이 없음
이니라.
28 그들을 너희가 잘못 다스리고 잘못 깨
우쳤기 때문에 그 인성이 다 무너졌음
이니라.
29 그저 요란한 복장이요, 요란한 음악
소리요, 해서는 아니 될 그 행위들이
요, 귀를 뚫고 코를 뚫으며, 머리에 물
을 들이며, 이와 같이 너희가 부모로
서 도저히 볼 수 없는 것을 그들은 당
연한 것이라 생각하며, 그 세속에서
뒤처지는 것은 떨어지는 자요, 낙오자
라 그리 생각함이니라.
30 선생이 혼내는 것을 두려워하지 아니

하며 선생을 무서워하지 아니하며, 부
모를 두려워하지 아니하며 부모를 무
서워하지 않는 이와 같은 세상으로
점점 변해 감이니, 이것이 과연 어떠
한 세상이더냐?
31 이 모두를 무너뜨린 것은 이기주의로
써 양심마저 뿌리를 뽑은 종교 집단이
요, 지도자 너희가 그리 만들었으며,
32 또한 그곳에서 부모라는 너희가 모두
잘못 살아왔으며 잘못 비쳐 왔고 잘못
깨우쳐 왔기 때문에 그와 같은 형국이
생겼음을 알아야 할 것이니라.
33 그러니 그들을 바로잡고 유한 마음으
로 모든 분위기를 잡아 줘서 그들이
본래의 착하고 어린이다운 또 젊은이
다운 그 마음의 인성으로써 갈 수 있
는 것은 바로 유한 엄마들의 움직임이
니라.
34 유한 엄마들이 움직이는 그것으로서
만 모두를 다스려 갈 수 있음이니, 그
리하여 그들의 후손을 바로잡는 대변
화의 역사를 밑에서부터 다스려 가지
아니하면 아니 되느니라.
35 밑에서부터 아이들을 유하고 부드러
운 마음으로 기르지 않으면, 오늘과
같이 거칠고 무서울 정도로 성격이 변
한 마음을 가지고는 이 세상의 모두를
다스려 나갈 수 없기에,
36 내가 '일식삼찬'이라는 것으로 부드러
운 여성과 부드러운 남성으로 하여금
모든 주변을 유하고 부드럽게 만드는
그 역사를 이루지 아니하면 이 인성을
바로잡을 수 없음이니라.
37 거기에 참여하는 모든 자는 그와 같은
두려운 마음을 다스려 나가는 그 역할
에, 부끄럽고 죄인이라는 생각으로써
돌려놓는 그와 같은 마음으로써 움직
이지 아니하면 아니 됨을 알아야 할
것이니 그리 알라.

7,289 번째 하나님 말씀

2003년 8월 26일 11시 35분

1 사랑하는 나의 아들아!
2 "네, 아버님! 말씀하옵소서."
3 육의 세상에서 살아가는 너희는 부모
와 자식이라는 관계가 있음이니라.
4 육의 부모가 제 자식에게 무엇인들 다
주지 아니하며 아까워서 주지 못하는
것이 있겠는가?
5 육의 부모도 그 자식에게 이루어 줄
수 있는 것을 줄 수만 있다면 다 주며,
6 명예를 얻어 줄 수 있으면 명예를 얻
도록 그리할 것이며,
7 자신이 죽어서 자식이 남부럽지 않게
살 수 있으며 남에게 뒤지지 않는 삶
을 살 수 있으며 남이 이야기하는 부
와 권력을 다 누릴 수 있는 것을 그 부
모가 줄 수만 있다면 무엇인들 주지
아니하며 아낄 것이 무엇이 있겠는가?
8 줄 수만 있다면 모두를 다 주고 싶을
것이며, 이루어질 수 있도록 해 주고
싶으며, 저를 태워서라도 모두 다 이
루어 주고 싶은 것이 육의 부모가 가
진 마음이 아니던가?
9 다만, 육의 부모는 능력이 없으며 그
걸 행할 수 없으며,
10 인간은 한계가 있기 때문에 자식에게
모두 다 주고 싶고 이루어 주고 싶다
해도 자식이 소원하는 것을 들어줄 수

없으며 이루어 주지 못하는 것이 부모
의 마음이니라.
11 능력이 없으며 한계가 있기에 그걸
이루어 주지 못하며 자식에게 모두
이루어 주지 못하는 것을 가슴 아파하
고 괴로워하는 것이 부모와 자식과의
관계가 아니던가?
12 하물며 모든 능력과 모두를 다 갖고
있으며 모두를 다 명할 수 있고 이루
어 줄 수 있는 나 여호와가 정녕 나의
아들이요, 딸들에게 무엇인가를 이루
어 주지 못하며 내려 주지 못하는 그
마음이 과연 얼마나 아픈 것인가를 너
희는 생각해 보았는가?
13 능력이 없으며 힘이 없으며 한계에 부
닥쳐 너희도 부모로서 자식에게 못
주는 것을 괴로워하며, 남들처럼 잘
다스려 주지 못하며 도와주지 못하며
많은 것을 물려주지 못하며 그리고 많
은 은혜를 내려 주지 못하는 것을 가
슴 아파하는 것이 육의 부모니라.
14 그러나 나 여호와는 능력을 가지고
있으며, 내가 모두를 다 할 수 있으며,
이루지 못할 것이 없으며, 모든 것을
너희에게 내릴 수 있는 나 여호와가
너희에게 수없이 내려보내고자 하나,
15 너희가 받을 수 있는 자세가 되지 못
하였으며, 받을 수 있는 그릇이 못 되
었으며, 받을 자격이 없는 자식들이기
에 나로부터 받지 못한다면,
16 나 여호와가 그 부모로서 아버지로서
그 마음 아픈 것을 과연 너희는 생각
해 보았는가?
17 능력이 없어서 주지 못하는 부모도 가
슴이 아프거늘, 모든 능력과 자격과
준비가 갖추어져서 내가 주고 싶은 것
을 마음대로 줄 수 있으나,
18 너희가 받을 자식이 못 되었으며 관리
할 자격이 없기에 너희에게 내려 주지
못하는 그 부모의 마음은 얼마나 아프
고 더 괴롭겠는가?
19 차라리 능력이 없어서 한계에 부닥쳐
서 해 줄 수 없는 부모는 그러려니 하
고 자포자기하며 그래도 그것으로써
도 위안할 수 있으나,
20 다 줄 수 있으면서도 주지 못하는 그
와 같은 환경에 처해 있다면 그 부모
의 가슴은 더 아프고 저릴 것이니라.
21 그러니 창조주 나 여호와가 너희에게
무한대한 모든 것을 다 줄 수 있거늘,
22 너희가 받을 자세요, 마음의 자세가
되지 아니하였음이니 자격이 없어서
내리지 못하는 나 여호와의 아픈 마음
을 너희가 안다면,
23 과연 나로부터 유산을 받을 수 있는
자식으로서 변화되고 성장하는 길을
가야 할 것인가, 나와는 관계없는 반
대의 길을 살아가며 나에게서 등 돌리
며 나에게 순종치 아니하는 그와 같은
길을 갈 것인가?
24 너희는 여기서 깨우칠 여지도 없으며,
너희 손에 놓고 생각해 볼 것도 없으
며, 갑론을박해 볼 것도 없느니라.
25 너희가 나로부터 받을 자격이 있는 것
은 내가 내린 율법이요, 내가 너희에
게 내린 그 계명을 그대로 지키고 살
아오는 삶을 산다면 너희는 자격이
있는 자요, 내가 모두를 내릴 수 있으
며,
26 이제 제3의 시대 마지막 시대에 너희

를 심판하는 새로운 성경이요, 나의
법전을 내려보냄이니,
27 이를 가슴에 안고 정독하여 깨우치는
백성, 그리고 변화되는 백성은 나로부
터 모두를 다 받을 수 있는 자격이 있
는 자니, 내가 너희에게 내려 주는 데
주저하지 아니할 것임을 알라.
28 내가 줄 수 있는 모든 것을 너희가 자
질이 못 되고 자격이 없으며 관리할
능력이 없어 주지 못하는 나 여호와의
아픈 마음을 조금이라도 생각하며, 나
의 고통을 덜어 주는 자식으로서 성
장하려면,
29 받을 수 있는 나의 아들딸로서 변화
되는 것이 나에게 가장 큰 기쁨이요,
내가 자식을 둔 보람을 느낀다는 것을
절대 잊지 말라.
30 내가 가장 높은 지혜와 생각이요, 판
단력을 주었으며,
31 가장 아름다운 모습으로써, 살아가기
에 가장 편안한 모습으로써 만들어 세
상에 보낸 나의 아들딸 너희가 나에
게 줄 수 있는 가장 큰 기쁨임을 절대
잊지 말라.

7,290 번째 하나님 말씀

2003년 8월 26일 11시 46분

1 사랑하는 나의 아들아!
2 "네, 아버님! 말씀하옵소서."
3 이 세상 나의 피조물 만백성들이 창조
주요, 아버지라 부르는 나 여호와의
마음을 가장 분노케 하며 나를 가슴
아프게 하는 것이 어떠한 행위인지 알
고 사는가?
4 지금의 백성이 나의 아들 예수를 처참
히 죽게 했던 그때보다도 더 사악한
백성이며 나를 분노케 한다면, 과연
너희는 그 말을 믿겠는가?
5 너희는 나의 뜻에 따라 참진리요, 다
른 신을 섬기지 아니하며, 오로지 나
를 부르며 나의 아들 예수를 찾으며
진정한 믿음으로 가고 있다 말하나,
6 그와 같이 가는 자들의 행함이 나 여
호와가 나의 아들의 죽음을 바라는 것
보다도 더 분노케 하고 있음을 알아야
할 것이니라.
7 나의 아들 예수처럼 그렇게 처참히 죽
어 간 사람도 없을 것이니라.
8 한 방울 한 방울의 그 피가 흐르고 흘
러, 그 피가 다 마를 때까지 흘러 한
방울도 남지 아니할 때까지 그와 같이
고통스럽게 처참히 죽임을 당하였으
며,
9 만백성의 왕이라 하여 가시나무 관을
그 머리에 씌웠으며, 그가 다 죽었을
때도 그가 죽었는가 죽지 아니하였는
가를 확인하여 창으로써 나의 아들 옆
구리를 찌름이니,
10 뼈가 부러지고 살이 찢어지는 그보다
도 더 처참하고 비참하고 불쌍한 죽음
은 없었을 것이니라.
11 나의 아들이 그렇게 처참히 죽어 간
것을 과연 너희는 어찌 생각하며 어
찌 받아들이는가?
12 그 모두를 다 바라보며 참는 나 여호
와의 분노가 어떠했겠는가?
13 그러나 그 분노함보다도 지금의 나의
피조물 만백성의 종교 지도자라 하여
믿음의 길을 가는 자, 그리고 저 자신

을 모르며 구원을 받았다고 말하며 부
르짖는 신도들,
14 너희를 바라보는 나의 마음이 더 분노
함을 과연 알고 있는가?
15 나의 아들 예수가 그렇게 죽음으로써
너희에게 무엇인가를 많이 깨우쳐 주
며, 하늘에 오르는 길을 깨우쳐 주며,
16 그리하여 너희가 바른길을 살며 정녕
어떠한 길이 하늘에 오르는 길인가 그
를 보도록 했으며,
17 어찌 순종하며 행하는 길이 나에게 오
르는 길인가를 만백성에게 본보기로
하여 내가 그 분노를 참았으며 그 아
픔을 참았으며,
18 그가 수없이 나에게 그 잔을 받지 않
도록 해 달라 기도하는 그 모두를 들
어주지 아니하고 고개를 돌렸음이니
라.
19 내가 분노하고 가슴 아팠던 것보다도
지금의 너희가 하는 행위가 더 나를
분노케 하며 나 여호와에게 고통을 주
고 있음을 알아야 할 것이니라.
20 너희가 죄 없는 삶을 살며 죄 없는 세
상을 만들도록 내가 나의 아들을 고통
스럽게 던져 주고 그를 모르는 체했거
늘,
21 그러나 너희는 나의 아들 예수가 그
렇게 처참히 고통스럽게 죽어 간 보배
롭고 소중한 그 피를 무엇이라 말하는
가?
22 피의 대가로써 그가 원하던 아름다운
삶을 살아가려면 창조주 나 여호와가
친필로 내린 십계명이요, 그 율법대로
지키고 사는 것이 너희가 보배로운
그 피의 대가를 보상하는 길이며,
23 그를 보는 창조주 나 여호와의 마음을
조금이라도 위로하는 자요, 사과하는
자요, 용서를 비는 마음으로 겸손하게
살아가는 그와 같은 마음을 가지고 사
는 것이 도리이거늘,
24 너희는 사악한 생각을 하고 사느니라.
25 너희는 지금 뭐라 하고 사느냐?
26 너희의 모든 사악한 죄를 나의 아들이
죽음으로써 그 죄를 다 사해 주었으
며, 그리하여 그는 죽었다 함이니라.
27 그리고 너희가 미래에 지을 죄요, 너
희 후손이 지을 죄까지 그 모든 죄를
다 나의 아들이 대신 지고 갔다고 그
리 말하며,
28 그리하여 너희는 죄가 없으며, 그 이
름만 부르고 찾으면 구원을 받으며,
그 은혜에 보답하는 길이며, 감사하는
길이며, 나 여호와의 마음을 위로하고
달래는 길이라 하여 너희가 역사하는
것이 무엇이더냐?
29 더 큰 교회를 짓는 것, 더 큰 성전을
짓는 것, 그리고 그곳을 더 아름답게
꾸미는 것, 너희의 주린 배를 뒤로하
더라도 모두를 다 던져서라도 그리 만
드는 것이 구원을 받는 길이요, 용서
를 받는 길이요, 은혜에 보답하는 길
이라 그리 말하며,
30 더 많은 재물을 바치라 하며 더 많은
봉사를 요구하며, 그를 위하여 소리를
지르며 악을 쓰는 것이 오늘의 종교
집단 지도자들이니라.
31 나의 아들의 죽음으로써 너희가 그와
같은 행위를 하는 것은 바로 무엇인
줄 알겠느냐?
32 말로써는 그 은혜에 보답하는 길이요,

말로써는 나의 아픔을 위로하는 길이
요, 달래는 길이요, 믿음의 길을 가는
길이라 하면서,
33 너희는 나의 아들이 한 방울 한 방울
마를 때까지 흘려 가면서 끝까지 고통
속에서 죽어 간 그 모두를 가지고 장
사하는 자들이라 하였음이니라.
34 그리하여 너희는 나의 아들의 죽음으
로 장사하는 자들이니, 그보다 더 사
악한 자들이 어디 있는가?
35 지금의 종교 집단과 지도자들 그리고
구원을 받았다는 자들은 나를 욕되게
하며, 나의 아들의 죽음을 지금 장사
밑천으로써 사용하는 자들이니라.
36 그와 같은 행위를 하는 종교 집단이
요, 지도자들, 그를 내가 더 용서할 수
없을 만큼 분노하고 있으며, 내가 그
를 더 이상 볼 수 없어,
37 이제는 정녕 더 이상 기다릴 수 없는
자, 영원히 돌아올 수 없는 자, 가라지
를 다 뽑아 태우고자 하는 것이 나의
뜻임을 너희는 알아야 할 것이니라.
38 나의 분노함이 2천 년 전에 나의 아들
을 죽게 했던 그때보다도 더 분노하
고 있다 함을 너희는 잊어서는 아니
될 것이니라.
39 이제 나의 십계명대로 살며 나의 법전
대로 살며 그대로 행하지 아니한 자는
절대 구원을 받을 수 없으며, 내가 용
서치 아니할 것임을 너희는 알라.
40 내가 나의 아들의 죽음의 그 분노를
참았으며, 너희가 나의 아들의 그 보
배로운 죽음을 가지고 장사하고 있으
며, 내 이름을 불러 걸어 놓고 지금 장
사하며 사기극을 벌이고 있음이니라.
41 그것도 내가 분노를 참으며, 마지막으
로 나의 아들을 통하여 나의 성령의
모두를 태워 지금 내려보내는 나의 법
전을 읽고 깨우칠 마지막 그 기회를
줌이니라.
42 이를 또한 나의 아들 예수처럼 처참히
도륙을 내며 그리고 법전을 찢어 버리
고 태우는 그와 같은 행위를 하는 것
을 내가 이제 용서치 아니할 것이며,
그와 같이 할 수 없도록 내가 미리 너
희를 다 치며 다스릴 것이니라.
43 나의 법전을 읽고 깨우치는 자는 그
속에서 버림받는 자가 되지 아니할 것
이며, 불 속으로 뽑혀 들어가는 자가
아니 될 것이며, 구원의 길을 얻을 것
이며,
44 끝까지 버티고 오만하며 자만함을 버
리지 못하며 인간인 너희가 나를 능
가하는 재능과 그만큼 능력이 있는 것
처럼 착각하는 자, 그리고 죽을 때까
지 나의 피조물 만백성들을 우롱하며
그들을 놓고 장사하는 자, 주는 것도
없이 장사하는 자,
45 나의 아들 예수의 그 보배로운 죽음을
놓고 팔아먹는 그와 같은 행위는 절대
용서하지 아니함을 알아야 할 것이니
라.
46 너희는 성서를 읽어 보라.
47 너희가 어떠한 죄를 지었을 때 어떠한
작은 죄를 지었을 때 어디로 가며 어
떠한 대가를 받는가?
48 그러니 나의 뜻을 위배하며 나를 기만
하며 나를 속이고 나를 욕보이며 나를
욕되게 하는 자가 과연 나에게 오를
수 있는 백성인가?

49 그리하면서 울고불고 구원을 받았으며, 하늘에 와 나로부터 상을 받는다는 그 환상 속에 젖어 있는 자들은 지옥문 앞에 들어갈 때 그때서야 깨달을 것이니,
50 그때는 너희가 아무리 몸부림치고 발버둥치며 피를 토하고 통곡해도 거기를 넘지 아니하고 들어가지 아니할 수 없다는 것을 잘 알라.
51 나 여호와는 무서우리만큼 너희에게 전했으며, 나의 법전에 기록하여 만백성을 깨우치는 그 역사를 마지막이기에 내가 아낌없이 너희에게 전함이니,
52 이를 듣지 아니하고 이를 버리는 자는 너 스스로 정한 것이니, 네 생명록에 네가 모든 기록을 적어 놓는다는 것을 잊지 말라.

7,291 번째 하나님 말씀

2003년 8월 26일 11시 54분

1 사랑하는 나의 아들아!
2 "네, 아버님! 말씀하옵소서."
3 나의 아들이 피 한 방울이 마를 때까지 고통 속에 죽어 간 그 죽음을 놓고 지금 그를 죽게 한 후손의 종교 지도자요, 집단들이 과연 어찌 가고 있는지 알겠는가?
4 너희는 몇천 년 동안 그 암흑의 속에서 그리 부르짖고 살아왔음이니, 너희는 변화가 없으며 깨달음도 없으며, 지상에서 하늘에 오르는 길을 한 발짝도 보지 못했으며, 반석 위에 서서 하늘에 오르는 찬란한 빛도 보지 못한 백성이라는 걸 알라.
5 너희는 어찌 가르치고 어찌 지금까지 왔는지 알겠느냐?
6 나의 아들의 죽음으로써 너희는 죄사함을 받았으며, 그 죄사함을 미래의 너희 후손까지도 받았다고 가르치고 그리 전하며, 너희는 어찌하는가?
7 나의 아들의 죽음으로 인하여 창조주의 지난날의 그 역사에 이루어졌던 그 업적은 모두 다 이제 끝이 났으며,
8 나의 아들의 죽음으로써 율법의 시대는 끝났으며, 십계명의 시대는 끝났으며, 십계명은 다 지나간 것이며,
9 나의 아들이 십자가에 죽는 그 순간 새로운 시대가 열렸으며, 새로운 사람들이 태어났다고 그리 가르치며,
10 그리하여 너희는 구원을 받은 자며, 하늘에 오르는 영광을 가슴에 받은 자들이라 그리 가르치느니라.
11 나의 아들의 죽음으로써 너희는 구원을 받았고, 죽으면 천국에 와 나로부터 큰 상을 받을 것이라는 착각 속에 지금 헤매는 것이 너희며,
12 그와 같이 가르친 것이 지금 몇천 년 동안 흘러온 종교 집단이요, 지도자요, 너희가 믿으며 온 그 근본이요, 길이니라.
13 나 여호와의 진리를 깨우치며 나에게 오르고자 하며 내가 역사하고자 하는 사랑이요, 그 실천함은 너희 뇌리 속에 기억조차도 못 하며 생각의 뿌리마저 없어진 너희라는 것을 알아야 할 것이니라.
14 그러나 내가 성서에 기록하여 전했듯이 나의 아들 예수는 창조주의 역사함과 또한 그 율법의 시대를 완성시키

며 그를 완벽하게 역사하고자 이 세
상에 보내진 자라는 것을 너희는 알
아야 할 것이니라.
15 나의 계명대로 사는 시대를 열고자 왔
으며, 그와 같이 사는 백성의 시대를
열고자 나의 아들 예수가 왔음을 알아
야 할 것이거늘,
16 어찌하여 그를 완성하고자 왔다는 것
을 모르며, 모두가 단절되었으며, 나
의 아들 예수가 십자가에 죽임을 당하
는 그 순간에 모두 다 끝나고 흘러갔
으며,
17 새로운 시대요, 새로운 역사가 열렸다
하며 새로운 방법으로 믿음을 가면 된
다 하여, 옛것을 잘라 버리고 새로운
것으로써 시작하니, 그게 얼마나 어리
석고 불쌍한 백성인 줄 알겠는가?
18 너희는 그와 같은 역사를 가진 자들이
니라.
19 너희가 한 학교의 전통과 명예를 가지
고 오다가 20년 30년이 지난 다음에
그 후배들이 그 학교의 이름을 바꾸고
명칭을 바꾸어서 앞에 간 사람들은 저
희 모교의 선배가 아니요, 저희와는
관계없으며,
20 오로지 다시 시작하는 저희가 가장
첫 번째 모교이며, 첫 1회를 저희가
모두 역사하는 사람들이라 말하는 자
와 똑같음을 알라.
21 학교의 이름만 바꾸어 놓고 선배를 무
시하며, 지난날 그 앞에 간 선배의 업
적을 모두 무시하며 그를 인정하지 아
니하는 자들과 똑같음이니, 이게 얼마
나 무서운 자들의 행위던가?
22 너희는 한 학교요, 한 장소의 역사에
서 그 지역의 선후배들이 공부하고 갔
음이니라.
23 30년이라는 역사가 흐른 다음에 거기
에서 30회까지 모두를 무시하고,
24 31회가 아니라 1회로서, 다시 너희가
젊은 세대들을 위하여 모두를 주관하
며 가르친다고 사기 치며 그들을 충동
질하며 그들에게 간교한 방법으로 가
르치는 자도 사악한 자나,
25 또 그 말을 믿고 저희가 1회가 되는
그 영광을 위하여 저희 밑의 후배들로
부터 제가 1회라는 대우를 받고 군림
하고자 하여 30회라는 것을 떼어 버
리고 31회를 1회로 역사하며 그 간판
을 저희가 모두 주관하고 이끌어 가며,
26 '지나간 것은 우리의 선배가 아니요,
우리와는 관계없다' 그리 말하는 그와
같은 어리석고 불쌍한 자들과 무엇이
다르단 말이더냐?
27 그와 같이 사악한 자들이 지금 나의
아들 예수의 죽음으로써 죄사함을 받
았으며, 나의 아들 예수의 죽음으로써
창조주가 역사했던 그 모두는 다 끝이
났으며, 나의 아들 예수가 죽음으로
율법이 끝나고 십계명 시대가 끝나고
새로운 시대요, 새로운 백성으로 태어
난 너희라 그리 말하는 자, 그게 바로
어리석고 불쌍한 자들임을 알아야 할
것이니라.
28 선배의 역사함이요, 그 선배의 전통을
길이 지키며 그를 따르고 선배들의
뒤를 이어 가는 것이 다음의 후학들이
해야 하는 일이거늘,
29 거기서 위는 잘라 버리고 어느 한 시
점에서 우리가 제일 선배라 나서는

자들, 또 그리 만들도록 하는 사악한 지도자가 있었음이니라.
30 그 모두가 다 사탄의 말에 현혹된 자들이니, 너희가 지금 바로 네 마음속에 모두 다른 신을 모시고 다른 신을 받드니, 나의 제1계명을 넘지 못한 자들이요,
31 그와 같이 조정하며 역사하는 것은 사탄이니라.
32 30회라는 것을 끝내며, 31회라는 것을 1회로 만들라고 간교하게 가르치는 사악한 자가 있듯이,
33 너희만 새로운 시대를 열며 너희부터 다시 시작한다고 가르치는 것은 근본이 사탄이요, 마귀요, 악마들이 너희를 조정하여 그리 깨우쳐 주며 그리 가도록 하며,
34 그것이 위대한 것이며 큰 그릇이며 대대손손 영광된 축복이요, 일인자로서 제일 선배로서 대우를 받고자 하여 그 모두를 무시하는 사악한 자의 행동과 마찬가지니라.
35 내가 예를 들어 너희에게 말함이니, 오늘의 종교 집단이요, 지도자가 신학을 공부하며, 신약의 시대는 구약의 시대와 별개의 시대요,
36 너희가 시작하는 시대요, 너희가 위대한 자들이요, 너희를 따라 역사하며 너희가 모두 주관하여 행하는 것부터 뿌리를 내려 간다는 그와 같은 사악한 자,
37 그들은 사탄의 종이요, 사탄의 자식이 되며 사탄의 심부름꾼이며 사탄의 부하로써 이미 돌이킬 수 없는 사악한 그 길을 가고 있음이니,
38 그것이 바로 너희에게 죽음의 길이라는 것을 잊지 말라.

7,292 번째 하나님 말씀

2003년 8월 27일 06시 31분

1 사랑하는 나의 아들아!
2 "네, 아버님! 말씀하옵소서."
3 '나 외에는 다른 신들을 네게 있게 하지 말라' 하였음이니라.
4 그러나 나의 피조물 만백성 너희는 육을 가지고 사는 백성이니, 육의 세상에서 살아가면서 더 갖고자, 더 이루고자, 그리고 남들보다 앞에 가고자 하는 그와 같은 욕망이요, 욕구가 너희 육 속에서 계속 유혹하고 있음이니, 그게 바로 무엇인 줄 알겠는가?
5 다른 신들을 네 앞에 두는 것과 똑같은 행동이며 똑같은 마음이니라.
6 그러니 정녕 너희가 모르면서 나의 뜻을 거역하는 삶을 살고 있음이니라.
7 그와 같은 삶 속에서 모든 종교 집단이요, 지도자가 지금까지 흘러오며, 그러하기에 인간으로서는 바로 설 수 없으며 나 여호와가 원하는 구원의 길을 들어설 수 없는 것이라 그리 가르치며,
8 너희는 원죄가 있는 죄인이요, 또한 죄를 짓지 아니하고 살아갈 수 없는 백성이라 그리 말함이니라.
9 또한, 나의 백성 너희 스스로 너희 자신을 평가해 볼 때, 살아가면서 죄를 짓지 아니하고 살 수는 없으며, 수많은 죄를 지으며, 고의든 타의든 수많은 실수를 하고 살아감이니라.

10 그리하여 그와 같이 가르치는 종교 지
도자들의 그 말을 믿으며 또한 그리
따라가며 고개를 끄덕이며 '맞소, 옳
습니다.' 그리 말하느니라.
11 너 자신들이 그와 같이 살아가기 때문
이니라.
12 그러나 그와 같은 삶으로써 너희는
정녕 나에게 오를 수 있는 그 길이라
는 것은 없음을 알아야 할 것이니라.
13 네 이웃에 하나의 거짓도 없는 삶을
살아가는 것, 그리고 네 이웃의 것을
탐내지 아니하는 것, 그와 같은 두 길
과 그리고 내가 내린 계명을 잘 음미
해 보도록 그리해야 할 것이니라.
14 그러니 거짓 하지 아니하며 네 이웃
것을 탐내지 아니하는 그 마음은 과연
어떠한 마음이던가?
15 너희가 세상에 존재해 살아 있어도
너 자신의 욕심이요, 너를 위하는 마
음을 가진 자는 네 이웃을 탐하지 아
니할 수 없으며, 네 이웃에 거짓 하지
아니하고 살 수 없는 것이니라.
16 그러나 그 마음을 다 비우며 성령으로
써 충만한 삶이요, 나 여호와가 존재
하며 내 아버지가 계시다는 굳건한 마
음 하나로써 다스린다면, 너희는 그
모두를 다 넘을 수 있는 것이니라.
17 내가 일찍이 너희에게 깨우쳐 주기를
내가 너희에게 준 능력의 10분의 1이
요, 100분의 1도 쓰지 못한다 그리하
였음이니라.
18 그러니 너희가 육의 세상에서 한평생
살다 나에게 오는 그 삶이 내가 너희
에게 내려 준 그 은혜의 일부도 쓰지
못하고 나에게 온다 하였음이니라.
19 너희가 그 모두를 쓰며 그 모두를 활
용하고 사용하다 오는 백성이 있다 하
면 너희는 무한대한 발전과 무한대한
변화가 있음이니라.
20 지금 너희가 죄를 짓지 아니하고 살
수 없다, 죄를 짓지 아니하고 인간은
살아갈 수 없다는 그와 같은 마음도,
21 무한대한 그 변화 속에서 아름다운 마
음이요, 선한 마음을 가지고 삶을 산
다면 너희는 죄를 짓지 아니하고 살
며 남에게 욕되지 아니하고 사는 것은
아무것도 아님이니라.
22 그저 떨어지는 낙엽을 바라보는 수고
로움만도 못한 걸 가지고 너희가 지키
지 못하고 지킬 수 없는 인간이라 그
리 포기하고 사는 것임을 알아야 할
것이니라.
23 너희가 나로부터 받은 그 무한대한 은
혜 속에 죄를 짓지 아니하고 살 수 없
는 것, 너희 자신을 다스리지 못하는
것은 아주 극소수의 작은 것뿐임을 알
아야 할 것이니라.
24 그 작은 것에 연연하여 지금 너희는
모든 인간이 바로 살 수 없으며 인간
은 천사와 같이 살 수 없으며 나 여호
와가 내린 계명을 지키고 살 수 없다
고 말함이니,
25 그 모두 다 나에게서 떠난 백성이요,
나에게 돌아오고자 하는 백성이 아님
을 알아야 할 것이니라.
26 너희는 인간의 작은 욕심이요, 또 그
작은 것 때문에 바로 설 수 없으며 천
사가 될 수 없다는 것은 육의 삶을 위
하여 영원히 사는 나의 나라에 오는,
너희가 감히 상상할 수 없는 그 큰 은

혜와 영광을 모두 다 포기하는 것이니
라.
27 너희는 이제 여기서 스스로 깨우쳐 그
와 같은 삶을 계명대로 살 수 있다 없
다 하는 것을 스스로 결정지어 선택
하는 삶을 살도록 해야 할 것이니라.
28 너희가 계명을 지키고 살 수 있는 것
은 아무것도 아니라 하였음이니라.
29 그것은 바른 자세요, 곧은 마음이요,
인간이 바르게 살고자 하는 마음으로
도 그를 지킬 수 있음이니라.
30 그리 바르게 살고자 하는 그 마음속
에 나의 성령이 임해졌을 때 너희는
그와 같은 것을 얼마든지 지키고 살며,
31 내가 너희에게 준 무한대한 그 능력
의 한계에서는 아주 극소수의 작은 것
이니, 너희는 거기에 목매달려 그걸
지키고 행할 수 없다는 어리석은 삶을
살아가는 백성이니라.
32 이제 나의 아들을 따르는 제자요, 나
의 법전을 읽는 백성 너희는 나 여호
와가 존재함을 믿으며, 전지전능한 아
버지가 너희에게 행하지 못할 것을
내릴 리가 없으며, 너희에게 행하지
못할 굴레를 씌워놓고 거기서 벗어나
는 자는 나에게 올 수 있다는 것은,
33 이는 사탄이요, 악마요, 사악한 자가
너희가 나올 수 없는 길에서 발버둥
치는 그와 같은 모습을 보고 즐기는
사악한 자이니라.
34 육의 세상 부모요, 아버지요, 어머니
도 그와 같이 하지는 아니할 것이니라.
35 그와 같은 생각이 있는 자들이 바로
사탄이니라.
36 육의 세상의 부모도 사랑하는 자식을
고통 속에 집어넣으며, 헤어 나오지
못할 곳에 자식을 집어넣고 헤어나라
소리 지르고 그를 비웃으며 나오라
하며 나올 수 있다고 말한다면,
37 그것은 자식들이 고통 속에서 허덕이
며 나오지 못하는 곳에서 나오려 몸부
림치는 것을 보고 즐기며 즐겁게 생각
하는 육의 부모와 똑같으니,
38 세상의 육의 부모도 그런 부모는 없을
것이니라.
39 그러니 자식을 나올 수 없는 구덩이에
집어넣고 나오려 몸부림치게 하여, 네
가 나오면 상을 줄 것이며 네가 나오
면 맛있는 것을 줄 것이라 하여 그 아
이를 유혹하며 그 아이를 놀리는 그와
같은 사악한 부모의 행동이니라.
40 그러니 정녕 육의 부모도 그와 같은
부모는 없으며 그와 같은 행위를 하는
자는 없음이니라.
41 그러니 하나의 오차도 없으며 하나의
실수도 없으며 절대적인 그 모든 역사
를 하는 창조주 나 여호와가 헤어날
수 없는 구덩이에 나의 백성을 집어
넣고,
42 너희가 나오면 하늘에 오르는 은혜를
줄 것이며 내가 입은 이 비단옷을 너
희에게 입힐 것이며 내가 가진 이 모
든 아름다움을 너희에게 주고자 하니,
그 웅덩이에서 나오라 그리한다면,
43 과연 내가 너희 아버지요, 창조주라
말할 수 있겠느냐?
44 이것은 아니니라.
45 그와 같이 나 여호와를 욕되게 하지
말라.
46 그것은 나를 사탄이요, 사악한 자라

부르는 것이나 똑같음이니라.
47 나올 수 없는 그 길에 집어넣고, 나올
수 없는 웅덩이에 집어넣고, 도저히
헤어날 수 없는 곳에 나의 백성을 집
어넣고,
48 거기서 나오려 발버둥치고 아우성치
는 그 모습을 보고 즐기는 것은 사탄
이요, 악마가 하는 짓이니라.
49 결국, 그들은 나올 수 없으며 저희 힘
으로 나올 수 없어 거기서 다 죽어 갈
것이 아니던가?
50 그와 같은 역사를 하는 것은 사탄이
그들이 죽어 가는 모습을 즐기는 행위
요, 나 여호와는 그와 같은 아버지가
아니며 창조주가 아님을 알라.
51 나는 한 치의 오차도 없으며, 하나라
도 이룰 수 없는 것을 내려보내는 것
이 없으며,
52 너희가 역사하지 못할 것을 내려보내
너희에게 명하는 것은 하나님이 아니
요, 창조주가 아니요, 전지전능한 너
희 아버지가 아님이니, 너희가 나를
믿지 아니한다 해도 내가 말하지 아니
할 것이니라.
53 지금의 모든 종교 집단이요, 지도자들
이 바로 그와 같은 자들이니라.
54 내가 너희를 웅덩이에 집어넣고 도저
히 헤어날 수 없는 곳에서 아우성치며
서로 나오기 위하여 물고 뜯고 하는
것을 보며 즐기며,
55 결국은 거기서 죽어 가는 그 모습을
바라보는 사탄이요, 악마와 같은 나라
부르는 것이며, 나를 그리 평가하는
무서운 내용이 거기 있음이니,
56 그것은 너희의 본심이 아니요, 사탄이
요, 악마들이 너희 마음속에 자리 잡
고 있기 때문에 그러하니,
57 그 모두를 뽑아내는 역사를 이루지 아
니하면 아니 될 것이니라.
58 너희가 그 마음을 다스릴 수 있는 것
은 나의 법전을 가슴에 안고 정독하고
또 읽고 깨우치는 그 속에서 이루어질
것이니 그리 알라, 사랑하는 나의 아
들딸들아!

7,293 번째 하나님 말씀

2003년 8월 27일 06시 44분

1 사랑하는 나의 아들아!
2 "네, 아버님! 말씀하옵소서."
3 나의 피조물 만백성들은 무엇을 이루
고자 나에게 기도하며 더 얻고자 기도
하는 마음이니라.
4 그리고 어렵고 고통스러움 속에서 나
에게 기도하는 것으로써 그 모든 것에
서 벗어나며 무엇인가를 이루고자 하
는 것이 너희의 그 기도요, 지금 믿음
의 길을 가는 백성의 대표적인 삶이
니라.
5 그러니 너희는 나 여호와를 생각하기
를, 너희보다 위대한 능력이요, 힘을
가지고 있는 나 여호와요, 외부의 힘
을 빌려 너희의 고통스럽고 힘든 것
을 얻고자 하는 그와 같은 심리이니라.
6 너희는 노력하는 속에서 무엇인가를
스스로 이루고자 하는 그와 같은 생각
이 아니요,
7 너희보다 더 위대한 힘을 이용하여 무
엇인가를 이루고자 하는 것이 기도하
는 방법이요, 수천 년 동안 그와 같은

방법으로써 흘러왔음을 알아야 할 것
이니라.
8 그러나 고통스럽고 어려운 그 속에서
기도할 때,
9 너희는 나의 마음을 스스로 이해하며
나 여호와의 고통과 나 여호와가 너희
를 위해서 역사하고자 하는 모든 마음
을 너희 스스로 느끼며,
10 그리고 나를 생각하면서 기도하는 그
와 같은 마음의 변화의 역사를 이루는
백성이 바로 선 백성이며 나에게 오를
수 있는 백성임을 알라.
11 이제 나의 아들을 따르는 그 제자들이
요, 모든 백성은 고통스럽고 어려운
그 속에서 무엇을 이루고자 무엇을 더
얻고자 기도하는 것이 아니요,
12 나 여호와가 이루고자 하는 뜻을 이해
하며 내가 너희를 얼마나 사랑하는
것인가를 알고, 나를 위하여 기도하는
그와 같은 마음으로 스스로 변하기 시
작하였음이니,
13 그리하여 너희는 반석 위에 서서 하
늘에 오르는 찬란한 빛을 보게 되는
백성이라 함이니라.
14 그게 믿음의 길을 가는 모든 백성과
너희와 그 차이임을 알고 있을 것이니
라.
15 그들은 오로지 살아가면서 더 이루고
자 또는 고통스럽고 힘들 때 저희보다
위대한 나 여호와의 힘을 이용하여 무
엇인가 이루고자 하는 그 소망이요,
바라는 것이요, 그것밖에는 역사함이
없음이니라.
16 그리하여 더 큰 것을 얻기 위해 재물
을 바치며 울고불고 기도함으로써 무
엇을 얻겠다는 것이니,
17 새벽 기도요, 밤잠을 자지 아니하고
기도하는 자들이 다 나를 생각하며 내
마음을 먼저 이해하고자 하며 그리고
내 뜻을 이해하고자 하며 나 여호와가
지금 역사하고자 하는 내 심정을 이해
하며,
18 너희가 잘못 가는 것을 바라보는 부
모의 아픈 마음과 같은 내 마음을 스
스로 깨닫고 느끼는 그와 같은 변화된
마음으로 살고 그와 같은 마음으로 기
도하는 백성이어야 할 것이거늘,
19 너희는 무엇을 얻고자 기도를 하는 백
성으로 지금까지 흘러왔음을 알아야
할 것이니라.
20 이것이 나의 아들을 따르는 제자들이
요, 나의 법전을 읽은 백성과 수천 년
동안 믿어 온 그 백성과의 차별화이니,
21 너희는 무엇을 주어도 너희 자신 앞
에 쌓아 놓을 것이며, 자신을 위해서
사용할 것이며,
22 나의 아들을 따르는 백성이요, 법전을
읽은 백성은 내가 무엇을 주었을 때,
만백성을 위하여 쓰고자 함이니라.
23 그는 내 마음을 알며 내가 원하는 것
을 아는 백성이니, 이것은 하늘과 땅
보다도 더 멀고 먼 거리가 있음을 알
아야 할 것이니라.
24 그리하여 내가 너희를 사랑함이니라.
25 너희는 이루고자 하는 기도에서 나를
위로하고자 하는 마음의 기도로 변해
야 할 것이며, 나를 위로하는 그 마음
이 충만해지는 그와 같은 마음으로 기
도하는 것이 나의 백성이 먼저 가야
할 길이라는 것을 알아야 할 것이니라.

26 그 속에서 너희는 나를 알게 되며 나
를 보게 될 것이며 내 음성을 듣게 되
는 것이니라.
27 그러니 이제는 나의 아들을 따르는 제
자요, 그리고 나의 법전을 읽고 깨우
친 백성 너희는 나를 이해하고자 하
는 마음에서 기도하며, 만백성을 구원
하고자 하며 바로 서고자 하는 그 마
음을 앎이니,
28 이제 내가 너희에게 상을 내림이니라.
29 너희는 나에게 모든 것을 다 의지하는
그와 같은 삶을 살아가는 백성으로서
생각해도 하나도 손색이 없으며 부족
함이 없음을 알라.
30 더 이루고자, 더 얻고자, 제 고통을 해
결하고자, 나 여호와의 전지전능함을
이용하여 모두를 해결하고자 산 기도
요, 새벽 기도요, 울고불고하는 그와
같은 백성의 울음소리요, 그들의 기도
소리는 내가 듣지 아니한다 하였음이
니라.
31 그러나 그보다 한 단계 더 나아가 내
마음을 위로하며 내 뜻을 위로하고자
기도하는 백성, 너희가 나를 의지하며
나를 전적으로 의지하는 그와 같은 마
음으로 살아가도 내가 너희를 탓하지
아니할 것이며,
32 너희가 기도 소리를 말하지 아니해도
너희의 마음을 알고 있음이니라.
33 그러니 나의 아들을 따르는 백성이요,
나의 법전을 읽고 깨우친 백성 너희는
이제 용기와 희망을 가지고 살라.
34 모두를 다 나 여호와에게 의지하도록
하라.
35 내 가슴에 안기는 나의 백성은 내가
너희를 가슴에 안음이니라.
36 그것이 너희와 모든 백성과의 차별화
됨이니라.
37 나를 이해하고 내 뜻을 알고자 하며
내가 역사하고자 하는 그 길을 가기
위하여 저 자신을 버리고자 하는 너
희야말로 나를 의지하는 그와 같은 마
음의 길로 살아가라.
38 그것이 내가 너희에게 오늘 내리는 상
임을 알라, 사랑하는 나의 아들딸들아!
39 나를 믿고 살 수 있으며 나를 믿고 의
지하며 모두를 행할 수 있는 것은 너
희니라.
40 그 누구도 나를 의지할 수 없으며 내
가슴에 안길 수 없는 자들이니라.
41 제 앞의 욕심이요, 제 고통을 덜어 보
고자, 그리고 나를 이용하고 우리 부
자를 이용하여 무엇인가 저 자신을
해결하고자 하는 자,
42 그를 믿을 수가 없으며 그를 내가 쓰
고자 할 수 없으며 내 유업을 계승하
는 자식이요, 아들딸로서 생각할 수
없으니,
43 이제라도 하늘의 이치요, 두려움을 알
며 나 여호와를 위로하는 기도를 할
수 있는 마음이요, 나 여호와가 역사
하고자 하는 그 뜻을 알고자 기도하는
마음 자세로 변해야 함을 알아야 할
것이니라.
44 나를 믿고 경배하는 마음에서 너희가
일어서게 될 것이며, 그리고 역사하게
될 것이니라.
45 이제 선택된 너희는 나를 경배하는
마음에서 멀어져서도 아니 되며,
46 나의 아들을 따르는 제자들이요, 나의

법전을 읽은 백성 너희는 이제는 나의 아들을 따라 더불어 나에게 오는 그 길에서 어렵고 힘들다 하여 싫증을 느껴서도 아니 될 것이며, 믿음의 의지와 마음이 흔들려서도 아니 될 것이니라.

47 오로지 너희는 굳건한 마음으로써 변함없는 그와 같은 마음으로써 이 자리를 지켜야 함이 너희가 살아가는 길이며 너희가 나에게 올 수 있다는 것을 잊지 말라.

48 지금 이와 같은 비극적인 세상에 너희와 같은 자가 필요한 세상이 없었으며 지금과 같이 험악한 세상이 없었음이니,

49 이 험악한 세상처럼 나의 아들딸 너희와 같은 자가 필요한 세상이 없음을 알라.

50 지금처럼 너희가 필요한 때가 없었음이니라.

51 너희가 정녕 필요한 때이니라.

52 나의 성령에 의해 살아가고자 하는 백성, 그리고 기도할 때 자신의 고통이요, 시련을 위해서 더 갖고자, 높고자, 이루고자 하는 기도가 아니요,

53 나 여호와의 마음을 위로하고자 하며 내 마음이요, 내 뜻을 알고자 묵묵히 기도하는 그와 같은 너희 백성이야말로, 이 세상에 너희와 같은 백성이 필요할 때가 없음을 알라.

54 나의 법전은 너희의 생명체요, 거듭나는 역사함이요, 너희가 거듭나는 생수라는 것을 절대 잊지 말도록 그리할 것이며, 모든 백성에게 거듭날 그 기회를 주도록 하라.

55 저를 위하여 기도하는 자, 고통 속에서 벗어나려는 자, 저만을 생각하고 기도하는 그 어리석고 불쌍한 백성에게 새로 태어나는 생명수인 나의 법전을 전하는 데 최선을 다할 것이며 게을리하지 말라.

56 그것이 또한 나의 마음을 위로하는 길이요, 나를 기쁨으로 역사하는 것이요, 나의 은혜에 보답하는 사랑하는 백성임을 알아야 할 것이니라.

57 나에게 무엇을 역사하고자 이루고자 하는 그 마음이요, 달라는 것, 그리고 더 이루어 달라는 그 마음보다도,

58 지금 내가 역사한 그 모든 은혜요, 그 모두를 감사하며 너희가 세상에 존재하는 것을 감사하며 나의 계명대로 지키고 살아가겠다는 마음을 굳혀 가는 사랑하는 너희들,

59 그 제자요, 나의 법전을 읽고 깨우친 백성 너희를 이제 내가 가슴에 안음이니, 내 품에 와 있는 자요, 내 품에 안긴 너희니, 모든 것을 의지하는 마음으로 살라.

60 어린아이가 어머니의 품에 안겨 포근히 잠자는 그와 같은 백성으로서 너희는 나를 전적으로 의지하며 믿고 살아가라.

61 내가 너희를 가슴에 안고 있음이니라, 사랑하는 나의 아들딸들아!

62 너희만을 가슴에 안음이니라.

63 저를 위하여 기도하는 자가 아니요, 나의 마음을 이해하고자 나의 마음을 위로하고자, 그리고 아래로 만백성을 위하여 기도하는 그와 같은 백성,

64 너희는 이제는 포근한 나의 가슴에 모

두를 의지하고 살아가는 백성으로 그
삶을 살아도 내가 너희를 원망하지
아니하며 내가 너희를 버리지 아니하
며, 너희가 오는 것을 내가 귀찮다 하
지 아니함이니라.
65 어머니가 자식을 안듯이 내가 너희를
가슴에 안으니, 어머니의 가슴에 안기
듯이 편안한 마음으로 모든 것을 나
여호와를 의지하는 마음으로 편안히
살아가라, 나의 아들딸들아!
66 내가 너희를 사랑함이니라.

7,294 번째 하나님 말씀

2003년 8월 27일 11시 14분

1 사랑하는 나의 아들아!
2 "네, 아버님! 말씀하옵소서."
3 너를 따르는 제자들과 나의 법전을 읽
고 깨우친 만백성 너희는 나를 의지
하며 내 품에 있는 그와 같은 마음으
로 살라 하였음이니라.
4 어린아이를 가슴에 품은 어머니의 마
음이요, 어머니 품에 안긴 아이와 같
은 그 마음으로 살라 그리하였으며,
그 은혜를 내가 내려 줌이라 그리하였
음이니라.
5 이제 너희는 가장 작은 것에 실수하
는 그와 같은 삶을 살아서는 아니 되
는 훈련에 들어가야 할 것이니라.
6 너희가 작은 것을 하나 더 갖고자, 무
심히 무엇을 하나 더 들고자, 무심히
무엇인가를 더 챙기고자 하는 마음을,
7 남이 하는 것보다 더 낮은 자세로써
더 겸허한 자세로 살아가야 함이니라.
8 그러니 너희는 남에게 부끄러운 점이
없으며 남의 눈에 책잡힐 일이 없다
그리 생각하느니라.
9 그러나 그것이 아니니라.
10 큰 것을 갖고자 욕심을 내는 것, 큰 것
을 챙기고자 욕심내는 것, 제 앞에다
더 두고자 하는 그런 것만 욕심이 아
니니라.
11 그 욕심의 뿌리를 뽑기 위해서는 작
은 것에서 그와 같은 마음을 갖지 말
아야 할 것이니라.
12 남과 대화할 때도 너희가 무엇인가를
알리고자 말을 많이 하는 것, 많이 전
하고자 이야기하는 것도 다 무엇이더
냐?
13 그것도 욕심의 근본이니, 그와 같은
행위를 하게 되면 너희가 욕심의 뿌
리요, 욕심의 근본을 버리지 못하였으
며 그리하여 그 욕심이 싹트기 시작함
이니, 아직도 버리지 못한 그 욕심의
뿌리가 있다 함을 알아야 할 것이니
라.
14 너희가 식사하고 무심히 집는 이쑤시
개 하나도 그걸 하나만 집으면 될 것
을, 두세 개를 집는 것은 죄가 아니며
아무런 잘못이 아니라 그리 말하나,
15 벌써 계산된 속에서 서너 개를 집었을
때 그것이 무엇이더냐?
16 욕심의 뿌리가 있으며 욕심의 싹이 있
음이니,
17 그 싹이 서서히 크게 되면 큰 욕심을
갖게 되며, 큰 것을 실수하게 된다는
것을 알아야 할 것이니라.
18 말을 많이 하는 것, 작은 것 하나를 잡
는 것, 그리고 이해관계 없이 무엇인
가를 더 많이 하고자 하는 것, 갖고자

하는 것, 그와 같은 행동이 다 무엇인 줄 알겠는가?

19 육의 즐거움을 위해서 육의 기쁨을 위해서 무엇인가 남에게 죄가 되지 아니한 것 같아도,

20 그 속에서 그것이 바로 욕심이라는 것이며, 욕심을 버리지 못하기 때문에 거기서부터 파생되는 그 문제요, 너희 마음이 이루 말할 수 없이 변화되는 것을 알아야 할 것이니라.

21 너희 세상 속에 살아가면서 말하고 전하는 이야기가 있지 않더냐?

22 '바늘 도둑이 소도둑 된다'는 말은 가장 작은 바늘을 훔치기 시작하면 점점 더 큰 것을 가져도 대담하며 부끄러운 줄 모르며 양심의 가책을 받지 못함이니,

23 남의 집 소를 훔쳐 가면서도 그게 죄인 줄을 모르도록 그와 같이 사악한 마음이요, 도둑질하는 마음이 너희를 다스리고 통제한다 하였음이니라.

24 그러니 매사에 작은 욕심이요, 작은 것을 더 갖고자 이루고자 하는 그와 같은 마음을 가지고 산다면 그것이 욕심의 뿌리를 버리지 못하였음이니,

25 그로 하여금 큰 욕심을 부리며 큰 것을 놓지 못하는 그와 같은 욕심의 싹이 트게 됨이니라.

26 '바늘도둑이 소도둑 된다'는 그와 같은 의미를 반대로 생각해 보라.

27 가장 작은 것을 무심히 행하는 것도 그 마음속에 욕심이 있어서 행하는 것이니라.

28 그 욕심이 있어서 행하는 것은 절대 비운 것이 아니요, 변화된 것이 아니요,

29 그리고 너희가 이해관계가 있을 때 그 작은 욕심의 뿌리가 화산이 폭발하는 것보다 더 무섭게 그걸 취하고자 그걸 갖고자, 남을 공격하며 쓰러트리는 그와 같은 무기로써 변화되는 삶을 살게 됨이니라.

30 평소에 마음속에 있는 아주 작은 것도 하나를 가지고 갈 것을 두 개를 챙기고 세 개를 챙기는 것이 당연하고 별 것 아니며,

31 하나를 실수했을 때 또 하나를 쓸 수 있다고 생각하는 그와 같은 작은 것도 그러하니라.

32 너희는 모든 것을 최하의 여건에서 가장 부족하고 손해 보는 듯한 마음의 행동이 아니며, 그저 평범하게 무심히 행동하는 것도,

33 그것도 너희는 모르나 그 마음이 사탄의 욕심이요, 사탄의 마음에서 움직인다는 것을 잊어서는 아니 될 것이니라.

34 나의 아들을 따르는 제자들이요, 선택된 백성 너희는 그리하여 하늘에 오르는 길이 어렵고 힘들다 하였음이니라.

35 이제 너희는 바늘 도둑이 소도둑 된다는 그와 같은 격언이요, 그 가르침을 깨달아,

36 작은 것을 지우고자 하며 작은 것을 무심코 집는 것, 무심코 말 한마디 전하는 것, 남 앞에 나서서 말을 많이 하고자 하는 자, 그리고 아는 체하는 자, 그리고 제 이야기를 들려 주고자 하는 자,

37 그와 같은 백성이 다 욕심을 비웠으며 마음을 다 비웠다 하나, 그 마음속

에는 욕심이 도사리고 있으며 비우지
못한 마음이니라.
38 그러니 그와 같은 마음을 비우지 못하
며 뿌리를 뽑지 못했음이니, 그 뿌리
는 반드시 또 새싹이 나게 되면서 성
장하게 되어 있음이니라.
39 우선 위는 잘라 내서 보이지 않으나
그 뿌리가 살아 있으니, 그 뿌리는 수
분을 빨아들이며 양분을 빨아들이며
다시 성장하여 미리 베어 낸 나무보다
도 강하고 힘차게 성장해 갈 수 있다
는 것을 잊지 말라.
40 그러니 무심코 하는 것, 무심코 말하
는 행동, 무심코 하나를 더 집는 것,
그리고 상대방에게 과격한 이야기를
하는 것, 상대방을 마음 아프게 하는
것, 그 모두가 다 욕심의 뿌리에서 시
작되는 것임을 잊어서는 아니 될 것이
니라.
41 그와 같은 마음의 변화가 이루어져야
하며,
42 그와 같은 마음을 다 비우도록 이제
너를 따르는 제자들과 나의 법전을 읽
고 깨우친 만백성 너희는 그리 훈련
을 하도록 그리해야 할 것이니 잊지
말라.

7,295 번째 하나님 말씀

2003년 8월 27일 11시 23분

1 사랑하는 나의 아들아!
2 "네, 아버님! 말씀하옵소서."
3 육은 성령이 원하며 나 여호와가 원하
는 그 길의 반대 길만을 가게 하며 그
리 너희를 유혹하며 너희에게 그리
요구함이니라.
4 육의 삶이요, 모든 육의 그 행함은 나
의 성령이 원하며 나 여호와가 이루고
자 하며 너희에게 바라며 너희가 가
고자 원하는 모든 것을 반대 방향으로
이끌어 가도록 그리 유도하며,
5 육의 모든 생각은 그와 같은 형국으로
써 이루어지는 것이 오늘의 너희 삶이
니라.
6 그리하여 육의 생활은 인간으로 하여
금 죄를 계속 범하도록 하며, 죄를 짓
고 죄를 뉘우치지 못하도록 하며,
7 죄를 짓는 것을 기쁨으로 느끼도록 너
희를 유도하고 이끌어 가는 것이 육의
세상의 삶이요, 지금의 엉클어진 형국
이니라.
8 그러면서 양심을 버리게 되며 서서히
죄를 하나 짓고 두 개를 짓고 세 개를
지음으로써 수없는 죄 속에서 살아도
죄를 모르고 사는 것이 너희니라.
9 육의 생각이요, 육의 삶은 범죄함을
즐거워하며, 나의 피조물 만백성들에
게 범죄하는 마음을 갖도록 하며 그와
같이 살아가도록 항상 유도하는 것이
지금의 형국이니라.
10 그리하여 나의 백성이 점점 타락하여
무너지기 시작하였으며, 육의 생활은
점점 찌들어 가며 일어설 수 없는 그
와 같은 형국이 지금 도래해 있음이니
라.
11 나 여호와의 백성이요, 나를 따르는
백성 너희는 그와 같이 무너져 가는
너희 자신을 들여다보며, 너희가 어떠
한 형국에 처해 있는가를 점검하는
현명함을 얻지 못하면 너희는 점점

타락하며 무너지는 이 세상에서 헤어
날 수 없음이니라.
12 항상 육의 세상에서 존재하는 너희가
생각하고 역사하는 것은 우선 범죄하
기를 원하며 범죄를 할 수 있게 만들
어 주며 범죄를 할 수 있도록 기회를
부여하는 것이 지금의 육의 세상에 삶
이니,
13 이는 곧 사악한 자들이 그와 같은 역
사를 이루고 있으며, 사랑하는 나의
피조물 만백성들이 그대로 살아가도
록 놔두지를 아니함이니라.
14 어떠한 방법으로라도 그리 유혹하며
넘어지도록 함이니,
15 나 여호와와는 점점 멀어지는 행위만
을 하게 하며 나와 멀어지는 그와 같
은 생활을 하도록 나의 피조물 만백성
들의 육을 통하여 사악한 사탄들이 너
희를 무너트리기 위하여 유혹하는 그
와 같은 생활이 계속됨을 알아야 할
것이니라.
16 그리하여 너희에게 말하기를, 육의 생
활에서 이를 이길 수 없기에, 인간은
스스로 구원을 받을 수 없으며 인간의
노력으로써는 절대로 구원을 받을 수
없다고 포기시키며,
17 그와 같이 너희 마음을 나약하게 만
든 것이 바로 너희 마음을 이용한 종
교 집단이요, 지도자, 그들이 지금 그
리 이끌어 가는 것을 알아야 할 것이
니라.
18 그리하여 인간의 능력으로써는 어떠
한 역사를 한다 해도 선이 악을 이길
수 있는 능력이 없으며,
19 선보다는 악을 더 행하며 선보다는 악
을 더 행하는 것이 즐거움이요, 그리
넘어질 수 있는 것이 인간이며,
20 절대 악을 뿌리치고 선이 지배하는 그
와 같은 인간의 형상으로써는 바꿀 수
없다고 말하여 나의 피조물 만백성들
을 포기시키며, 그들이 이겨 싸워서
나에게 오고자 하는 마음까지도 다 뭉
개 버리는 사악한 짓을 하는 것이니
라.
21 그러나 성령으로 임한 백성은 천사와
같은 생활을 보여 주며 그리 살도록
이끌어 주는 것이니라.
22 그러니 너희가 성령으로써 임한 백성
이라면 어떠한 유혹에도 어떠한 범죄
형태든지 나의 피조물 만백성 너희를
유혹하며 이끈다 해도, 성령으로 충만
한 백성은 절대 넘어지지 아니하며,
23 그들이 사탄이요, 그들이 얼마나 무모
한 것으로써 나의 피조물 만백성들을
지옥으로 이끌어 가는지 그걸 볼 수
있으며 느낄 수 있는 것이 성령으로
임한 백성이라는 것을 알아야 할 것이
니라.
24 성령으로 임한 백성만 나에게 오를
수 있는 것이며,
25 육의 생각이요, 범죄하고자 하는 사악
한 생각을 수없이 부어 넣으며 너희
를 유혹하고 이끄는 그와 같은 삶에서
헤어나지 못하고 빠져들기 시작하면
점점 무너짐이니, 영원히 나에게 올
수 없음을 알아야 할 것이니라.
26 이제 너희는 결정할 때가 되었음을
알라.
27 마지막 시대에 심판하는 나의 법전이
세상에 내려왔음이니,

28 너희가 나 여호와에게 오를 수 있는 성령이 임한 그와 같은 삶을 살 것인가, 그렇지 않으면 육을 위한 삶을 살 것인가?
29 어느 편이든 선택해야 할 것이며, 선택하지 아니할 수 없는 것이 너희 운명이니라.
30 선한 마음으로써 나에게 오르는 그와 같은 삶을 살 것인가, 지옥으로 가는 종교 지도자들이 말하는 '인간은 죄를 짓지 아니하고 살 수 없다'는 편안하고 넓은 믿음의 길을 가겠는가?
31 이제 너희 스스로 모든 것을 결정할 때가 되었음을 알아야 할 것이니, 이는 다 너희 자신의 몫임을 알라.

7,296 번째 하나님 말씀

2003년 8월 27일 11시 27분

1 사랑하는 나의 아들아!
2 "네, 아버님! 말씀하옵소서."
3 성령이 임하는 길은 나의 계명을 지키는 길이며,
4 이제 내가 마지막 시대에 나의 피조물 만백성을 심판하기 위해 내리는 새로운 성경이요, 나의 법전이요, 하늘에 오르는 '하나님! 말씀하옵소서' 이 책을 정독하고 읽고 깨닫는 그와 같은 삶으로 살지 아니하면, 너희는 구원의 빛이요, 성령이 임할 수 없다는 것을 알아야 할 것이니라.
5 성령으로 임한 삶과 성령으로 임하지 아니한 삶은 죽음과 삶의 그와 같은 형국이라는 것을 너희가 알아야 할 것이니라.
6 성령이 임한 백성은 마음을 다스리고 악의 뿌리를 밀어내며, 지었던 죄의 상처를 씻어 내는 그와 같은 너희 내부의 역사가 이루어지는 것이며, 너희 스스로 변화되는 그와 같은 삶이니라.
7 성령으로 임한 백성은 죄가 무엇이며, 죄를 지었을 때 그 두려움이 무엇이며 그 대가가 무엇이며, 나 여호와가 이루고자 하는 그와 같은 것을 다 알게 되어 있으며,
8 그리고 지금까지 살아왔던 죄의 부끄러움이요, 그 두려움을 알아, 그 죄를 씻어 내는 데 모두를 경주하는 그와 같은 변화된 삶으로 사는 것이 성령으로 임한 나의 백성임을 알아야 할 것이니라.
9 그리하여 성령이 임하게 된 그 백성은 청결해지기 시작하며, 마음이 청결해지며 자신이 청결해지는 그와 같은 변화는 무엇을 원하는가?
10 어린아이와 같은 마음으로 되돌아가는 그와 같은 삶을 사는 것이 청결해진 마음이요, 성령이 임한 백성이라 함을 잊어서는 아니 될 것이니라.
11 어린아이들의 마음으로 돌아가는 너희는 어찌 변하는가?
12 인간의 본성이요, 너희가 나 여호와로부터 받아나간 마음을 되찾게 되며, 그와 같이 거듭나는 역사를 이루는 것이 바로 성령이 임한 삶이니라.
13 구원의 빛을 보게 되는 것은 성령으로 임하지 아니하면 절대 볼 수 없다는 것을 나의 법전에 수없이 기록하여 너희에게 전했음이니, 구원의 길이 이제부터 시작됨이니라.

14 너희가 구원의 길에 들어설 수 있도
록, 구원의 길을 시작할 수 있도록 내
가 160권의 법전을 세상에 만들어 내
며,
15 마지막 심판의 역사라 하여 '하늘에
오르는 길'이요, '하나님! 말씀하옵소
서'라는 이 책으로 너희를 구원하고자
전함이니,
16 이를 구해 정독하고 깨우치는 자만 구
원의 길에 들어설 수 있는 그 반석 위
에 서게 된다는 그 영광을 얻게 됨을
잊지 말라, 사랑하는 나의 아들딸들아!

7,297 번째 하나님 말씀

2003년 8월 27일 11시 40분

1 사랑하는 나의 아들아!
2 "네, 아버님! 말씀하옵소서."
3 지금의 수천 년 동안 흘러온 모든 종
교 집단과 지도자, 그리고 신도라는
백성의 믿음이 진정 나를 향하는 믿음
이 아니요, 나를 거역하는 믿음이라
내가 수없이 너희에게 전했음이니라.
4 내가 이와 같은 것을 반복해 전하고
너희를 깨우치고자 하는 나의 마음이,
5 나의 아들 예수가 '그 잔을 받지 아니
하면 아니 되겠사옵나이까?' 하며 수
없이 기도 드려도, 내가 그를 거둬들
이지 아니하고,
6 너희를 깨우치고 죄 없는 백성을 만
들어 나에게 올 수 있도록 나의 아들
예수를 던져 주었으며,
7 그를 내가 몰라라 고개 돌렸을 때의
그 아픔보다도 내 마음이 더 아프고
저림을 알고 있는가?
8 모든 믿음의 길을 가는 백성이 너무나
도 멀고도 먼 길을 감이니, 가던 발길
멈추고 돌아서 하늘을 향하여 진정한
깨우침이 무엇인가를 보고 깨달으라
그리 외치고 또 외쳐, 이제는 나의 아
들을 통하여 내가 법전이라 하여 책에
기록하여 너희에게 전하건만,
9 어찌하여 이 소중함을 모르며 이 두려
움을 모르고 살아간단 말이던가?
10 어찌하여 너희는 그리 어리석고 우매
한 백성이냐?
11 너희가 길들여 쓰는 그 짐승도 대가를
받고 노력하여 주인이 원하는 대로 가
려면 얼마나 그들이 노력해서 그것이
이루어지는가?
12 너희는 그들만큼도 못한 우매한 백성
이요, 그만큼도 이 세상의 이치를 모
르는 백성이니라.
13 물개라는 그 물속에 사는 동물이 무엇
인가를 보여 주기 위하여 피나는 노력
을 하는 것은 무엇이던가?
14 그가 먹고살기 위한 것이요, 저에게
먹이를 준다는 것을 알고 있음이니라.
15 제가 노력하는 만큼 제가 묘기를 부리
는 만큼 그 상이요, 은혜는 반드시 저
희에게 내려진다는 것을 알고 있기 때
문이니라.
16 강아지가 시범을 보이며 모든 동물이
나 미물들까지도 너희가 원하는 대로
훈련을 시킬 때,
17 그들은 고달프고 힘든 그 길을 마다하
지 아니하고 가는 것은 무엇이던가?
18 산림을 호령하는 사자와 호랑이들 또
한 덩치 큰 코끼리라는 동물도 모두
인간의 손에 의하여 훈련되며 인간이

원하는 묘기를 보이고 살아가는 것은
무엇이더냐?
19 노력하는 만큼 얻어지는 것이 있으며,
노력하는 것만큼 먹으며 노력하는 것
만큼 즐거움이 있기 때문이며,
20 그 노력의 대가가 반드시 지급된다는
것을 아는 짐승들이요, 그래서 그들은
그 길을 가며 인간으로서 할 수 없는
그와 같은 길을 그 동물이 가고 있다
는 것을 너희는 알고 있는가?
21 새라는 동물이 말하는 것은 얼마나 어
렵고 힘든 훈련 속에서 말을 하는가?
22 그만큼도 모르는 우매한 것이 나의 피
조물 만백성들이요, 지금의 믿음의 길
을 가는 그 백성이니라.
23 이 세상에서 그와 같이 볼 때, 모든 것
은 노력하지 아니하고는 이루어지는
것이 없음이니라.
24 너희 자신이 얼마나 노력했느냐에 따
라서, 학업을 연구하는 자가 얼마나
노력했는가에 따라 그 결과가 오는 것
이며,
25 무엇을 만들고자 하는 자는 얼마만큼
노력했는지에 따라 노력한 만큼 무엇
인가 이루어지는 것이지, 노력하지 아
니하고 이루어지는 것은 아무것도 없
지 않더냐?
26 너희가 인간 세상에 살면서 무엇인가
목표로 삼고 목적을 두고 그를 달성하
고자 한다면 얼마나 피나는 노력이요,
27 남들이 자고 쉴 때 그 시간을 쪼개서
최선의 노력을 다하며 피나는 노력을
했을 때 너희는 거기서 무엇인가를
얻게 되며,
28 최후에 어떠한 영광을 얻지 않는가?
29 너희가 노력하지 아니하고는 절대적
으로 어떠한 것도 이루어질 수 없으며
얻어질 수 없다는 것을 잘 알고 사는
백성이지 않던가?
30 어찌하여 너희는 훈련을 받는 동물들
만큼도 계산을 하지 못한단 말이더냐?
31 그와 같은 이치를 깨닫지 못하고 사는
것이 가장 높은 지혜를 주며 가장 아
름답게 만들어 세상에 내보낸 나의 백
성이 살아가는 모습이 그러하니, 그를
보는 나 여호와의 마음이 얼마나 아프
겠느냐?
32 노력 없이 이루어질 수 있다고 가르치
며, 오직 믿음을 가르치는 데 너희는
뭐라 말하느냐?
33 노력하는 것이 아니요, 그저 믿으며
말로써 나를 부르며 나의 아들 예수를
찾으면 구원을 받는다 하니,
34 노력의 대가 없이 모두 이루어진다 말
하는 그들의 실체를 세밀히 해부해 보
며 들여다보지 아니하면 아니 됨을 알
아야 할 것이니라.
35 이제 너희는 그들을 해부하고 해체해
서, 그 안을 샅샅이 들여다보는 그와
같은 삶을 살아가지 아니하면 절대 구
원의 길을 갈 수 없으며, 너희가 그리
갈구하는 다시 태어나는 그 영광의 은
혜를 받을 수 없다는 것을 알라, 사랑
하는 나의 아들딸들아!
36 나 여호와는 나의 백성이 구원받고자
한다면 그만큼 자신의 노력과 피나는
훈련을 거치고 역사하지 아니하고는
절대 구할 수 없으며 얻을 수 없다는
것을 알아야 할 것이니라.
37 너희는 깊이 깨우쳐야 할 것이니라.

38 너희가 믿음이요, 나에게 오르고자 하
는 그 길이요, 영원히 사는 천국의 세
상에 오고자 한다면, 얼마만큼 피나는
노력을 하며, 어렵고 힘든 훈련을 거
치고 살아가야 하는가?
39 육의 세상에서 무엇을 얻고자 하는 그
노력과 그 피나는 훈련과 그리고 역사
하는 고통을 인내하는 그 모두가 천
배 만배 더한 마음으로써 그 대가를
치르며 그 대가에 따라서 너희가 올
수 있다는 것을 절대 잊지 말라.
40 너희가 대가를 치르지 아니하고는 나
에게 한발자국도 올 수 없으며 나를
볼 수 없음이니라.
41 너희는 내가 살라는 그 계명이요, 내
가 너희를 세상에 처음 내려보낼 때
의 천사와 같은 마음인 인간의 본성의
자세로 돌아가지 아니하고, 어린아이
마음과 같은 자세로 살지 아니하고는
절대 나에게 올 수 없음이니,
42 그만큼 너희가 피나는 훈련과 노력과
고통을 인내하고,
43 남들이 즐기는 그 시간을 바로 살며
참진리를 연구하며 나에게 오르는 길
이 무엇인가를 깨닫고 피나는 노력을
하지 아니하였을 때, 너희는 나로부터
얻어지는 것이 하나도 없다는 것을 알
라.
44 오로지 노력하는 그 대가의 성과만 있
음을 알아야 할 것이니 그리 알라.
45 그 모두는 너희가 나와 더불어 영원
한 세상에 존재할 수 있는 길이요, 너
희가 나와 더불어 죽지 않는 세상에서
이 하늘의 낙원에서 너희와 내가 영원
히 존재하는 삶을 사는 그 은혜를 얻
는 것이며 그 은혜를 받는 것이니,
46 너희가 그를 얻고자 한다면 얼마만큼
노력하며 얼마나 힘들고 어려운 그 훈
련을 쌓고 고통을 마다하지 아니하며,
그 길을 묵묵히 와야 하겠는가?
47 내가 오죽하면 너희에게 말하였더냐?
48 너희 머리통만 한 돌을 갈고 가는 그
심정으로써 믿음의 길을 가며 나를 향
하며 나를 잊지 말며 그리 오라 하였
음이니라.
49 그 돌이 닳아서 구슬만 해지고 구슬
이 또 닳아 없어질 때까지 묵묵히 나
만을 향하며 그걸 갈고 가는 자세로써
오는 것,
50 세상사에 귀를 열며 세상사 바람에
마음이 흔들리며 네 마음의 상태가 좌
우되며 네 마음의 질서를 잡지 못하며
네 마음에 파장을 이루는 그와 같은
것이 아니요,
51 오로지 그 돌을 갈고 갈아 그 돌이 닳
을 때까지 그와 같은 마음의 믿음으로
써 오는 것이 나에게 오르는 길이니,
그게 얼마나 고통스럽고 힘든 역경의
길이더냐?
52 너희가 하루 이틀이요, 1년이요, 2년
은 갈 수 있으나, 평생 그 한길을 가는
그와 같은 마음의 자세로 간다는 것은
결코 쉬운 일이 아니며 인내하기 어려
운 훈련일 것이니라.
53 그러나 그와 같은 대가를 치르고 그보
다도 더한 대가를 치러도 너희가 나에
게 얻는 은혜가 얼마나 큰 것인가를
알아야 할 것이니라.
54 너희가 오늘의 고통과 시련의 그 모두
를 겪고 사는 것은 창조주 나 여호와

를 아버지라 부르며 너희가 나와 더
불어 영원한 세상에서 존재할 수 있는
그 은혜를 받을 수 있기 때문에 내가
그리 가라 함이니라.
55 이제 나의 아들을 따르는 제자요, 만
백성 너희는 알아야 할 것이니라.
56 내가 너희에게 뭐라 말하였느냐?
57 내가 내린 그 계명이요, 율법이며 내
가 법전에 내린 모든 것을 지키고 살
수 있다고 말하는 그 백성이 나에게
오를 수 있음이니 그건 바로 무엇이더
냐?
58 너희가 나와 영원히 같이 존재하는 세
상에 올 수 있는 그 길이기에,
59 남들이 지킬 수 없다, 갈 수 없다는 그
길을 나의 아들을 따르는 제자들과 나
의 법전을 읽고 깨우친 너희는 그걸
보고 깨우쳐 그대로 행하여 하늘에 오
르라 함이니,
60 이게 하늘의 법도요, 하늘에 오르는
길임을 절대 잊지 말고 잠시도 지워서
는 아니 될 것이니라.
61 너희가 나태해져도 안 되며 물러나서
도 안 되며 게을러서도 아니 되느니
라.
62 사랑하는 나의 아들아!
63 돌을 갈아서 없어질 때까지 나에게 오
르는 그 심정으로 아무것도 보지 말며
갈고 또 갈고 또 가는 그와 같은 마음
으로써, 그보다 더한 정성으로 나를
향하여 오는 그 마음이 나를 볼 수 있
으며,
64 나와 더불어 영원히 사는 그 세상에
존재하는 은혜를 얻는다는 것이니라.
65 너희가 대가 없이 그와 같은 영광이
요, 축복을 얻으려 생각하는 불쌍한
그 백성을 깨우치라.
66 너희부터 노력하지 아니하면 아니 된
다는 것을 가슴속 깊이 새기며, 그리
고 네 이웃이요, 네 형제에게 노력하
지 아니하고는 절대 얻어지는 것이 없
음을 전하며,
67 나 여호와와 영원히 존재하는 그 은혜
를 받으려면 너희가 육의 삶에서 무엇
을 목적하며 목표를 달성하기 위하여
피나는 노력을 하는 것보다 열배 백배
천배 만배 더 노력하여 변화되는 삶이
요,
68 나의 계명을 지키며, 내가 지금 다시
내리는 새로운 성경이요, '하나님! 말
씀하옵소서' 하늘에 오르는 이 책이
요, 나의 법전을 읽고 그대로 행하는
그 삶이 아니면 아니 된다는 것을 그
들에게 깨우쳐 주라, 사랑하는 나의
아들딸들아!
69 나 여호와가 너희 가슴에 성령이 임하
도록 모두를 다 제시해 주었으며 너희
에게 다 내려 주었음이니라.
70 그러니 너희에게 성령이 임하여 아름
다운 삶을 살지 않으면 육의 그 사악
한 마음에 따라 살다 지옥으로 가는
것이요,
71 그 모두는 내가 다 내려 주었으며 너
희가 선택하는 것에 달렸으며, 너희가
받아들이고 못 받아들이며 네 것으로
만들고 못 만드는 것, 너희가 어떠한
삶을 사는 것인가는 너희 스스로 역
사해야 될 것이니라.
72 다만, 너희가 어떠한 삶의 형태로써
어찌 살아왔는가, 그것으로써 너희가

그 죄의 대가를 치른다는 것은 절대
잊지 말며, 그건 불변함을 알라, 사랑
하는 나의 아들딸들아!

7,298 번째 하나님 말씀

2003년 8월 27일 11시 48분

1 사랑하는 나의 아들아!
2 "네, 아버님! 말씀하옵소서."
3 저희만 구원의 길을 가며 특별히 선택
된 백성이며 하늘에 와 상 받을 일만
남았다는 환상에 빠진 그 백성이 말
하는 이방인이라는 나의 백성이나,
4 지금 그와 같은 환각에 빠진 종교 집
단이요, 지도자 밑에서 구원을 받았다
는 신도라는 백성은 모두 다 욕심이
차 있음이니라.
5 욕심이 그득히 차 있으니, 욕심을 버
리고 생활하는 자가 없으며 욕심을 버
리고 사는 자가 없음이니라.
6 여기서 가슴에 손을 얹고 너희 제자들
과 나의 법전을 읽고 깨우친 백성 너
희는 생각해 봐야 할 것이니라.
7 너희가 하루를 살 때 네 가슴속에 과
연 남을 위해 선하게 살겠다는 생각을
얼마나 하고 있으며, 그 생활을 위해
서 얼마만큼 그 마음을 간직하고 살고
자 노력하는가?
8 그러나 너희가 더 이루고자 역사하고
자 하는 그 욕심은 너희가 생각하지
아니해도 네 가슴에 그득히 채워져 있
음을 알아야 할 것이니라.
9 지금 너희는 그와 같은 역사를 이루
고 있음이니라.
10 큰 그릇에 물이 다 썩어져 있음이니,
11 생수를 한 방울 한 방울 부어 넣어 그
물을 정화하고자 하는 것과 같은 어려
운 세상에 지금 나에게 선택된 백성
너희가 살아가는 모습임을 알아야 할
것이니라.
12 모두 욕심에 차 있느니라.
13 그리고 그들이 그 욕심으로 하여 얼마
나 엄청난 죄를 짓고 있는가?
14 너희가 선하고자 하는 생각은 하루에
얼마나 하는가?
15 그러나 욕심이라는 것, 죄를 짓고자
하는 육신의 유혹은 스물네 시간 너
희 가슴속에 그득히 차 있는 것이 아
니던가?
16 너희는 행동하고 생각하는 것이 자신
을 위해서 모두 생각하는 자들이 아니
더냐?
17 제가 최고요, 저만을 위해서 살아가는
것이 너희의 마음이니 그게 다 욕심
이니라.
18 더 좋은 것을 갖고자 하는 것, 더 나은
것을 취하고자 하는 것, 너희도 모르
는 그와 같은 생각이 마음에서 지워지
지 아니하고 있음이니라.
19 너희는 스물네 시간 양심이라는 것이
없는, 양심을 저버린 그 사악한 욕심
이요, 사악한 마음으로 그득히 차 있
으며,
20 선하고 양심을 지키며 살아가고자 하
는 마음은 순간순간 깨닫고 느낄 때
만 너희 가슴을 울림이니,
21 정녕 그 비율을 따져 보라.
22 욕심이요, 사악한 마음이 그득히 차
있는데, 선함을 행하며 아름답게 살며
나 여호와의 뜻대로 계명대로 생각할

때마다 한 방울씩 생수가 떨어지니,
너희 가슴속에 있는 것을 어찌 버리겠
느냐?
23 그러니 스물네 시간 죄가 떠나도록
그보다 더 강한 집념이요, 굳은 결심
으로써 너희가 선한 마음이요, 천사와
같은 삶을 살아가겠다는 마음으로 부
어 넣지 아니하면 너희는 다시 태어
날 수 없음이니라.
24 모두 죄로 뒤범벅되어 엄청난 죄를
짓고 살아가면서도 그 죄의 무서움을
모르며 그 죄가 어떠한 것인가를 깨닫
지 못하는 백성이니라.
25 지금 죄 속에서 더불어 살며, 죄 속에
사는 것이 만연되었으며, 죄를 짓고
사는 것이 만성이 되어, 무서운 죄를
엄청나게 짓고 헤아릴 수 없이 지으면
서도 그 두렵고 무서움을 모르는 것이
니라.
26 더욱이 그중에서도 이 세상에서 저희
교회요, 저희 집단이 최고라는 자, 그
리고 이 세상을 다 덮을 종교라 하는
자, 그리고 제 설교요, 제 강론만 이
세상을 다 지배할 수 있다는 자,
27 똑같은 성서를 가지고 가르치고 공부
하되 제가 설교하고 가르치는 것만 구
원을 받는다 말하는 자, 그리고 최고
라고 떠들며 저희를 따르는 것만 구원
을 받는다 말하는 그 교만한 자들이
요, 그 교만한 집단, 그 모두 다 어떠
한 형국인지 알겠는가?
28 나 여호와를 욕되게 하며 나와는 관계
없는 그와 같은 길을 가고 있음이니라.
29 그러니 그 교만한 자들을 나 여호와가
더 볼 수 없으며, 그대로 묵과할 수 없
는 시점이 되었으며,
30 더 이상 놔뒀을 때 나의 피조물 만백
성들은 정녕 하늘의 빛을 보지도 못하
고 지옥으로 가는 그와 같은 역사가
이루어짐이니라.
31 나의 백성이 구원의 길이 아닌 죽음
의 길로 가는 것을 볼 수가 없기에, 내
가 지금 나의 법전을 내려보내 그들을
구원하고자 함을 너희는 알아야 할
것이니라.
32 지금이 가장 위기임을 알라.
33 이보다도 더 위기가 없으며 이보다도
더 험악한 시대가 없었으며 이보다 더
무서운 시대가 없었음이니라.
34 하루를 자고 지나며 하루해가 지고 난
다음에 너희는 더 무섭게 변하며, 지
금 더 위기 속으로 빨려 들어 가는 그
와 같은 삶을 사는 것이니라.
35 너희는 세상의 법도와 욕심에 의하여
믿음의 길을 가는 것이요,
36 결코 나의 법도와 하늘의 뜻에 따라
믿음의 길을 가는 것이 아니니라.
37 몇천 년 동안 흘러온 모든 종교 집단
이요, 지도자요, 그리고 구원을 받았
다는 신도라는 그 백성, 너희가 지금
은 위기의식을 모르고 있으며,
38 하늘의 법도요, 나 여호와의 뜻에 따
라 변하는 역사의 삶을 살고 믿음의
길을 가는 것이 아니라, 세상의 법도
와 욕심에 그득 찬 그 믿음으로 결국
하늘의 법도를 버렸음이니라.
39 나 여호와의 뜻에 따라 살려고 하지
않는 백성, 그리고 내 뜻에 따라 존재
하려 하지 않는 백성,
40 너희가 아무리 울고불고 통곡한다 해

도 그 모두는 형식적이며 계산된 것
이며 조작된 것이며 이해관계에 의하
여 계산해가면서 하는 짓임을 잊지
말라.
41 그러니 종교 집단이요, 지도자 속에
있는 너희는 구원을 받았으며 특별한
백성이요, 선택된 백성인 것처럼 잘못
착각하며 엄청나게 무섭고 큰 죄의 소
용돌이 속에서 지금 흘러가고 있다는
것을 알라.
42 그를 막고 바로 세우고자 하여 나의
피조물 만백성 너희가 지금 나의 법
전을 읽고 깨우치며 나의 아들을 통하
여 강론을 내림이니라.
43 너희가 지금은 미약하나, 그 힘이 이
세상을 다 지배할 날이 있을 것이니,
그때를 생각하며,
44 오늘 주저앉지 말며 실망하지 말며
싫어서 등 돌리고 돌아가는 그와 같은
삶을 살아서는 아니 됨을 내가 너희에
게 전함이니 그리 알라.

7,299 번째 하나님 말씀

2003년 8월 27일 12시 04분

1 사랑하는 나의 아들아!
2 "네, 아버님! 말씀하옵소서."
3 나 여호와의 답답한 마음이요, 이 가
슴 아픔을 과연 너희는 아는가?
4 나의 아픔을 위하여 기도하는 자, 나
의 아픔을 위하여 그 길을 가고자 할
수 없는가?
5 부모가 가슴 아파하는 그 자식들이
효성스러운 자식으로 변하는 자들이
없다면 그 부모는 이 세상에 자식을
둔 그 의미가 어디 있으며 자식을 둔
행복함이 어디 있겠는가?
6 육의 세상에도 자식이 부모의 뜻을 따
르지 아니하며 부모로부터 등을 돌리
며 그 말을 따르지 아니할 때 마음이
아프니라.
7 육의 세상의 인연이라 하는 것은 백
년을 넘지 못함이니라.
8 그와 같은 인연관계에서도 자식이 잘
못되는 것을 보고 가슴 아파하며 순종
치 않는 자식에 대하여 그 마음 아픔
은 이루 말할 수 없거늘,
9 영원히 사는 세상으로 오지 못하며 고
통스러운 지옥 불로 가느냐 가지 않
느냐 하는 그 기로에 서 있는 나의 아
들딸을 바라보는 내 마음이 얼마나
아프고 고통스러운 것인지 아는가?
10 이제 너희가 나 여호와의 고통스러움
을 알며, 사랑하는 나의 아들 예수를
죽음으로 너희에게 던져 주면서까지
너희를 구원하고자 했던 그 마음을 위
하여 조용히 무릎 꿇고 기도하며 내
마음을 들여다보는 기도의 시간을 가
져 볼 수 없겠느냐?
11 너희는 오로지 무엇을 이루겠다, 무엇
을 달라 하여 애걸복걸 기도하는 것
은 청산유수요, 이 세상을 들었다 놨
다 할 만큼 모든 사람의 눈물 콧물을
짜도록 그리 말하나, 그게 다 허황된
이야기들이니라.
12 진정한 나의 아들딸이라면 조용히 무
릎 꿇고 나를 향하여, '아버님이 예수
님을 버렸을 때 그 고통이 얼마나 아
팠으며, 그 뜻에 따라 살아가지 못하
여 지금 지옥과 같이 험악한 세상을

바라다보는 아버님의 마음은 과연 얼
마나 저리고 아프겠으며,
13 아버님이 원하시는 천사와 같은 백성
으로 살아갈 수 있는 그와 같은 마음
의 용기와 기회를 달라' 조용히 기도
하는 것이 나의 아들딸이요, 부모를
생각하는 자식의 도리가 아니겠는가?
14 그와 같은 마음으로 나를 경배하고 기
도하는 백성이 없음이니, 나 여호와의
아픈 마음을 알겠는가?
15 그나마 이제 나의 아들을 따르는 제자
들이요, 나의 법전을 읽고 깨우친 백
성 너희가 더 달라 더 얹어 달라 아버
지가 입은 것까지 달라 하지 않고,
16 예수의 피로써 구원을 받았다는 자들
이 이제는 나의 살점을 달라 나의 피
를 달라 하는 그 사악한 자들 속에서,
17 너희만이라도 '아버님이 따뜻하시며
아버님이 편안하셔야만 자식 된 도리
가 편하며 자식 된 마음이 편하옵나
이다.' 그리하여 부모에게 옷을 걸쳐
주는 그와 같은 마음의 기도로써 그러
한 심성으로 살아가는 것이 나의 아들
을 따르는 제자들이요, 오늘의 너희니
라.
18 그나마 너희가 있기에 내가 오늘의
이 마음의 분노를 달래고 있음을 알
아야 할 것이니, 너희마저 등을 돌리
고 떠난다면 어찌하겠는가?
19 열 자식을 두었으나 아홉 자식이 다
떠나고 마지막 무지렁이 못난 자식이
그 부모 옆에 앉아 시중을 들다가, 부
모가 병들고 늙었을 때 그 자식마저도
부모를 버리고 떠난다면 그 부모는 과
연 얼마나 가슴이 찢어지고 아프겠느
냐?
20 아홉 자식이 떠났을 때보다 마지막까
지 옆을 지켜 주던 못나고 어리석은
자식마저 떠나는 것을 보는 부모의 마
음은 얼마나 참담하고 아프고 괴롭겠
느냐?
21 나 여호와의 마음은 그보다도 더 찢
어지는 아픔이니라.
22 정녕 내가 남들 앞에 내놓을 것 없으
며 가진 것 능력 없는 그 어리석고 못
난 너희 몇 명이 오늘날 나의 뜻을 따
라 살아가고자 몸부림치다, 너희마저
등을 돌리며 싫증을 내며 어렵다 하여
떠난다면 과연 나 여호와의 마음이 얼
마나 아플 것이며, 그 아픔은 결국 분
노로써 변하게 되지 않겠는가?
23 너희의 존재함이요, 그 못나고 어리석
은 자식들이 하늘을 향하여 달라 하지
아니하며 무엇을 더 이루어 달라 하지
아니하며,
24 조용히 기도하며 나 여호와의 뜻이 무
엇인가, 내가 역사하고자 하는 것이
무엇인가, 내가 너희를 구원하고자 이
160권의 법전을 내려보내며, 예수가
피 흘려 죽어 가는 그 모든 것을 덮어
두고 쳐다봤던 그 마음의 아픔을 너
희 가슴속에 생각하며,
25 '아버지께서 하지 말라는 일이면 아니
하며, 아버지께서 원하는 일을 하겠
다'는 그 마음을 가지고 사는 너희가
얼마나 효성스럽고 귀한 나의 아들딸
인 줄 알겠는가?
26 너희야말로 크나큰 영광의 유산을 받
을 것이며 유업을 받을 것이니라.
27 부모를 떠나간 그 자식들이 부모가 감

추어 놓은 그 모든 것을 안다면 그 아
홉 자식은 떠나지 아니할 것이니라.
28 그러나 어리석지 않은 부모는 떠난
아홉 자식보다도 끝까지 견디는 못나
고 어리석은 그 자식에 대해 준비를
하고 있을 것이며 그 자식이 편안히
살아갈 수 있는 것을 그 부모는 준비
해 놓았을 것이니라.
29 결국, 부모는 죽을 때 그 유업으로써
그 자식에게 모두를 내려 주고 싶은
것이 부모의 마음이 아니겠는가?
30 또 그를 준비하지 못하였다 해도 그
부모의 마음은 이루 말할 수 없을 것
이니라.
31 그러나 나 여호와는 창조주요, 모든
것을 다 역사함이니, 내가 너희를 사
랑하고 기다리는 그 은혜가 무엇인가
를 알 것이며, 내가 너희를 위하여 준
비해 놓았음을 알아야 할 것이니라.
32 그러니 그를 버리지 말라.
33 내가 주고자 하는 자식에게 준비해 놓
았으나 그 자식이 받지 못하면 마음이
어떻겠는가?
34 어리석고 바보 같은 자식을 위하여 그
부모가 준비해 놓은 것을, 끝까지 견
디지 않고 떠나버리는 그 자식에게 부
모가 줄 기회마저 놓쳤다면 그 부모
가 모아 놓은 감추어 놓은 모든 재산
이요, 그 물건들은 무엇이 필요하겠느
냐?
35 다 돌멩이만도 못함이요, 허무함을 느
끼지 않겠느냐?
36 그러나 나 여호와는 한 치의 오차도
없이 너희를 거둬들이며 보살핌을 알
아야 할 것이니라.
37 그리하여 이와 같은 뜻을 너희가 안다
면 정녕 떠나고 등을 돌려, 나 여호와
의 마음에 아픈 상처를 주어서는 아니
될 것이니 그리 알라.
38 이미 내가 모두를 다 준비해 놓은 자
들이 너희며, 너희에 대한 것을 다 역
사하고 있음이니,
39 떠나서 나로부터 받을 자격이 없어 받
지 못하는 그와 같은 삶을 살지 않도
록 내가 나의 아들을 통하여 책에 기
록하여 너희에게 전함이니 그리 알라.
40 지금의 모든 백성 그들이 가는 것은
어떠한 믿음을 가고 있는지 알겠느냐?
41 저희가 노력해서 무엇을 얻고자 하는
그와 같은 믿음이 아니요, 이미 나의
아들 예수가 저희를 대신하여 죽었기
에 저희는 모두를 이루었다고 말하느
니라.
42 그뿐인가? 저희는 구약 시대의 모든
백성은 옛사람들로서, 다 나의 아들
예수가 세상에 내려가 그 예수가 죽음
으로써 옛사람들은 다 죽었으며 옛사
람들은 존재하지 아니한다고 말하느
니라.
43 그러하기 때문에 예수의 죽음 그 뒤에
태어난 백성은 다 하늘에 오를 수 있
는 약속이 되어 있으며 구원을 받았으
며,
44 그저 하늘에 올라와 나로부터 큰 상을
받으며 영광을 받으면 되는 것이라고
모든 종교 집단들이 다 그렇게 가르치
고 있음이니라.
45 그렇다면 여기서 내가 너희에게 물어
보고자 하노라.
46 너희가 과연 육의 세상에서 나에게 구

원을 받을 수 있으며 나에게 올 수 있도록 속한 자라 그리 말한다면,
47 너희는 죽음에서 부활한 자들이요, 새로 태어난 세상의 백성이라 그리 말하는 것과 같음이니라.
48 너희가 거듭나는 것이요, 육의 세상에서 부활하는 것이요, 새로 태어나는 것은 역사할 수 있음이니라.
49 그러나 지난 상처요, 지난 죄를 모두 다 씻어 버리지 아니한 자는 부활할 수 없으며 다시 태어날 수 없음이니라.
50 그러하거늘 너희는 지금의 삶을 어찌 사는가?
51 죄의 덩어리로 뭉쳐 있는 너희는 지금, 예수가 죽음으로 인해서 그 구약의 옛사람들은 다 죽었으며, 새로운 시대에 예수와 더불어 가는 사람들은 무조건 다 나에게 오를 수 있으며 구원을 받았으며 하늘나라에 온다 그리 가르치고 말함이니,
52 이것이 너희가 나의 피조물 만백성들을 지옥으로 이끄는 그와 같은 행위를 하고 있음임을 알아야 할 것이니라.
53 이미 구원이 완성되었다고 믿는 자, 그리고 그리 가르치는 자, 너희는 알아야 할 것이니라.
54 구원은 개인에 의하여 개인에 관계되는 것이요, 단체의 힘으로써, 무력으로써, 집단의 힘으로써 이루어지고 가는 것이 아니며, 남이 너희를 인도하는 것이 아니며, 남이 대신 가는 것도 아니요, 대신 깨우쳐 주는 것도 아니니라.
55 누구도 대신 할 수 없는 것이 구원의 길이요,
56 누가 착하고 아름다움이 남는다 하여 그것을 살 수도 없는 것이요, 그에게 빌릴 수도 없는 것이니라.
57 오로지 개인주의이니라.
58 개인이 어떠한 변화를 역사했는가 그것에 따라 구원을 받고 못 받는 것이니라.
59 너희가 변화되지 않고는 절대 구원을 받을 수 없으며, 개인의 삶에 의해서 모두가 결정되며,
60 그저 믿음만으로 나의 아들 예수를 찾는 것만으로써 다시 태어난다는 그와 같은 착각에서 벗어나야 함을 잊지 말라.
61 그러면서 너희는 지금 뭐라 하느냐?
62 나의 아들 예수가 죽음으로써 옛사람들은 모두 다 끝났으며, 새로운 시대의 너희는 구원을 받았으며 구원이 완성되었으며 하늘에 올라가 축복받을 날만 남았으며 상 받는 일만 남았다 그리 말하느니라.
63 그러면서 한쪽에서 또 형편에 따라서 환경에 따라서 뭐라 말하느냐?
64 예수가 온 것으로써 죽음은 다 다시 시작되었다고 말하느니라.
65 그러면서 너희는 그리 말하느니라.
66 예수가 다시 부활하여 이 세상에 내려와 그때 구원할 자와 죽을 자를 모두 구분한다고 또 그와 같이 가르치는 것이 너희가 아니더냐?
67 그러니 과연 어떠한 것이 너희 가르침이요, 진정한 너희의 가르침이란 말이더냐?
68 너희는 여기서 알아야 할 것이니라.
69 나의 아들 예수가 재림하여 세상에 다

시 내려와 너희를 버릴 자와 구원할
자를 구분한다 그리 말하고 가르치는
자들이 너희가 아니던가?
70 예수가 십자가에서 죽어 감으로 인하
여 너희는 다시 태어난 은혜를 받았
다 하며,
71 예수가 십자가에서 고통스럽게 죽은
죽음으로 옛사람은 다 죽었으며 새로
운 사람들이 다시 태어났으며 그리하
여 너희는 구원이 완성되었다고 말하
지 아니하느냐?
72 그러나 너희는 때와 장소에 따라서
한쪽에서는 나의 아들 예수가 재림하
여 이 세상에 와 구원할 자와 구원하
지 못할 자를 구분하며, 그때 구원의
은혜를 받고 못 받는다고 강론하고
그리 가르치는 자들이니,
73 과연 너희의 주관은 어디에 있는가?
74 나의 아들이 십자가에서 죽음으로 인
해서 다시 태어난 백성이요, 그리고
신시대의 사람이요, 구원을 받았다는
너희는 과연 어찌하는가?
75 예수가 재림하여 새로운 시대의 역사
를 이룰 때 바로 예수가 십자가에 못
박혀 죽었던 그 시대 사람들은 다 옛
사람들로 흘러간 자들이요, 이제 예수
께서 재림해서 이제 이름을 부르는 자
만 구원을 받으며 더불어 갈 수 있다
고 말하느니라.
76 신약의 시대 나의 아들 예수가 십자가
에 못 박혀 죽음으로 인하여 옛사람들
은 다 죽었으며 새로운 사람이요, 새
시대의 사람들이 살아나 구원을 완벽
히 받았다 말하면서 나의 아들 예수가
재림해서 심판할 때 구원할 자와 구원
하지 못할 자를 구분한다고 또 가르치
느니라.
77 만일 너희 말대로 나의 아들 예수가
재림하여 구원할 자와 버릴 자를 구분
한다면, 그 시대 사람은 또 예수의 신
약 시대 사람들은 다 옛사람들이니 죽
어서 그들은 구원을 받지 못하며 그때
것은 필요가 없으며 그 가르침은 필요
없다 그리 말할 것이 아닌가?
78 그리고 재림하여 지금의 백성만 구원
을 받으며 하늘 문이 열려 있으며 하
늘에서 상 받을 일밖에 없다고 말하
지 않겠는가?
79 너희는 여기서 이와 같은 사악한 마음
을 다스려야 함을 알아야 할 것이니라.
80 나의 아들 예수는 재림이 없으며,
81 나의 성령으로써 너희가 말하는 창조
주의 말씀으로써 이 세상에 책으로 내
려가 너희를 심판하며 구원할 자와
구원하지 못할 자를 역사함을 너희는
알아야 할 것이니라.
82 그러니 너희는 예수의 보혈로써 모두
구원받아 하늘에 완벽히 온 자라 말하
며,
83 또한 한쪽에서 말하기를 나의 아들 예
수가 재림하여 모두를 구분한다 말하
며 또 그때를 믿고 아우성치는 백성,
이것이 너희의 오늘의 믿음이니,
84 어떠한 것이 진실한 믿음이요, 어떠한
것이 하늘의 뜻인지 아는가?
85 그 모두는 나 여호와와는 관계가 없으
며 하늘의 뜻은 '하늘'자도 부를 수 없
는 자들이 하는 소리임을 알라.
86 내가 너희에게 말하느니라.
87 나의 법전에 기록한 대로 그리 지키고

사는 자, 그리고 십계명대로 지키고
사는 자, 그와 같은 삶을 사는 자, 천
사와 같이 변하기 위하여 피나는 노
력을 거듭하는 자, 피나는 훈련 속에
서 변하는 삶을 사는 그와 같은 백성
을 내가 기억하며 나에게 오를 수 있
다는 것을 알아야 할 것이니라.
88 이제 너희는 또 변명을 하지 아니하
겠느냐?
89 재림하여 예수가 왔을 때 모두는 구약
이요, 옛사람들이요, 다 흘러가고 죽
은 자요, 이 시대 사람들만 살았다 할
것이니라.
90 나는 나의 법전을 지금 마지막 시대에
보내 만백성에게 기회를 주며, 다시
한 번 역사할 기회를 주며 깨우칠 기
회를 주었음이니,
91 이것이 나 여호와의 뜻이요, 하늘의
뜻이라는 것을 잊지 말라.

7,300 번째 하나님 말씀

2003년 8월 27일 12시 12분

1 사랑하는 나의 아들아!
2 **"네, 아버님! 말씀하옵소서."**
3 너를 따르는 진정한 제자들이요, 나로
부터 선택된 너희는 누구도 갈 수 없
는 고난과 고통스러운 그 길이요, 강
도 높은 피나는 노력과 훈련을 거치지
아니하면 역사할 수 없는 것이니라.
4 그러니 고난과 고통과 강도 높은 훈련
이요, 누구도 넘을 수 없는 어렵고 힘
든 길을 넘어야 하는 것이 너희니라.
5 이를 피할 수 없는 것이 나의 아들을
따르는 사랑하는 제자들이요, 그리고
나의 법전을 읽고 깨우친 만백성 너희
니라.
6 너희는 왜 그 어렵고 힘든 길을 가야
만 하는가?
7 내가 너희를 사랑하며 너희가 있기에
내가 진노함을 참고 있다 하였음이니
라.
8 너희를 왜 고통과 시련의 그 세월 속
에서 살아가게 하는가?
9 너희는 이 세상에 사는 나의 아들딸이
나, 인간 세상에서 역사하는 그 법도
요, 인간 생활의 그 모두를 벗어난 삶
을 살아가는 백성이기 때문에 인간 세
상에서 향락을 즐기는 그들과 너희는
차별화가 있음이니라.
10 인간 세상에서 이루어지는 것, 인간의
법도요, 세속에서 이루어지는 것을 즐
기고 살아가며, 그걸 즐거움으로 느끼
고 취하며 살아가는 그와 같은 삶을
산다면,
11 너희는 정녕 고통이요, 고난의 그 길
을 갈 필요도 없으며 그 길을 살지 아
니할 것이니라.
12 그러나 사랑하는 나의 아들을 따르는
제자들이요, 내가 내려 준 법전을 읽
고 깨우친 사랑하는 너희는 인간 세
상의 법도를 벗어나서 하늘의 법도로
살아가기 때문이니라.
13 하늘의 법도는 어렵고 힘들며 빈틈이
없으며 실수가 없음이니, 바르고 곧게
가는 길밖에 없음이니라.
14 내가 나의 아들에게 뭐라 말하였느냐?
15 실이라는 것에 무거운 것을 높이 매달
아 놓으면 그 실은 반듯하다 하지 않
더냐?

16 그와 같이 반듯하고 곧은 길을 가는
것이 하늘에 오르는 길이라 내가 너희
에게 일찍이 깨우쳤음이니,
17 너희는 인간 세상의 법도를 벗어나 하
늘의 법도를 따라 살아가는 것이니라.
18 그러니 나의 법전이 나 여호와의 성령
을 태워서 내려보내는 나의 가르침이
요, 나의 뜻이요,
19 나의 아들을 통해서 내리는 강론이요,
나의 아들을 통해서 기도로써 너희에
게 전하는 '하늘에 오르는 길'이요, '하
나님! 말씀하옵소서' 이 모두는,
20 인간 세상의 법도요, 인간 세상에 사
는 질서요, 인간 세상에서 이루어지는
향락이 아니요, 백 년밖에 살지 못하
는 육의 삶을 위하여 그 육의 욕심 덩
어리를 좇는 세상에서 사는 것이 아
니라,
21 그걸 벗어나서 하나의 오점도 없으며
하나의 마시는 생수가 될 수 있으며
어떠한 것도 섞이지 않는 하늘의 법도
에 의하여 살아가기 때문이니라.
22 그리하여 고통과 시련과 고난을 겪지
아니하면 이것은 진정한 너희가 하늘
의 법도에 사는 백성이 아님이니라.
23 너희가 고난과 고통과 높은 피나는 훈
련과, 누구도 넘을 수 없는 그 시련을
모두 역사하는 삶이 아니면, 인간 세
상의 법도에서 그대로 살아가는 자요,
흘러가는 죄 속에서 그저 더불어 살아
가는 자이니라.
24 하늘의 법도요, 나 여호와가 내리는
이 세상 모든 백성이 지키고 살아 하
늘에 와 영광을 얻을 수 있는 하늘의
법도를 너희가 제일 먼저 들으며 나
여호와의 가르침을 제일 먼저 접하며
하늘의 법도를 공부하며 하늘의 법도
에 따라서 하늘의 뜻에 따라서 살아가
는 선택된 나의 아들딸이기 때문에,
25 그 고통과 시련이요, 그 모두는 필연
적임을 알아야 할 것이니라.
26 손해 보는 듯하며 가슴 아플 때도 참
아야 하며 울분을 참아야 하며 미워
하는 자를 참아야 하며, 그것이 바로
천사요, 나의 뜻이니라.
27 그와 같이 살아가는 백성이 인간 세상
에서 향락과 즐거움이 있다 말할 수
있느냐?
28 이제 내가 너희에게 명하느니라.
29 이를 사랑하는 나의 아들은 너의 제자
와 만백성에게 반드시 전해 깨우쳐 주
도록 하라.
30 너희는 인간 세상의 법도에 의해서 사
는 것이 아니요, 하늘의 법도를 따르
며 나 여호와를 보고 살며 나 여호와
의 뜻을 행하며 살아감이니라.
31 너희는 얼마나 어렵고 힘든 그 길을
넘어야 하는가, 그리하여 고통과 시련
그 모두가 필연적이라는 것을 절대 잊
지 말라.
32 세상사의 어리석은 모순 덩어리인 육
의 삶을 살아가고자 하며 그리 산다
하면 너희는 고통스럽고 어려울 것이
없음이니라.
33 그러나 너희는 영혼의 삶이요, 영혼을
살리기 위한 그 삶을 살아가기 때문이
며, 그리하여 인간세상에서 고통과 그
당혹함과 인내하기 어려운 그와 같은
삶을 살아야 함을 알라.
34 사랑하는 나의 아들아, 너희가 인간의

법도요, 인간의 욕심에 의하여 그저
흘러가는 속에 산다면,
35 욕심이라는 것을 버리지 못하고 나에
게 와 심판을 받고 지옥을 갔을 때 너
희는 불바다의 가시밭길이요, 끓는 물
속에 들어가는 그와 같은 고통을 다
겪고 그 속에서 영원히 헤어 나오지
못하는 삶을 살아야 할 것이며,
36 캄캄한 중에 모든 벌레가 너희 몸에
서부터 할퀴는 그 고통 속에서 그를
털 수도 없으며 씻어 낼 수도 없어 몸
부림치면서 그 모두를 견디고 받아야
하며, 정녕 그보다 더 무서운 벌을 받
고 살아가기를 원하는가?
37 오늘의 너희 자신을 불 속에 태우며
끓는 물 속에 들어가 그 고통을 인내
하고 가시바늘 방석을 걸어가고 몸이
썩어져 벌레가 득실거려도 씻지 못하
며 털지 못하는 그 고통보다도 더 어
렵고 힘들거든 하늘의 법도를 버리라.
38 그렇지 아니하거든 하늘의 법도를 따
라 구원을 받으라.
39 나 여호와는 너희가 구원을 받는 것
을 원하며, 나 여호와 또한 너희가 있
음이 기쁨이요,
40 내 기쁨을 영원히 지워지지 않게 하고
지우고 싶지 아니한 애절한 마음에서
이 무섭고 무서운 이야기들을 내가 너
희에게 전하며, 하늘의 비밀을 나의
아들을 통하여 사랑하는 그 제자와 그
를 따르는 백성 너희에게 전함이니라.
41 사랑하는 나의 아들딸들아!
42 열심히 살며 주저하지 말라.
43 어렵다고 해서 쉬지 말며 싫증이 난다
해서 돌아서지 말며, 먹기 싫다 하여
버리는 음식처럼 그리 생각하지 말라.
44 사랑하는 나의 아들딸들아, 내가 너희
를 사랑함이니, 머지않았음을 알라.
45 너희가 앞으로 살날이 과연 얼마나 남
았으며 육의 세상의 삶이 얼마나 남았
느냐?
46 지금의 삶을 천사와 같이 살기 위하여
너희가 가슴을 도려내는 아픔이 있더
라도 그 길을 가라, 사랑하는 나의 아
들딸들아!
47 너희의 그 가슴에 상처를 내어 그 사
악한 욕심의 뿌리요, 사악한 그 욕심
의 근원을 칼로 도려내라.
48 그 흐르는 피야말로 예수가 흘린 피보
다도 더 소중하고 귀한 피니, 그 피가
만백성을 구할 것이라는 것을 잊지 말
라, 사랑하는 나의 아들딸들아!

7,301 번째 하나님 말씀

2003년 8월 28일 08시 30분

1 사랑하는 나의 아들아!
2 "네, 아버님! 말씀하옵소서."
3 이 세상에 나의 성령이요, 나의 뜻을
직접 받아 책으로 만들어 만백성을 구
하기 위한 그 역사를 하는 자가 과연
누가 있던가?
4 2천 년 전 나의 아들 예수가 세상에
나가 나의 뜻을 받아 만백성을 가르치
고 깨우치고자 한 그 역사 후에 암흑
의 2천 년의 세월이 흘러, 지금 내가
너를 통하여 나의 성령을 모두 태워
세상에 내려보냄이니,
5 네가 살아가는 그 길은 인간들이 보는
그 눈에서 네가 한 점의 실수 가 있고

없는 것이 문제가 아니라, 너는 나 여
호와가 봐서 한 점의 부끄럼이 없는
그와 같은 삶을 살아가야 함을 알아
야 할 것이니라.
6 이는 너희가 볼 수 없고 만질 수 없는
천사와 사탄이요, 악마들이 모두 다
너를 주시하고 있으며, 네가 쓰러지기
를 바라는 자가 수없이 있음이니라.
7 그러니 그들이 보는 데서 네가 한 점
의 부끄럼이 없는 삶을 살아가야 함이
니,
8 이 세상천지에 육을 가진 백성이 너
를 보고 시시비비하는 것보다 나 여호
와 앞의 사탄이요, 천사들이 너를 놓
고 말하는 그와 같은 일이 있어서는
아니 되며 거기에 대한 책임 있는 삶
을 살아야 함을 알아야 할 것이니라.
9 내가 이제 거기에 마음이 기쁨이요,
그 마음이 네가 부끄럼이 없음이니라.
10 오로지 하나의 길이요, 진정한 진리
요, 나 여호와의 뜻에 따라 살아가고
자 하는 그 모습은 육을 가진 어느 인
간도, 욕심을 가진 사람이요, 생각이
있는 사람이라면 감히 너를 따라갈 수
없으며, 네가 오늘 가고자 하는 그 길
을 갈 수 없을 것이니라.
11 그들은 모두 알고 있음이니라.
12 그들은 네가 어찌 가는지를 알고 있
으며 사탄 또한 두려워하고 있음이니
라.
13 네가 지금과 같은 마음 자세로써 살아
갈 때 너는 오로지 변하는 그 전진이
있으며 너는 변하는 역사가 있음이니,
14 그들은 감히 너를 따를 수 없는 그와
같은 경지의 변화의 역사를 이룬다는
것을 알고 있음이니라.
15 아무리 사탄이 저희 백성을 어찌 다스
리고 이용하여 악용하고자 해도, 저희
가 아무리 명하고 다스린다 해도, 네
가 변하는 것만큼 저희 뜻을 따르지
아니하며 변하지 아니함이니,
16 그들은 인간의 생각을 먼저 하며 저
자신의 생각을 하기 때문이니라.
17 너는 오로지 나의 명이요, 나의 뜻에
따라 살아가기 위하여 어떠한 생각도
하지 아니하며, 오로지 내리는 것을
받아 기록하여 책으로 만드는 것에만
모두를 다 바치고 있음이니, 그게 변
하는 무서움이라는 것을 알아야 할
것이니라.
18 모든 것을 정도의 길을 가기 시작하는
자와 정도의 길을 가지 아니하고 노력
하지 않는 자는 세월이 지난 다음의
그 차이는 무서울 것이니라.
19 배움에서 처음에 기초를 다져 배운 자
와 기초를 다지지 않고 그저 대충 배
운 자와 지금은 대충 배운 자가 더 알
고 더 높이 아는 것 같을 것이니라.
20 그리고 대충 배운 자가 많은 상식을
가지고 배웠다 해도, 지금은 기초를
다져서 쌓아 가는 그 학생보다 더 알
고 더 똑똑한 것 같으나,
21 세월이 지난 다음에 기초를 하나하나
다져 나간 그 학생과, 대충 배우고 어
깨너머로 들은 상식으로써 이끌어 가
는 자와의 차이는 머지않은 세월에 다
알게 되어 있음이니라.
22 바로 네가 나의 뜻만을 차곡차곡 하나
하나 쌓아 나가는 그 변화의 세월은
인간의 형태로써 욕심을 가진 사람으

로서는 절대 갈 수 없는 것이니라.
23 네가 모두를 다 놓을 수 있는 마음으
로 변해 가며 너 자신이 변하고자 다
스리는 그 모습에 나 여호와의 기쁨이
이루 말할 수 없으며,
24 모든 사탄이요, 천사들도 감히 너를
뭐라 말하지 못하는 지금의 형국에 와
있음이니라.
25 이를 더 지키고 강하게 살아 나가는
그 길을 가야 할 것이며 지금의 마음
자세로 그리 가면 될 것이니라.
26 그리고 모든 너의 제자들이요, 너를
따르는 자들은 알아야 할 것이니라.
27 내가 하나의 겨자씨를 뿌렸으니, 그를
키우려면 물이 되는 자가 있어야 하며
토양이 되는 자가 있어야 하며, 모든
양분이 되는 자들이 있어야만 그 나무
가 살아감이니라.
28 그리고 버팀목이 있어야 함이니라.
29 지금 너를 따르는 모든 제자는 그들이
다 하나의 부서를 맡아 가는 자들이지
모두를 통제하고 그 나무를 가꾸는 자
는 없음을 알라.
30 그 나무를 가꾸는 것은 오로지 나 여
호와가 통제하며, 너희는 각자 맡은
부서에서 한 부분을 역사하는 것이니,
31 부분을 역사하는 자가 전체를 역사하
는 것 같은 착각을 하는 자는 네 옆에
있을 수 없으며 그는 영원히 같이 갈
수 없는 자이니라.
32 다만, 그 겨자가 튼튼하게 커서 바람
이 불어도 넘어지지 아니하며 그 누구
도 뽑을 수 없게 성장했을 때,
33 퇴비요, 버팀목이요, 물이요, 양분의
역할을 한 그들이 다 더불어 그 그늘
밑에 있게 되는 것이니라.
34 너희가 비록 희생하고 봉사하며 지금
은 잃는 것만 있고 돌아오는 것이 없
다 생각하나, 큰 나무 밑의 그늘이요,
큰 은혜를 입을 날이 머지않았으니 그
걸 알아야 할 것이니라.
35 자신을 모르고 설치며 자신을 모르고
모든 것을 지배하는 것같이 말하는 지
금의 종교 집단 지도자는 제가 어디
서 있으며 어찌 가는 줄도 모르면서
구원의 길이요, 하늘에 오르는 열쇠를
주는 것처럼 경거망동하는 오만한 자
들이니,
36 이를 너의 제자들이 이제는 다스려야
할 것이니라.
37 각자가 하나의 겨자를 키우기 위하여
나로부터 선택된 자들이니라.
38 풀을 뽑아 주는 자, 그리고 복토를 해
주는 자, 그리고 물을 주는 자, 양분의
역할을 하는 자, 버팀목을 하는 자, 그
리고 가지를 치는 자, 다듬어 주는 자,
너희는 모두 한 부서에서 묵묵히 일을
하는 자들이니라.
39 내가 너희에게 뭐라 말하였느냐?
40 너희는 크나큰 배를 만들어 만백성을
태우고 하늘로 실어 오는 그 부속이
요, 부서를 맡은 자며,
41 그 배를 운항하는 자는 아니라 말하였
음이니라.
42 그 모두를 운항하는 것은 나 여호와가
임하며 나의 아들을 통하여 그 모든
역사를 한다는 것을 알아야 할 것이
니라.
43 질서와 위계가 서 있지 아니하고 설치
며, 제가 더 높은 자요, 더 은혜를 받

은 자요, 모든 것을 지배하는 것처럼 생각하는 자는 나의 아들과 더불어 갈 수 없으며 그들은 나에게 올 수 없음이니라.
44 왔다가 수없이 떠나가는 자들이 그러하니라.
45 나의 법전 한 권을 가지고 세상을 지배하고 이치를 깨달은 자같이 말할 것이니라.
46 160권이 세상에 나가 그들이 한 권의 법전을 읽고 그것이 나 여호와의 뜻이라 해도, 미혹된 나의 백성은 그를 믿고 따라갈 자가 수없이 많이 있음이니라.
47 그러니 그와 같은 수억의 인구들이 또 퍼져 나갈 것이니, 그를 바로잡는 것은 오로지 너희로서 이루어진다는 것을 잊어서는 아니 될 것이니라.
48 지금 모든 종파가 수천 수억으로 갈라졌음이니라.
49 나의 아들 예수가 처음에 전했던 그와 같은 믿음으로써 그대로 흘러왔으면 될 것을, 갈라지고 찢어지는 형국이 되어 지금 이와 같은 역사가 이루어졌듯이,
50 나의 법전 160권이 세상에 나감이니 그를 보고 읽고 깨우쳐 한 권을 가지고 한 줄의 가르침을 가지고 나로부터 명받은 자요, 직접 들은 자요, 제가 직접 역사하는 것처럼 설치는 자가 수없이 많이 있을 것이니라.
51 그들이 누구인가를 구분하고 그들을 다스릴 수 있는 길은 나의 피조물 만백성 너희가 어찌 살아왔느냐가 가장 중요한 것이며,
52 그리고 너희가 나에게 보내는 사랑의 편지를 쓴 것, 그 사랑의 편지가 나의 법전에 기록된 것은 변조하지 못하며 그들이 바꿀 수 없음이니라.
53 나 여호와가 나의 아들에게 내린 그 모두는 그들이 직접 받았다 하며 변조하여 가르치고 쓸 수 있으나,
54 너희가 나에게 바치는 사랑이 그득 담긴 그 사랑의 편지를 기록한 내용은 저희가 감히 변조할 수 없음이니라.
55 그것이 얼마나 더 중요한 것인가를 알아야 할 것이며, 그리하여 내가 너희에게 사랑이 듬뿍 담긴 나에게 보내는 편지를 쓰라 함이니라.
56 이 뜻을 너의 제자들에게 깨우쳐 주어야 할 것이니 그리 알라.
57 너희는 큰 것만 역사하는 것이 아니라, 큰 돌을 들려면 작은 돌이 지렛대 역할을 하듯이, 그 작은 돌의 지렛대 힘을 빌려 큰 돌을 옮길 수 있는 것처럼,
58 나의 아들을 통하여 내리는 이 모든 것은 나의 생명수요, 너희를 구원하는 그 틀이라 그 속에서 버팀목의 역할을 하는 너희가 지금까지 느끼고 깨우친 것을 기록하여 전하는 것, 그리고 너희가 사랑의 편지를 쓴 그와 같은 것이니라.
59 나의 아들이 세상에 나가 모두를 다 덮고 이끌어 가나, 그 아들이 바로 설 수 있고 버틸 수 있는 것은 모든 부서에 있는 자들이 받쳐 주지 아니하면 아니 되듯이 그와 같은 역사이니,
60 그 부서 하나하나가 얼마나 중요한 것인가를 알아야 할 것이니라.

61 말하자면 하나의 기계의 그 부속이 중
요한 것처럼, 너희의 사랑이 담긴 편
지요, 그리고 너희의 깨달음이요, 나
의 법전을 읽고 변화된 너희의 그 눈
물 어린 호소가 나의 법전에 기록됨으
로 인하여 그것은 변조하지 못하며 그
것은 감히 바꾸지 못할 것이니라.
62 육하원칙에 의하여 살아온 것, 느낀
것을 기록하니, 저희가 그대로 변조할
수 없으며 그것은 흉내 낼 수 없는 것
처럼,
63 나의 법전에 기록하는 그 역사로 인하
여 감히 어떠한 것이 원본이요, 어떠
한 것이 나의 뜻이며 어떠한 것이 나
의 아들을 통한 나의 성령인가를 알게
될 것이니라.
64 여기서 너희가 중요함을 깨달아야 할
것이니라.
65 세상에 나가 있는 모든 언어요, 단어
요, 아름다운 말들을 인간이 말해서
전하는 것은 인간의 책에 기록되는 것
이요,
66 나의 아들이 그걸 보고 나의 법전에
기록하는 것은 내가 세상에 내보낸 것
을 내가 추려서 나의 백성을 구원하기
위하여 전하는 내용과 같다 말하였음
이니라.
67 그러나 나의 법전에 기록되어 있는
160권의 내용을 가지고 인간인 그들
이 나로부터 받았다고 이야기하면, 그
것은 인간의 가르침이요, 사탄의 가르
침으로 역으로 변조되고 변화될 수 있
다는 이 무서운 사실을 알아야 할 것
이니라.
68 그러니 나의 법전을 가지고 저희가
직접 받았으며 직접 역사했다는 사악
한 백성이 세상에 나와서는 아니 됨이
니라.
69 이미 그와 같은 역사가 이루어지기 시
작하지 아니하더냐?
70 그와 같은 자들이 수없이 일어날 것이
니, 그를 다스리고 통제하며 그와 구
분하는 모든 역사는 너희가 사랑의
편지를 기록하여 전하는 것이니 그리
알라, 사랑하는 나의 아들딸들아!

7,302 번째 하나님 말씀

2003년 8월 28일 08시 40분

1 사랑하는 나의 아들아!
2 "네, 아버님! 말씀하옵소서."
3 지금의 너희 믿음은 어찌 가고 있느냐?
4 수천 년 동안 흘러오는 그 종교 집단
이요, 지도자요, 신도라는 백성이 전
지전능한 나 여호와는 사랑이 많으신
하나님이요, 사랑의 하나님이요, 그리
고 모든 것을 용서하는 하나님이라 말
하느니라.
5 그리고 모든 것을 사랑하는 하나님이
요, 정이 많은 하나님이기에 그저 모
든 것을 다 이루어 주며 역사한다고
그리 믿고 그리 가르치느니라.
6 사랑의 하나님이기 때문에 모든 것을
이루어 준다고 그렇게 가르치고 있으
며, 모든 종교 집단에 있는 그 신도라
는 백성이 그렇게 또 믿고 있음이니라.
7 그 가르침이 진정한 나 여호와의 뜻이
요, 그와 같이 이루어질 것이라 생각
하는 것이니라.
8 그리 가르치는 것이 지금의 종교 집단

이요, 지도자들이요,
9 그를 믿고 그와 같은 역사는 이루어질
것이며 그리하여 저희는 구원을 받았
다고 철석같이 믿는 신도 또한 지금
그렇게 착각에 젖어 있음을 알아야 할
것이니라.
10 너희가 하는 행위가 과연 어떠한 행
위더냐?
11 너희는 행함이 필요 없으며 선한 일을
하고 아름답게 살아가는 것은 먼 관계
며 생각할 필요가 없다고 말하느니라.
12 나의 아들 예수와 우리 부자가 다 해
놓았으며,
13 사랑의 하나님이요, 용서하는 하나님
이기에 모두를 다 해 주었으며, 너희
가 원하는 것을 다 이루어 주었다 그
리 말하며, 이루어진 것이라 그리 알
고 그리 가르침이니라.
14 그러나 이를 거꾸로 생각하면 과연 어
떠하던가?
15 너희는 주인이요, 우리 부자는 종이라
는 오만방자한 생각을 하고 있다는 것
을 너희는 감히 생각하지 못할 것이
니라.
16 종이 주인이 원하는 것을 미리 다 알
아서 해 놓았으며, 너희가 부리는 종
이기에 주인이 원하는 것을 다 해 놓
은 것처럼 나의 아들과 나를 그리 취
급하고 그리 생각하는가?
17 주인이 원하는 것을 해 놓는 것이 너
희가 말하는 종이 할 도리요, 종이 원
하는 것을 주인이 해 주는 그와 같은
도리는 없지 않은가?
18 이 세상에 살아가는 이치도 그러하거
늘, 우리 부자가 너희가 원하는 것을
다 만들어 주었으며 다 이루어 주었으
며 다 역사해 놓았기 때문에,
19 너희는 노력할 것이 없으며 그저 즐기
다 하늘에 와 천국의 세상에서 살 수
있다고 말함이니,
20 너희가 그와 같이 함부로 말하는 것은
우리 부자는 종이요, 너희는 주인이
요, 상전이라는 그와 같은 무서운 내
용이 거기 담겨 있음을 알아야 할 것
이니라.
21 너희는 기도하기를 뭐라 말하느냐?
22 나의 사랑하는 백성으로부터 수없이
받아들이고서 나보고 주라, 내리라 하
는 것이 기도요, 눈물의 하소연이라
그리 말하나,
23 너희는 주인으로서 우리 부자를 종으
로 부려 먹는 것이며 우리를 심부름꾼
으로 부려 먹는 것이니라.
24 그와 같은 행위를 하는 것이 기도라
말했듯이,
25 사랑의 하나님이요, 모든 것을 베푸는
나 여호와요, 너희를 위하여 죽어 간
나의 아들 예수요, 우리 부자가 종이
되어,
26 너희가 이루고자 하는 것, 너희가 역
사하는 것, 상전이 하늘나라에 갈 수
있도록 우리는 그저 계단의 역할을 했
으며 버팀목의 역할을 한 것처럼 그리
망발을 한다는 의미가 거기 있음을 한
번 생각해 보라.
27 우리 부자가 너희가 하늘에 오르는
것, 너희가 원하는 것, 너희가 지은 죄
까지 깨끗이 씻어 너희가 원하는 장
소로 모셔 놓는다는 그와 같은 의미가
너희가 지금 하는 짓이라는 것을 알

아야 할 것이니라.
28 그러니 우리는 너희의 종이요, 너희는
부리는 자이기에, 너희가 원하는 것을
다 해 놓은 것이라는 이와 같은 이치
를 알아야 할 것이니라.
29 우리 부자가 다 이루어 놓았으니, 너
희는 이제는 할 일이 없으며, 어렵고
힘들어 인간이 가기 어렵다는 계명이
요, 그리고 율법이요, 참진리요, 하늘
에 오르는 길인 그 어렵고 힘든 협착
한 길을 갈 것조차 없으며, 그것까지
생각할 것이 없으며, 그리 연구할 필
요도 없으며,
30 그저 즐기고 행복하게 살면 사랑이
많은 하나님이요, 용서가 많은 하나님
이요, 피 흘려 너희 죄를 대속해 가지
고 간 나의 아들이 있음이니,
31 너희는 이제 편안하고 평탄한 비단길
을 걸어오기만 하면 된다는 착각 속
에서 가르치고 있다는 것을 알아야 할
것이니라.
32 그러나 너희는 알아야 할 것이니라.
33 행함이 없이는 절대로 얻을 수 없으
며, 행함이 없는 믿음이요, 행함이 없
는 신앙은 곧 죽음의 믿음이라는 것을
알아야 할 것이니라.
34 일찍이 내가 성경에 기록하여 나의 아
들을 통하여 너희에게 전하지 않았느
냐?
35 예수도 전했음이니라.
36 행함이 소중하며 얼마나 위대한 것인
가를, 행함이 아니면 결코 모두를 이
룰 수 없다는 것을 너희에게 가르쳐
주었음이니라.
37 오로지 '주여, 주여!' 하며 나의 아들
을 찾고 몸부림치는 것, 그리고 나의
아들의 보혈의 은혜로써 구원을 받았
다는 그와 같은 소리를 하는 것이 아
니라,
38 '하늘에 계신 내 아버지 뜻대로 행하
고 사는 것'이 하늘에 오르는 길이라
그리 너희에게 전했으며, 성서에 많은
제자가 또한 그와 같은 예를 들었으며
그와 같은 것을 수없이 기록하여 전했
거늘, 어찌하여 너희는 행함을 그리도
모르는가?
39 너희가 얼마나 어리석고 사악하며 간
교한 백성인지 알겠느냐?
40 봄에 씨를 뿌려 정성껏 가꾸지 아니한
자가 가을에 거둬들일 때 그 풍성한
수확을 거둬들일 수 있다고 생각하는
자들과 똑같음이니라.
41 봄에 씨앗을 뿌리지 아니한 자가 어찌
거둬들이는 꿈을 꾸고 있으며, 너희가
뿌려 놓았다 해도 그걸 가꾸지 아니한
자가 어찌 가을에 풍성하게 수확할 수
있다는 환상에 젖어 있는가?
42 너희는 봄에 씨앗을 뿌리지 않는 자들
이 가을에 수확을 거둬들이는 것만을
생각하는 자들이요,
43 씨앗을 뿌린 자 또한 열과 성의를 다
하여 그걸 가꾸고 돌보지 아니하고 그
저 놔두면 가을에 풍성하게 수확할
수 있다고 생각하는 그 백성보다도
더 무지하고 어리석은 것이 지금의 종
교 집단이요, 지도자요, 그 신도 너희
임을 알라.
44 내가 나의 아들을 통하여 성서에 기록
한 것을 내가 여기에 기록했듯이, 나
의 아들 예수도 행함이 중요하며 그

이름을 부르고 찬양하는 것만으로는
구원을 받을 수 없다는 내용이 기록되
어 있음이니라.
45 그를 나의 아들을 통하여 나의 법전에
다시 한 번 너희에게 경종을 울리고
자 기록하여 전함이니, 너희는 알아야
할 것이니라.
46 이제 너희는 사랑의 하나님이요, 용서
하는 하나님이요, 우리 부자가 너희를
위하여 이루고자 하는 것을 다 이루어
주었으며 너희가 갈구하는 하늘에 오
르는 그 모두를 다 준비해 놓았음이니,
47 우리는 종으로서 주인이요, 상전의 뜻
을 받아 미리 준비하는 자라 그리 나
를 욕되게 하지 말라.
48 그와 같은 행위를 하는 것이 너희니라.
49 감히 나에게 오른다 하면서 내가 너희
가 올 수 있도록 모든 준비를 다 해서
갖추어 놓고, 죄지은 자 용서하며 살
인한 자 용서하며 모두 다 용서하고자
거둬들인다고 생각하며 그리 착각하
지 말라.
50 너희가 구원을 받고 못 받는 것은 개
인에 관계되는 것이요, 개인이 어떠한
형태로 살아왔는지 생활기록부에 기
록된다 하였음이니,
51 그 생활기록부의 죄에 따라 그 대가를
치른다는 것을 내가 다시 한 번 전함
이니 그리 알라.
52 이는 정녕 변할 수 없는 사실이며, 이
는 어떠한 형국에도 재판의 기준이요,
심판의 기준이기 때문에 변화될 수
없으며 융통성 또한 없다는 것을 알라.

7,303 번째 하나님 말씀

2003년 8월 28일 08시 49분

1 사랑하는 나의 아들아!
2 "네, 아버님! 말씀하옵소서."
3 내가 너희에게 지키고 살라는 것은 사
랑이요, 베풂이라 하였음이니라.
4 그러니 사랑이요, 베풂은 과연 무엇이
더냐?
5 자기가 우선이 아니요, 남을 우선으로
하는 그와 같은 심성을 기르도록 하고
자 함이니라.
6 그리하여 더불어 살아가도록 하여 세
상에 너희를 내려보냈음이니라.
7 그러나 지금 가는 너희의 마음이요,
생각이 무엇이더냐?
8 남은 전혀 있지 아니함이니라.
9 오로지 자기 자신밖에 없음이니라.
10 자기를 위한 것, 제 가족을 위한 것,
제 자식을 위한 것, 제 주변을 위한
것, 제 형제를 위한 것,
11 오로지 너희는 '나'라는 것부터 가슴
에 가득히 차 있음이니 그것이 바로
욕심이니라.
12 그 욕심이 바로 무엇이던가?
13 사악한 마음이요, 그게 다른 신을 모
시는 것이라는 것을 알아야 할 것이
니라.
14 나의 백성은 자기 자신을 위한 삶이
아니니라.
15 너희는 사랑의 베풂이요, 베푸는 용서
의 하나님이라 그리했으며, 나의 아들
예수가 피 흘려 죽어 간 것이 무엇이
더냐?
16 예수가 그를 위하여 죽어 간 것이 아

니라 그리 말하지 아니하더냐?
17 너희를 위해서 나의 아들 예수가 그리
죽어 갔으며, 세상에 와 고통 속에 살
다, 어떠한 인간도 겪을 수 없는 가장
처참하고 비참한 고통 속에서 한 방울
한 방울 그 피가 다 마를 때까지 고통
속에 나의 아들이 죽어 갔으며,
18 죽어 간 나의 아들이 정녕 죽었는가
안 죽었는가 창으로 찌른 거기에 피와
물이 같이 흘렀다 하였음이니,
19 얼마나 피 한 방울도 몸에 남지 아니
하였으면 거기에서 물이 흘러나왔겠
는가를 너희는 생각을 해 보지 않느
냐?
20 한번 생각해 보라, 얼마나 한 방울의
피도 없으면 병사가 나의 아들 옆구리
를 찔렀을 때 거기서 물이 나왔겠는가?
21 그러니 그와 같이 고통스럽게 죽어 간
나의 아들의 죽음은 세상에 없을 것이
니라.
22 그리하여 나의 아들이 죽어 간 것이
다 너희를 위해서 그리 갔다 함이니,
너희는 과연 여기서 무엇을 깨닫는가?
23 하늘의 두려움을 알며 너희가 마음의
부끄러움을 알아야 할 것이니라.
24 나의 아들 예수는 너희를 위하여 그
리 죽어 갔다 말하며, 그것이 하늘에
오르는 길이요, 인자가 하는 길이요,
나에게 올 수 있는 사람이 하는 길이
라 말함이니라.
25 과연 예수가 너희를 위하여 너희 자신
을 위하여 그리 죽어 갔는가?
26 너희를 위해서 죽어 갔음이니라.
27 너희는 나의 아들 예수가 죽어 간 것
이 너희를 위하여 죽어 간 것을 잘 알
고 있음이니라.
28 너희를 깨우치고자 하여 너희가 참진
리를 알아듣게 하기 위함이요, 너희가
하늘의 뜻을 알게 하려고 너희를 위하
여 나의 아들이 죽어 간 것이니라.
29 그것을 너희는 얼마나 욕되게 하는가?
30 너희가 짓는 그 죄를 다 사해 주고 용
서하기 위해 예수가 너희를 대신하여
죽었다고 말하며, 너희를 대신하여 속
죄양으로써 죽었다고 말하면서,
31 예수가 너희를 위하여 죽어 간 것을
알면서 너희는 어찌하여 남을 위하여
살아가는 그와 같은 마음을 갖지 못하
고 오로지 자신만을 생각하며 자신을
챙기며 살아가는 그와 같은 백성이
되어야 하는가?
32 나의 아들 예수의 죽음은 정녕 죄 없
는 백성을 만드는 그 길을 깨우쳐 주
기 위하여 너희를 위하여 죽은 것이
며 너희를 바로 깨우쳐 주고자 함이니
라.
33 진리를 알아 하늘에 오르는 길을 볼
수 있도록 너희를 깨우치며 너희 후손
을 깨우치며 만백성들을 깨우치고자
너희를 위하여 나의 아들은 그 비참한
죽음의 길을 갔느니라.
34 너희도 또한 상대방을 위하여 살아가
는 그와 같은 마음이요, '너를 위하여
나는 이 세상에 살아가는 자라'는 그
와 같은 마음을 가지고 사는 자가 의
인이 될 것이며, 하늘에 오르는 그 역
사의 길을 볼 수 있거늘,
35 어찌하여 너희는 상대방을 위하여 살
아간다는 생각은 하지 아니하며, 너희
자신을 위해서 살아가며 자신을 위해

존재하며 오로지 자신만을 생각하고
살아가는가?
36 그게 나를 따르는 백성이요, 나의 뜻
을 따르는 백성이요, 내가 나의 아들
을 죽음으로 던져 너희를 구원하고자
했던 그 은혜를 받은 백성이 과연 할
수 있는 짓이며 살아가는 길이라 생
각하는가?
37 이제 나 여호와의 아팠던 마음을 씻어
주고 다스려 주는 것은 사랑하는 나의
아들을 따르는 제자들이요, 나의 법전
을 읽고 깨우친 백성 너희밖에 없음
이니라.
38 내가 나의 아들을 통하여 이와 같이
눈물 어린 나의 뜻을 전함이니, 나의
아들 예수가 너희를 위하여 죽은 것은
틀림없음이니라.
39 그러나 너희를 위하여 죽은 것은 이
세상에 죄 없는 세상이요, 참진리요,
하늘에 오르는 길을 깨우쳐 너희 스
스로 구원받는 것을 가르쳐 주려는
것이지,
40 너희 죄를 무상으로 다 씻어 주기 위
해서 예수가 죽어 간 것이 아니며,
41 그리고 또 하나는 너희가 남을 위하
는 마음으로 남을 생각하며 살아갈 수
있도록 깨우쳐 주었으니,
42 나의 아들 예수가 너희를 위하여 죽은
것처럼, 너희도 남을 위하여 죽는 자,
자기가 아닌 다른 사람을 위하여 죽어
가는 삶을 살라 하였음이니라.
43 너희가 남을 위하여 죽어 가는 삶을
살 수는 없다 하더라도 남을 돕고 남
을 위해 살아가는 그 마음은 갖고 사
는 것이 당연한 도리가 아니더냐?
44 나의 아들은 그와 같이 고통스럽고 비
참하게 죽어 가는 것이 너희를 위하여
그 길을 선택했으니,
45 나의 아들 예수를 따라 하늘에 오르는
자요, 예수를 찬양하고 경배하며 그가
간 길을 따라 나에게 오겠다는 백성은
나의 아들 예수가 너희를 위하여 처참
히 죽어 간 것처럼 너희도 남을 위하
여 죽어 가는 그와 같은 삶의 자세로
살아가야 하는 것이니라.
46 다만, 너희가 그리 가지 못하더라도
남을 위하여 나누고 베풀며 살아가라
는 나 여호와의 뜻을 두고 가르치는
자가 어디 있으며, 그걸로 깨우쳐 가
는 자가 어디 있는가?
47 수천수만의 이루 말할 수 없는 종교
집단이요, 지도자요, 신도들이 오늘
존재하는 것은,
48 남을 위하여 존재하며 남을 위한 삶을
사는 것이 예수의 뜻을 따르는 것이
요, 예수가 간 길이라 그리 가르치는
자가 어디 있으며, 창조주 나 여호와
에게 오는 근본이라 가르치는 자들이
어디 있느냐?
49 자기를 위하여 기도하며 제가 얻고자
기도하며 더 갖고자 기도하며 억울하
고 힘들고 고통스러울 때 그것을 덜어
달라는 기도 소리가 과연 남을 위해
살아가는 백성이 할 역사더냐?
50 사랑하는 나의 아들딸들아, 너희는 알
아야 할 것이니라.
51 내 아들이 너희를 위하여 죽어 가 그
길을 온다며 '주여, 예수여! 찬양이
요.' 그리 소리만 지르며 그 길을 모르
며 그 뜻도 모르고 가는 그와 같은 백

성을 바라보는 내 눈이 눈물로써 부어
있음을 너희는 알아야 할 것이니라.
52 부모가 자식에게 바로 가는 길을 가르
치고, 모든 것을 다 던지고 목숨을 끊
어서 그를 바로 세우고자 했으나,
53 그 자식이 바로 서지 못하고 정신을
차리지 못했을 때, 그를 보는 부모의
마음이 얼마나 아프며, 눈물로 세월을
보내겠느냐?
54 내가 사랑하는 나의 아들 예수를 그
리 처참하게 죽게 하여 너희에게 던
져 주었으나,
55 그와 같은 역사를 이룬 그 백성이 지
금 정녕 나와는 관계도 없는 길을 가
는 것을 볼 때, 나 여호와의 눈이 부어
있다면 너희는 그를 알겠느냐?
56 이제 내가 부어 있는 내 눈을 다시 떠
나의 아들을 통하여 나의 성령을 모두
태워 너희를 깨우치고자 하여 그 내
용을 하늘에 오르는 길이요, '하나님!
말씀하옵소서'라는 법전에 기록하여
너희 가슴에 전하며 손에 전함이니,
57 이를 보고도 깨우치지 아니하고 정녕
다른 길을 가며 사탄이요, 이단이요,
사악한 자요, 악마라 말을 한다면,
58 너희는 나를 죽이는 것이며 나의 심장
에 대못을 박는 그와 같은 자들이라는
것을 잊어서는 아니 될 것이니 그리
알라.

7,304 번째 하나님 말씀

2003년 8월 28일 11시 25분

1 사랑하는 나의 아들아!
2 "네, 아버님! 말씀하옵소서."
3 너를 따르는 그 제자들과 나의 법전을
읽고 깨우친 만백성 그들이 이제는 스
스로 알아야 할 것이며, 또 알고 가야
할 것이니라.
4 너희는 나의 아들이 가는 그 길과 나
의 아들이 깨우침을 가는 그 길과, 그
리고 제자들이 가야 하는 길이 다 같
으며 깨달음이 다 같다 그리 생각해서
는 아니 될 것이니라.
5 나의 아들이 가는 길이 다르며, 너희
가 제자로서 가는 길이 있고 한계가
있으며, 그리고 일반 백성이 가야 할
길이 있고 깨달음이 있으며 그들이 가
야 하는 것이 다름이니라.
6 그와 같이 가야 할 길이 구분되어 있
으며 다름을 알아야 할 것이니라.
7 다 같은 것 같으며 다르지 아니한 것
같으나 그 모두가 다름을 알아야 할
것이니라.
8 너희의 깨달음과 삶이 있으며 나의 아
들의 삶이 있음을 알아야 할 것이니,
이제는 너의 제자들과 일반 백성과
모두 차이가 있음을 알아야 할 것이
며, 각자가 가야 하는 한계가 다름을
알라.
9 나의 아들 예수가 죽어 감이니, 너희
십자가를 짊어지고 그 길을 따르며 모
두를 버리고 가는 길만 구원을 받는다
말하고 있음이니라.
10 나의 아들 예수가 지고 가는 십자가와
또 그 제자들이 지고 가는 십자가 그
리고 백성이 지고 가는 십자가가 모
두 다르며 그 모두가 차이가 있음을
너희는 알아야 할 것이니라.
11 그 모두가 하나인 것처럼, 한 길인 것

처럼 그리 말하나, 한계가 있으며 차
이가 있음을 너희는 알아야 할 것이
니라.
12 그리하여 각자가 주어진 임무요, 각자
가 행할 수 있는 그 길을 최선을 다하
여 가면 그것으로써 너희의 직분을
다함을 알아야 할 것이니라.
13 너희가 변하고자 하며 아름답게 살아
가고자 하는 데 최선의 노력을 다할
때, 사람마다 그가 깨닫는 한계가 다
르며 그가 가는 길이 다르니라.
14 나로부터 생명을 받아 태어나는 그 은
혜는 똑같으나 그 받은 은혜를 나에게
되돌려 주는 것은 모든 백성이 사람
마다 그 차이가 있으며 또한 한계가
있음이니라.
15 능력과 그가 노력하는 차이가 있는 것
처럼, 나의 아들이 가는 길이 있으며
나의 아들이 깨달음의 가는 길이 있으
며 그가 역사하는 길이 있으며,
16 또한 너희 제자들이 가는 길과 너희
의 깨달음과 너희가 역사함이 다르며,
17 모든 일반 백성이 깨닫고 느끼고 그들
이 가야 할 길이 다 차별화가 되어 있
음을 알아야 할 것이니라.
18 예수가 진 십자가처럼 꼭 같은 십자가
를 너희도 지고 가며 그 제자들도 지
고 가는 것처럼 그리 생각하지 말라.
19 절대 그와 같은 역사는 이루어질 수
없을 것이니라.
20 예수가 지고 간 그 십자가만큼 그 고
통과 시련을 인내하는 것만큼 그 제자
들이 그와 똑같이 갈 수 없으며, 다만
그들이 갈 수 있는 한계가 있음이니
라.
21 그리고 일반 백성이요, 신도들이 지고
갈 수 있는 한계가 있으며 깨달음이
있음이니,
22 그 그릇이요, 그가 받고 역사하는 것
은 모두 다 차이가 있음을 너희는 알
아야 할 것이니라.
23 그러니 그와 같은 깊은 의미를 안다면
저 자신이 시시비비를 할 수 없으며
남의 깨달음을 가지고 말할 수 없음을
알아야 할 것이니 그리 알라.
24 이와 같은 이치 하나도 제대로 알지
못하고 가르치는 것이 종교 집단이요,
지도자들이니라.
25 무조건 같이 생각하며 같은 길이라 생
각하느니라.
26 물론 그와 같이 사는 삶이요, 그 길에
도달하는 것이 가장 현명한 것이며 가
장 큰 은혜를 받으나, 너희는 한계가
있으며 또한 너희가 얻는 역사가 있음
이니라.
27 그러니 이제 너를 따르는 제자들에게
너무 좌절하지 말며 포기하지 말며 실
망하지 말며 두려워하지 말라 그리 말
하라.
28 너희의 그릇에 따라서 제 그릇을 채우
는 것으로써 나 여호와가 너희를 기억
하며 내가 너희를 사랑하며, 구원하지
아니할 자, 구원받을 자를 모두 구분
함이니,
29 너의 제자들은 그리 알라 전하라.
30 너희가 나의 아들이 가는 길을 그대로
본받으려 노력하면 얼마나 좋겠는가?
31 그가 깨달음을 가진 만큼 너희도 도
달하면 얼마나 좋겠는가?
32 그러나 너희는 그와 같이 역사할 수

없으며 다 한계가 있음이니라.
33 자연과 말을 하며 나 여호와와 대화하
며 꽃들과 새들과 대화하는 나의 아들
의 경지를 너희가 따르고자 노력하나,
34 그것을 따르지 못하며 거기에 임하지
못하여, 너희가 구원을 받지 못하며
나에게 오를 수 없다고 좌절하지 말며
싫증 내 돌아서는 그와 같은 백성이
되지 말라.
35 나의 아들은 나로부터 직접 성령을 들
으며 가는 길이 있으며 나에게 직접
받아 임하고 역사하는 것이 있음이니
라.
36 그것을 너희가 능가하지 못하며 따라
가지 못한다 하여 좌절하고 실망하지
말라.
37 다만, 최선을 다하여 노력하라 함이니
라.
38 또한, 나의 아들이 가는 길이요, 예수
가 가는 길을 너희가 갈 수 없다 하여
중간에 포기하고 돌아서는 삶을 살아
서는 아니 될 것이니라.
39 너희가 목표는 거기에 두되, 그와 같
이 이루어지지 못한다 하여 실망하지
말고 좌절하지 말며 돌아서지 말라 함
이니라, 사랑하는 나의 아들딸들아!

7,305 번째 하나님 말씀

2003년 8월 28일 11시 55분

1 사랑하는 나의 아들아!
2 "네, 아버님! 말씀하옵소서."
3 나로부터 선택된 백성이요, 나로부터
부름을 받은 너희는 과연 무엇이더냐?
4 수천 년 동안 흘러오면서 그 많은 백
성이 나로부터 선택된 자가 없으며 나
로부터 부름을 받은 자가 없음이니라.
5 나로부터 선택되었다 말하며 나에게
부름을 받았다 말하며 오늘날 믿음의
길이요, 하늘에 오르는 길이라 울고불
고 광란의 짓을 하고 가는 자들은 저
자신에 도취되어 제 생각이요, 제 마
음으로 육의 생각으로 그리하는 것이
니라.
6 나로부터 선택된 백성과 나로부터 부
름을 받은 백성의 은혜의 그 한계는
하늘과 땅보다도 더 먼 것이며, 지옥
과 천국 같은 것임을 알아야 할 것이
니라.
7 부름을 받지 못한 백성은 나와 관계가
없으며 내가 선택하지 아니한 백성이
요, 선택할 수 없도록 사악한 길을 가
는 백성이니,
8 나로부터 선택을 받으며 부름을 받은
백성 너희의 그 은혜를 과연 어찌 다
말할 수 있겠느냐?
9 그러니 너희는 여기서 깊이 깨달아야
할 것이니라.
10 너희가 나로부터 선택을 받은 것이 위
대함이요, 부름을 받은 것이 위대함이
요, 그 은혜가 크고 크다 생각하기 전
에,
11 나로부터 선택됨이요, 부름을 받은 그
은혜를 받은 백성 너희가 과연 어떠
한 자세로 세상을 살아가야 할 것인가
를 생각하라.
12 그 많은 나의 백성 중에 부름을 받으
며 선택을 받은 것은 너희뿐이라 감히
내가 나의 법전에 기록하여 너희에게
전함이니라.

13 그들은 나에게 선택을 받고자 원했으
며 내가 불러 쓰기를 원했으나, 내가
원하고 바라는 뜻이 아니요, 나를 등
지며 나를 능멸하며 나로부터 멀어지
는 그와 같은 행위를 하고 있음이니,
그들과 너희는 차이가 있음이니,
14 그들을 탓하기 전에 너희가 해야 할
일과 역사할 그 직분을 스스로 찾아서
해야 함을 잊지 말라.
15 너희는 나로부터 선택을 받은 자들이
요, 나의 은혜를 생각한다면 너희가
가진 능력과 가진 모든 특성을 다 살
리고 살려, 나 여호와가 이루고자 하
는 길에 최선을 다하여 몸바쳐 일하
며,
16 모든 것을 던져 가꾸고 가꾸어 열매를
맺도록 하는 것이 너희가 해야 할 일
이며 가야 할 길이라는 것을 절대 잊
어서는 아니 될 것이니라.
17 나로부터 선택되어 부름을 받은 것이
영광이요, 축복이요, 특혜자라는 생각
을 하기 전에,
18 내가 내린 그 모든 것을 잘 다스리고
가꾸어 좋은 열매를 맺도록 하여 수확
하는 것이 너희의 무거운 책무요, 선
택된 대가의 길을 가는 것이라는 것을
알라.
19 그것은 바로 무엇이더냐?
20 잘못 알고 죄가 무엇인지 모르며 삶
이 무엇인지도 모르며 구원이 무엇인
지도 모르고 살아가는 나의 불쌍한 백
성이요, 말로써 부르짖으면 구원을 받
는다며 울부짖는 그 백성을 다스려서
그들이 바로 나에게 오르는 길로 돌
아설 수 있게 하는 것은,
21 나의 법전을 가슴에 안고 정독하여 그
들이 감사의 눈물을 흘릴 수 있도록
잘 가꾸고 다스려서 열매를 맺는 그와
같은 결과이니라.
22 그 열매를 맺도록 최선을 다하는 데
주저하지 말며 잊지 말라, 사랑하는
나의 아들딸들아! 그것이 너희가 가
슴에 안고 있으며 짊어진 짐이니라.
23 너희의 임무가 무엇이겠느냐?
24 죄 속에서 허덕이는 백성이요, 잘못
가는 믿음을 구원의 길이라 가는 그
백성이 결국 무엇인 줄 알겠느냐?
25 지옥으로 가는 길이요, 죽음의 길로
가는 그 백성을 구원하는 것이 너희
가 해야 할 일이며 역사할 것이니,
26 그들을 구원하는 기본이요, 근본이요,
생명이 무엇인 줄 알겠는가?
27 그들을 살릴 수 있는 생수는 바로 나
의 법전이니라.
28 내가 나의 아들을 통하여 모두를 다
태워 마지막으로 너희를 위하여 내리
는 '하늘에 오르는 길'이요, '하나님!
말씀하옵소서'라는 이 책이요, 법전이
요, 새로운 성경이니라.
29 이를 만들고 전하는 일에 너희가 가진
능력과 각자가 가진 특성이요, 그 모
든 것을 다 바쳐 나의 법전을 만드는
데 최선의 노력을 다하여 만백성을 구
하는 길에 앞장서야 할 것이니, 그것
이 너희가 가야 할 길이니라.
30 그리고 이 세상을 하얀 눈이 소복소복
내리덮듯이 나의 법전이 이 세상을 덮
도록 이고 지고 전하는 것이 나로부터
선택된 백성이요, 나에게 부름을 받은
백성이 그 은혜에 보답하는 길이라는

것을 잊지 말라, 사랑하는 나의 아들
딸들아!
31 나 여호와의 은혜로써 거듭나는 너희
가 되어야 하느니라.
32 그와 같은 역사가 있을 때 너희는 나
여호와로부터 은혜를 받으며, 나의 은
혜를 받음으로써 거듭나야 할 것이며,
33 또한 거듭난 백성은 어찌해야 하는지
알겠느냐?
34 사랑하는 나의 아들 예수가 피 흘려
너희를 구원하고자 했듯이, 너희도 그
와 같이 자신의 목숨을 다 바쳐 피 흘
려 죽어 가는 그 희생이 있다 하더라
도 너희 이웃과 주변에서 죄에 휘말려
죽어 가는 그 백성을 구원하는 데 주
저하지 말아야 할 것이니라.
35 그것이 부름을 받은 백성이요, 선택된
백성이 가야 할 길이고 행할 길이니라.
36 저희 스스로 선택되었다, 부름을 받았
다, 구원을 받았다고 울고불고하며 오
만에 젖어 있는 그 백성과, 조용히 뒷
전에 물러앉아 나의 뜻을 받아 하나
하나 역사하는 백성 너희가 해야 할
길은,
37 내가 나의 아들을 통하여 내리는 법전
을 만들어 내는 데 모든 것을 다 바치
며 너희의 특성과 가진 재능을 다 바
쳐 역사할 것이며,
38 그리고 이를 이고 지고 끌고 세상에
전하는 일에 손발이 부르트도록 모두
를 다해야 할 것이니라.
39 그리해도 나에게 부름을 받으며 선택
된 백성으로서 그 은혜를 갚을 길이
없음을 알아야 할 것이니라.
40 그리고 너희는 선택된 백성이라 내가
명하였음이니, 누가 뭐라 해도 예수가
피 흘려 너희를 구원하고자 그 고통
속을 마다하지 않고 갔던 그를 기리며,
41 너희가 목숨을 바쳐 그보다 더 진한
피로써 세상에 뿌린다 해도 두려워하
지 말며 그 길을 마다하지 말며,
42 죽음을 불사하는 그 희생으로써 네 이
웃과 네 형제와 네 주변에 있는 만백
성이 지옥으로 끌려 가는 것을 구원하
는 것에 잠시도 게을리해서는 아니
될 것이니라.
43 남들이 어찌 가든, 남이 뭐라 하든, 축
복을 받았다 말하든, 구원을 받았다
말하든, 그와 같은 그들의 감언이설에
현혹되지 말며,
44 너희는 조용히 선택된 자가 가야 할
길이 무엇이며, 부름을 받은 백성이
해야 할 것이 무엇이며, 나 여호와가
존재함을 믿는 자들이 어찌해야 할
것이며, 나에게 기도하고 경배하는 백
성이 어찌 살아야 하는가 그 일만을
연구하며,
45 너희가 가야 할 길이며 살아갈 길만
을 묵묵히 가도록 그리하라.
46 그리하여 너희가 깨우치며 모두를 다
바쳐 나의 피조물 만백성들을 구하고
자 해도 못다 할 것이니라.
47 너희가 죽어 나에게 와 '더 많은 사람
을 구할 것을, 그리고 더 노력하여 많
은 백성을 아버님 품으로 인도할 것을
…….' 하며 그때 가서 후회해도 늦음
이니라.
48 그와 같은 후회를 하지 아니하기 위
하여, 쓰러져 가는 자와 그리고 사막
에서 오아시스를 위하여 끝까지 걸어

가며 지친 몸을 끌고 죽을 때까지 가
는 그와 같은 것보다도 더한 노력을
다하고 나에게 왔을 때 나에게 와 옛
이야기를 할 수 있는 것이니라.
49 너희가 편안하고 안일하게 남보다 더
좋은 비단이불 속에서 잠자고 호의호
식하고자 하는 생각으로써 그들을 끌
어 갈 수 없을 것이니라.
50 너희가 사막에서 오아시스를 찾기 위
해 마지막 사투하는 것보다도 더 강한
힘으로 그보다 더 많은 노력이요, 더
많은 인내로써 기다리며 그리는 마음
으로 나의 피조물 만백성을 구하는 데
최선을 다하고 다해도 너희는 나에게
와 후회할 것이니라.
51 그리고 후회의 눈물을 흘릴 것이며,
나에게 용서를 빌며 그 죄를 나에게
청하는 그와 같은 형국이 될 것이니
그리 알라.
52 내가 너희에게 일찍이 깨우쳐 가르쳐
주기를 뭐라 하였느냐?
53 사랑하는 나의 아들딸들아, 너희가 아
무리 부모에게 효성을 하며 부모 공경
하기를 다했다 해도,
54 그 부모가 죽은 다음에 후회하지 않는
자가 없으며 그 죽은 무덤 앞에 가 통
곡하며 두 다리 뻗고 울지 않는 자가
없다 하였음이니라.
55 어찌하여 부모가 살았을 때 너희가
좀 더 효성을 다하며 좀 더 잘하는 자
식이 못 되었을까 하는 것을 통곡하
며 후회하지 않는 자식이 없다 그리
말하였음이니라.
56 너희는 나에게 와 영원히 사는 나의
낙원에 좀 더 많은 백성을 좀 더 많은
형제를 구원했더라면, 오늘의 그 자리
를 누리며 나에게 부끄러운 마음이요,
미안한 마음을 갖지 아니할 것이니라.
57 내가 너희에게 일찍이 말하였느니라.
58 가장 행복한 자는 무엇이라 말했느냐?
59 나의 아들을 따르는 제자들이요, 너희
는 다시 한 번 나의 법전에 기록된 내
용을 상기해야 할 것이니라.
60 너희 육신이 다 썩어져 죽어 가도 정
신이 있고 입이 열리는 한 '아버님, 저
의 죄를 용서하여 주옵소서.' 하고 기
도할 수 있는 것과,
61 너희가 숨이 넘어가지 직전까지 지은
죄를 용서 비는 그와 같은 생각을 할
수 있는 모습으로 살아가는 것도 최고
의 영광이요, 가장 큰 은혜라 했음이
니라.
62 네가 죄를 빌며 네가 죄지은 것을 뉘
우치고 깨달으며 그리고 바로 살아야
한다는 것을 깨달으며 그와 같이 행
하려고 생각만이라도 할 수 있는 것,
63 그리고 나를 아버지라 부를 수 있는
숨이 넘어가지 않는 그 순간에도 최고
의 행복이요, 그보다도 큰 은혜와 영
광이 없다 하였음이니라.
64 너희가 멀쩡한 육신으로 먹고살 수
있는 이와 같은 형국에서 만백성을 구
하는 데 너희 자신을 짜고 또 짜고 비
틀고 비틀어 마른 옷을 입기 위해 물
에 젖은 옷을 비틀고 비트는 것보다도
더 천배 만배 강한 마음으로 너를 비
틀고 짜야 할 것이니라.
65 그리하여 그 속에서 나의 백성을 구하
는 데 최선을 다하는 삶을 살아왔을
때 너희가 죽어 나에게 은혜를 받은

것을 미안하지 아니하며 부끄럽지 아니하며 죄송하지 않은 마음으로 살아갈 수 있는 것이니, 모두를 다하라.

66 나의 간절한 이 뜻을 내가 너희를 사랑함이요, 너희가 가야 할 길이요, 나에게 와서 받아야 할 길이요, 나에게 와 너희가 제시할 것이요, 너희가 역사한 것의 심판을 받는 기준이기 때문에 그러하니라.

67 내가 너희를 사랑함이니라.

7,306 번째 하나님 말씀

2003년 8월 28일 12시 08분

1 사랑하는 나의 아들아!

2 "네, 아버님! 말씀하옵소서."

3 너희가 세상에 존재하는 그것으로써 나 여호와의 노함을 풀 수 있으며, 나의 피조물 만백성들이 깨우쳐 하늘에 오르는 것을 기다릴 수 있으며, 천 년이라는 역사가 흐르는 그 속에서 하늘에서 이루어진 것같이 이 지상에 이루고자 하는 나 여호와의 기쁨이 있음을 너희는 알아야 한다 하였음이니라.

4 그는 무엇이더냐?

5 내가 아무리 나의 아들 예수를 그 고통 속에 죽어 가게 그를 던져 너희를 깨우치고자 했어도, 그 백성이 그걸 받아들이지 아니하였으며 은혜로 생각하지 아니하며, 그를 이어받아 역사하는 그와 같은 변화를 하지 못했으니, 그것이 나 여호와의 마음이 얼마나 아픈 줄 알겠느냐?

6 보석을 주며 생명수를 줘도 그걸 받지 아니하고 소중한 것을 모르는 자에게 아무리 준들 무엇하겠느냐?

7 그와 같은 후손들이 지금 교회라는 것을 짓지 말라 하였거늘, 나의 발등 위에 열 발짝 안에 하나씩 짓는 그와 같은 형국이 지금 이루어지고 있으며,

8 그 속에서 온갖 비리요, 온갖 추악한 죄의 온상이 되어 있으며, 육의 삶을 위하여 그와 같이 이끌어 가며 시기 질투하는 곳이 생김이니,

9 이것이 천 년 2천 년 흘러가면 얼마나 무서운 변화가 이루어지겠느냐?

10 그리고 그 백성의 수는 또 얼마나 늘어 가겠느냐?

11 서로 제가 존재하며 먹고살기 위하여 그저 잠자는 자까지 깨워 둘러업고, 죽어 가는 자까지 업어다 교회에 갖다 놓고 그저 안수 기도로 살리고 생명을 얻는다며 그와 같이 몸부림치는 추하고 더러운 모습의 형국이 생길 것이니라.

12 지금은 그래도 복음이라는 것을 전하며 저희 교회에 오면 구원받는다 말하나,

13 이제는 데려갈 사람도 없으며 저희가 끌어 갈 수도 없을 만큼 열 발짝에 하나씩 그보다 더 촘촘히 교회에 십자가 간판을 걸고 공동묘지를 만들어 놓고 있음이라.

14 이제는 환자요, 말 못 하는 아이들까지도 둘러업고 머리를 채우기에 급급한 그와 같은 형국이 될 것이니라.

15 그와 같이 사악한 자들 앞에 나 여호와의 진리요, 참진리의 생명수를 아무리 내려보내고 붓고 한들 듣지 아니하며 알아듣지 못함이니라.

16 그러나 지금 나의 아들을 따르는 제자
들이요, 나의 법전을 읽고 깨우친 백
성 너희는 내가 너희에게 내리는 뜻
을 알아들으며,
17 내가 바로 세우고자 하는 가르침을 전
할 때 그를 전할 곳이 있으며 들을 곳
이 있는 너희가 있기에 나 여호와의
기쁨이 이루 말할 수 없음이니라.
18 너희가 구원의 길을 와 천국의 문을
들어와 나와 옛이야기를 하는 아버지
와 자식으로서 사랑이 그득히 담긴
대화를 나누기 전에, 너희가 오늘의
효성스러운 아들딸이면 바로 무엇이
더냐?
19 내 말을 들으며 내 음성을 들으며 내
뜻을 이해하며 내가 내리고자 하는 것
을 믿고 따르고 하니,
20 내가 세상에 나의 아들을 통하여 내리
는 것을 받아 주는 자가 있으며 그를
따르는 너희가 있음이니, 그리하여 소
중하고 귀하다 함이니라.
21 나의 아들 예수가 전하고자 했을 때
그 뜻을 그대로 받아 주는 자가 있었
더라면, 그리고 그대로 행하는 자가
있었더라면 오늘날 이와 같이 험악한
세상은 없었을 것이니라.
22 나 여호와는 자식이 죽어 가며 나의
아들이 피 한 방울까지 말라 그 몸에
서 물이 나올 때까지 그 고통과 시련
속에 죽어 갔어도,
23 그를 지키고 행하는 자가 하나도 없으
며 그걸 받아들이며 그와 같이 목숨을
걸고 다스려 나간 자가 하나도 없음이
니라.
24 그게 다 너희가 말하는 공염불이요,
허상이요, 우리 부자가 고생한 것밖에
더 되느냐?
25 그 고통의 결과로 아무것도 얻은 것이
없으며, 돌아오지 않는 허공에 메아리
를 부르는 것같이 그리되었음이니, 나
여호와의 분노함이요, 나 여호와의 마
음이 어떠하겠는가?
26 그러나 이제는 내가 나의 아들을 통하
여 내리는 법전을 듣는 너의 제자들이
있으며, 그가 이끌어 가는 그 성전에
그득히 앉아 담소하는 너희가 있음이
니,
27 하나가 아니요, 둘만이 있어도 나 여
호와의 기쁨이 이루 말할 수 없거늘,
너희가 그득히 앉아 그 강론을 듣고
그 길을 가고자 하며 내 뜻을 전할 곳
이 있으며 내 뜻을 받아들이는 자가
있으며 그를 행하고자 하는 백성 너희
가 있으니,
28 그것이 바로 얼마나 나 여호와의 기쁨
인지 알겠느냐?
29 나 여호와의 기쁨은 곧 너희가 효자
요, 효성스러운 아들딸로서 존재함이
니, 너희가 소중하고 귀하다 함이니라.
30 이것으로써 너희는 높이 와 있는 나의
선택된 백성이요, 부름을 받은 백성이
라는 것을 알라, 사랑하는 나의 아들
딸들아!
31 모든 백성이 지금 어찌 살아가는 줄
알겠느냐?
32 너희는 이 세상에 태어나며 그 은혜를
받았음이니, 그 은혜도 모르고 살아가
는 자들이 그들이니라.
33 그러나 이제 나의 아들을 따르는 제자
너희는 세상에 태어난 그 은혜에 감사

함을 알며, 그 은혜에 보답하고자 계
명을 지키고 살아가고자 하는 마음으
로 다스려 가지 아니하더냐?
34 그러니 그것이 나의 기쁨이니라.
35 그리고 너희는 어떠하더냐?
36 죄 속에서 죄가 무엇인지도 모르고 살
아가는 자들, 흘러가는 물에 편승하여
가듯이 그저 거기에 더불어 흘러가면
서 지옥으로 가는 자들,
37 바로 그와 같은 지옥의 세계에서 가
야 할 나의 아들딸들이 광명천지로 인
도되어 세상에 나와서 지금 살아감이
니, 또한 나로부터 받은 은혜가 둘이
아니더냐?
38 그리고 지금 구원의 참진리의 길을
보기 위하여 진리를 연구하는 백성이
요, 믿음의 길을 가는 모든 자들은 구
약과 신약의 그 비유의 뜻을 알지 못
하며, 지도자들이 저희 입맛에 맞게
가감하여 가르치는 설교 소리를 들으
며 그것이 구원이요, 생명수라 말함이
니,
39 너희는 세 번째 나에게 받은 은혜가
아니더냐?
40 그리고 구원의 길에 들어섰다, 그리고
나에게 오를 수 있다고 말하는 자들은
나와 관계가 없음이니라.
41 그러나 너희는 묵묵히 나의 뜻을 따
르며 너희가 행할 길을 가고 있음이
니, 곧 반석 위에 서서 하늘에 오르는
빛을 볼 수 있으니 그 길을 가는 너희
는 나에게 네 번째 받은 은혜가 아니
더냐?
42 너희는 깨우치면서 지금 어찌 가고
있느냐?
43 너희는 깨우쳐 변하며 행함이 나에게
오르는 길이요, 그것으로써 모든 점수
를 매긴다 함이니라.
44 모든 종교 집단이요, 지도자들은 행함
을 무시하며 그것은 별것 아니라 생각
하며 가장 중요한 것을 던져 버리고
가는 불쌍한 백성이니라.
45 너희는 행함이 얼마나 소중한지 깨우
치며 그리 실천하니 나로부터 받은
다섯 번째의 큰 은혜가 아니더냐?
46 너희는 나로부터 수없는 은혜를 받았
음이니라.
47 지금의 어떠한 백성보다도 나에게 그
은혜의 빛을 받았으니, 그것을 하나하
나 기록한다면 내가 160권에 기록해
도 남을 만큼 너희는 나로부터 소중
한 은혜를 받았음이니라.
48 그러니 나의 아들을 따르는 제자요,
그리고 나의 법전을 읽고 깨우친 백성
너희는 나로부터 은혜를 받았으니,
49 선택된 백성이기에 부귀와 영화가 있
으며 하늘에 올라와 큰 상을 받을 그
착각 속에서 사는 삶이 아니라, 나에
게 수많은 빚을 지었음이니,
50 이 세상에 살면서 나로부터 진 그 빚
에 대하여 그걸 갚겠다는 마음으로
살아야 할 것이니라.
51 나로부터 받고 받은 그 많은 은혜를
빚으로 생각하고 살라.
52 그리하여 그 빚을 이 지상에서 꼭 갚
고 가겠다는 그와 같은 마음으로 살아
야 할 것이니라.
53 사랑하는 나의 아들딸들아! 너희는
나로부터 받은 가장 큰 빚쟁이라 그리
생각하거라.

54 너희가 육의 세상에 살면서 남에게 갚
을 것을 갚지 아니하면 아니 된다고
그리 말하여 기록한 예가 있지 않더냐?
55 그러니 나로부터 받은 은혜의 그 빚을
너희 생명이 살아 있는 이 지상에서
모두 다 갚고 오겠다 그리 생각하라.
56 나로부터 은혜의 빚을 진 백성 너희가
과연 무엇으로써 은혜를 갚는 것이더
냐?
57 이제 너희는 알고 있지 않으냐?
58 네 이웃을 사랑하며, 네 주변 사람을
네 몸과 같이 사랑하며, 만백성에게
나로부터 받은 그 은혜의 빚을 되돌려
주어 하늘에 오르는 빛을 볼 수 있도
록 하며, 너희처럼 구원의 길에 들어
올 수 있도록 하는 그것이 나에게 빚
을 갚는 것이요,
59 너희에게 준 모든 은혜에 대해 진 빚
을 갚는 것이라는 것을 잊지 말라.
60 지금의 모든 종교 집단이요, 믿음의
길을 가는 백성이 어찌 살아가느냐?
61 그들은 저를 위하여 달라 그리 말하며
제가 갖고자 하는 것을 이루어 달라
하며 저 자신을 구원하기 위하여 기
도하며 제가 남보다 낫기 위해 기도
하느니라.
62 그리하는 것이 아님을 그들에게 잘 깨
우쳐 주고 전하라.
63 그리고 너희는 절대 그러한 길을 가
지 말라.
64 너희는 나의 아들 예수가 피를 흘려
죽음으로써 그가 무엇을 원했더냐?
65 그는 너희를 위해서 죽었음이니라.
66 너희를 위하여 나의 아들 예수는 죽어
갔음이니라.
67 그러니 나의 아들 예수를 따른다는 것
은 말로써 은혜요, 축복이요, 영광이
요, 정신병자같이 광란의 짓을 하지
말고,
68 예수가 남을 위해 살아갔듯이 너희도
자기가 아닌 남을 위하는 마음으로 살
아가는 것이 바로 나의 아들 예수가
피 흘려 죽은 그 은혜에 보답하는 것
이며, 그를 길이 지키는 것이니라.
69 그러니 더 달라는 자, 구원받으려는
자, 이루고자 하는 그 추한 목소리로
가는 그 백성을 이제 구원하라.
70 그러니 너희는 그와 같은 기도를 하는
것이 아니요, 남을 위해서 살며 예수
가 너희를 위해서 모두를 던졌고, 나
여호와가 너희를 위해 모두를 다 던져
주었듯이,
71 너희 또한 남을 위해, 상대방을 위해
살아가는 그와 같은 마음 자세로 살아
가는 것을 잊지 말라.
72 그것이 너희가 가야 할 길이며 나에게
오르는 백성이니라.
73 그러니 너희는 자신을 위하지 아니하
며 '나는 너를 위해서 산다, 나는 네가
존재하기에 살며 너를 위하여 산다,
74 그리고 너를 편안하게 하기 위하여 내
가 살며, 네가 구원을 받게 하기 위하
여 내가 존재하며, 네가 하나님 앞에
오를 수 있도록 너를 깨우쳐 주기 위
하여 나는 법전을 공부하며,
75 너를 위하여 이 법전을 짊어지고, 사
막에서 죽기 직전에 오아시스를 찾으
러 가는 그 몸보다 더 지치고 나약한
내가 법전을 이고 지고 너를 찾아가며
너를 위한 삶을 사느니라.'

76 이와 같이 생각하고 삶을 살아가는 것
이 예수의 죽음에 보답하는 길이요,
나의 은혜에 보답하는 길이요, 나에게
받은 모든 은혜를 갚고 나에게 옴을
알라, 사랑하는 나의 아들딸들아!
77 그 길이 너희가 가는 길이며 그 길이
너희의 역사함이니,
78 똑같은 인간으로 똑같은 세속에서 살
아가면서, 너희만 유독 그리 살아가라
하며 너희를 선택하고 부른 내 마음
이 아픔이니라.
79 그러니 너희는 나에게 선택된 것이요,
나에게 부름을 받은 것이 고통이요,
시련의 길을 가는 것이라 그리 알며,
80 기뻐하며 영광되며 특별한 사람이요,
특별히 선택된 사람이란 오만과 자만
함을 버리고 고개 숙여 모든 백성을
위해 살아가는 데 최선을 다하라, 사
랑하는 나의 아들딸들아!

7,307 번째 하나님 말씀

2003년 8월 28일 12시 17분

1 사랑하는 나의 아들아!
2 "네, 아버님! 말씀하옵소서."
3 나 여호와가 사랑의 하나님이요, 용서
의 하나님이요, 은혜를 베푸는 하나님
이라 그리 떠들고 말하면서, 어찌하여
너희는 내 뜻을 그대로 행하고 살지
않느냐?
4 내가 사랑의 하나님이요, 베푸는 하나
님이요, 은혜를 내리는 하나님이라면,
너희는 나로부터 받은 것을 그 모두는
다 너희가 쓰고자 하는 것, 베풀고자
하는 것을 그대로 모든 백성에게 되
돌려 주면 되는 것이 아니더냐?
5 너희가 나로부터 받은 은혜를 갚으라
한 것은 나에게 갚으라 함이 아니니라.
6 그 모두는 너희가 나에게 진 것만큼
만백성에게 갚아 주며 그리 내리면 되
는 것을,
7 수천 년 동안 흘러오는 모든 종교 집
단이요, 지도자요, 그 수많은 신도가
이것 하나만 깨우치고 그대로 행하고
왔더라면,
8 오늘과 같이 불안한 세상이요, 균형을
잃은 세상이요, 흔들리는 세상이요,
너희가 어지러움 속에 허덕이며 사악
한 자들이 지배하는 세상은 되지 아니
하였을 것이니라.
9 이제 나의 법전을 읽고 깨우친 백성
너희는 알라.
10 나 여호와는 베푸는 하나님이요, 내리
는 하나님이요, 용서의 하나님이니,
나에게 진 빚이라 하여 너희에게 그를
갚으라 한 것은 나 여호와에게 갚으라
함이 아니요, 나에게 돌리라 함이 아
니니라.
11 사랑의 하나님이요, 베푸는 하나님이
요, 은혜의 하나님이라며 내가 베푼
것을 배로 거둬들이고 더 거둬들인다
면 내가 얼마나 사악한 하나님이더냐?
12 나를 어찌하여 그리 욕되게 하느냐?
13 나는 너희에게 베푸는 하나님이니, 내
가 너희에게 내려 준 것을 너희는 만
백성에게 그 빚을 갚으라 하는 것이
나의 뜻이요, 나에게 오는 길이라 하
는 것을,
14 어찌하여 그것 하나 깨우치지 못하며
바로 가지 못하느냐?

15 너희가 그리 말했을 때는 거둬들일 수
가 없으며 교회라는 것을 궁궐처럼 지
을 수가 없으며 너희가 호화로운 생
활을 할 수 없기 때문에, 나의 참뜻을
저버리고 거역하고 사는 자들이니라.
16 이제 나의 법전을 읽고 깨우친 나의
아들을 따르는 제자 너희는 들어야
할 것이니라.
17 이 세상에 모두를 다 전하라, 나 여호
와는 사랑의 하나님이요, 은혜의 하나
님이요, 베푸는 하나님이 맞다 그리하
라.
18 그러니 그 모두를 내린 사랑의 하나님
이요, 베푸는 하나님이 내린 것을 다
시 거둬들이더냐?
19 절대로 거둬들임이 없음이니라.
20 그리하여 베푸는 하나님이라 그리 전
하라.
21 그러기에 내가 너희에게 내린 것을,
나에게 진 빚을 많은 백성이요, 이웃
에게 그리고 너희 형제에게 갚고 살
라는 것이 내가 바라는 가장 큰 소원
이요, 내가 너희에게 가장 원하는 희
망이라는 것을 전하라.
22 이것이 무엇이 잘못되었기에 전하는
이것을 이단이요, 사탄이라 하며,
23 나의 아들을 통하여 밤과 낮을 가리지
아니하고 대장정의 법전을 내리는 것
을 사악한 자의 행위라 말하여 그를
죽이려 하며 그를 태우려 하며 그를
짓밟으려 한단 말이더냐?
24 나에게 진 빚은 모두 다 너희 이웃에
게 갚으라.
25 그리고 네 이웃의 형제에게 갚으라.
26 그것이 나 여호와가 너희에게 간곡히
바라는 소원이며, 비는 마음으로써 너
희에게 전함이니라.
27 그러나 지금 크고 방대한 조직을 가졌
으며 이 세상을 이끌어 가는 종교 집
단 지도자들이 어찌 가느냐?
28 제 소원을 비는 자들, 그리고 제가 무
엇을 더 이루고자 무엇을 역사하고자
하는 자들,
29 그들은 저 자신을 위하여 기도하며
저 자신을 역사하다가 하는 소리가,
나 여호와에게 직접 갚으며 나 여호와
에게 그 은혜를 보답한다 하여 나의
아들을 찾으며 예수의 흘린 피의 은혜
에 감사한다 하며 살아가고 있음이니
라.
30 나의 아들 예수가 죽어 간 그 피의 대
가로써 너희가 무엇을 바치며 무엇을
던진다 하여 그 은혜에 보답할 수 있
겠는가?
31 나의 아들 예수가 한 방울의 피까지
마르며 너희를 위하여 죽어 간 그것에
보상한다 생각하지 말며 갚는다 생각
하지 말라.
32 진정 나의 아들 예수의 뜻은 나 여호
와의 뜻이니, 나는 베푸는 하나님이니
라.
33 너희가 그 모든 은혜를 입었다면, 불
쌍한 네 이웃에게, 가난한 네 이웃에
게, 불편한 네 이웃에게, 남들과 당당
히 살아가지 못하는 자에게 갚으라.
34 모두가 소중한 나의 아들딸이니라.
35 기운 것도 나의 아들딸이요, 완벽한
것도 나의 아들딸이요, 초라하게 폐인
이 되어 살아가는 것도 나의 아들딸이
니, 부모가 열 자식 중에 잘사는 자식

보다 못살고 고통스럽게 바보처럼 사
는 그 자식이 더 불쌍하듯이 내 마음
도 그러니라.
36 그들에게 너희가 받은 은혜를 갚으라.
37 그들에게 그걸 내려보내라, 그들을 고
통에서 구원하라.
38 작은 것을 베풀고 고통에서 벗어날 수
있는 그 길을 행하라.
39 너희가 작은 것을 베풀어 그들이 죽지
아니하고 살 수 있으며, 조금만 도와
주면 굶지 않고 살며 추울 때 입을 것
을 입느니라.
40 호의호식하도록 그들을 도우라 함이
아니라, 그저 기본의 생활을 엮어 갈
수 있도록 가진 자가 이웃에게 베풀
며 도우라 함이니라.
41 내가 사랑하는 마음이 그것이니라.
42 사랑하는 나의 아들딸들아! 어찌하여
너희가 그 뜻 하나를 들어 주지 못한
단 말이더냐?
43 나에게 받은 대로 그 받은 은혜를 네
이웃에게 갚으라.
44 그리 행하라, 그리 행해야 함이니라.
45 내가 너희에게 그리 간곡히 부탁함이
니 그를 잊지 말라, 사랑하는 나의 아
들딸들아!
46 너희가 예수로부터 받은 그 은혜를 갚
고자 한다면 나의 아들 예수의 이름
을 부르고 찾지 말며, 그저 영광이요,
축복을 돌린다 하지 말라.
47 그와 같은 것이 있거든, 너희가 가진
것, 가진 능력, 깨우칠 수 있는 지혜
요, 그 모두를 네 이웃과 만백성에게
갚으라.
48 너희 자신을 위하여 쓰지 말라.
49 너희가 희생하여 나에게 받은 은혜를
나의 피조물 만백성들에게 갚으라는
나 여호와의 뜻을 절대 저버리지 말라.
50 너희가 남에게 죄지은 것이 있다면 그
걸 다 면죄받고 갚아야 할 것이며, 어
떠한 물질을 갚을 것 또한 다 갚고 오
는 것이 너희가 정리하고 오는 길이
라 내가 나의 법전에 기록하여 전했음
이니라.
51 조금 전에 나의 법전에 기록하여 전했
던 그 뜻을 안다면, 나에게 진 빚을 다
갚고 오고자 한다면 너희는 이웃을
구하라.
52 이웃을 네 몸과 같이 사랑하는 것이
나 여호와를 사랑함이요, 네가 나를
위하여 가는 길이며 역사하는 것이니
라.
53 네 이웃을 네 몸과 같이 사랑하는 것
이 나 여호와의 사랑이요, 내가 이루
고자 하는 것이며 십자가에 고통스럽
게 죽어 간 나의 아들 예수에게 보답
하는 길이며 그 대가에 답하는 길이라
는 것을 절대 잊지 말라.
54 너희가 이제 행해야 할 길이 무엇이며
가야 할 길이 무엇인가를 알았으면,
55 이 법전을 읽는 나의 아들을 따르는
제자들이요, 그리고 법전을 읽고 깨우
친 만백성 너희는 거기에서 어떠한
이유도 달지 말며, 그대로 행하고 지
키고 가는 삶을 살라, 사랑하는 나의
아들딸들아!

7,308 번째 하나님 말씀

2003년 8월 28일 12시 24분

1 사랑하는 나의 아들아!
2 "네, 아버님! 말씀하옵소서."
3 너희가 나로부터 받은 그 은혜는 헤아
릴 수 없다고 내가 그리 말하였음이니
라.
4 그 은혜 속에 태어난 너희가 받은 은
혜를 이루 헤아릴 수 없으니,
5 나에 대한 은혜를 알고 정녕 그를 진
심으로 감사하며 그 은혜에 보답하고
자 하는 마음으로 산다면,
6 과연 나에게 무엇을 내려달라, 무엇을
이루어 달라는 그 육의 소원을 빌 수
있으며, 악하고 사악한 생각으로 살
수 있겠더냐?
7 그리고 살아가는 삶 자체도 게으르게
살 수 있겠는가?
8 남들보다 더 부지런한 삶이요, 남들보
다 더 열심히 사는 삶이요, 악의 마음
의 뿌리를 뽑으며 선한 마음으로 너희
자신을 바꿔 놓는 삶을 위하여 몸부림
칠 것이며,
9 감히 나에게 이루어 달라, 뜻을 이루
어 달라, 갖고자 소원하고자 하는 것
을 그 입으로 기도드리지 못함이니라.
10 그 입안에 얼마나 무서운 것이 들어
있느냐?
11 그 입이 썩어져 있으며, 그 입에서 나
오는 냄새가 이 지상을 오염시키며 하
늘까지 역하게 한다는 것을 잊지 말
라.
12 너희가 정녕 나 여호와의 은혜를 생각
한다면 악하고 게으른 그와 같은 삶도
살 수 없거늘, 감히 무엇을 이루고자
나에게 욕심의 기도를 드릴 수 있단
말이던가?
13 그러니 너희가 나의 은혜를 갚는다는
그 마음으로 산다는 것, 그것 하나만
이라도 바로 갖고 바로 생각한다면 오
늘의 삶에서 돌아설 수 있을 것이니라.
14 나 여호와의 진정한 뜻을 모르고 신앙
생활을 하는 것이 수천 년 동안 흘러
온 종교 집단이요, 지도자들이니라.
15 첫째는 지도자 자신이 어찌 가야 할
것이며 어떤 것이 하늘에 오르는 길인
지 그것을 모르고 가르치는 자들이니
라.
16 신앙생활과 믿음의 생활 속에서 자신
의 뜻과 자신의 욕구만을 채우기 위하
여 지금 가는 것이 바로 믿음이요, 신
앙생활이니, 저 자신을 위해서만 하고
있음이니라.
17 저 자신을 위해서만 역사하는 것이
종교 지도자요, 또한 그 밑에서 구원
을 받았다 말하는 신도들이니,
18 높고 낮음을 잴 것 없이 똑같이 썩어
져 있는 자들이니라.
19 너희는 기복 신앙의 대표적인 자들이
니라.
20 그리하여 지금의 기복 신앙의 집단에
서 벗어나지 못하는 자, 저 자신도 모
르고 나의 피조물 만백성들을 인도한
다는 자들,
21 그곳에서 과감히 등 돌리고 벗어나지
못하는 자는 지금 가는 그 믿음이 지
옥의 문턱을 향하여 달려가고 있다는
것을 알아야 할 것이니라.
22 내가 나의 아들을 통하여 나의 법전에

기록하여, 너희가 지금 가는 믿음이
요, 역사하는 것이 지옥의 문턱으로
달려가는 길이라 가르치고 전했느니
라.
23 이 세상에 누가 너희가 지금 가는 것
이 지옥의 문턱이요, 지옥으로 가는
열차를 타고 있다 말하는 자가 있더냐?
24 구원을 받았다는 자, 그리고 나에게
와 상을 받는 것만 생각하며 그 환상
이요, 착각 속에서 지금 병자가 되어
살아가는 너희에게,
25 너희가 가는 길이 지옥의 문턱으로 가
는 길이요, 지옥 불로 가는 길이라 가
르치는 자 누가 있으며, 너희에게 경
종을 울리는 자 어디 있더냐?
26 너희가 인간 세상에서 전하는 말이 있
지 않더냐?
27 너를 도둑이라 하며 잘못했다 가르치
고 혼내는 자는 스승이요, 너를 착하
다고 달래며 최고라 구슬리는 자는
도둑이요, 사악한 자라 말하였음이니
라.
28 지금 병들 대로 병들어 환각 상태에
있는 자들, 그저 닥치는 대로 사람을
치고 무너트리고자 하는 자, 그리고
구원을 받지 못했으며 잘못 가는 길
이라는 말만 하면 칼을 들이댈 것 같
으며, 목줄을 따고자 하는 그 병자들
앞에,
29 누가 감히 너희에게 지금 지옥으로 가
며 사탄의 자식이 되어 간다 말하는
자 있느냐?
30 그와 같은 자 있거든 너희는 그를 스
승으로 받들 것이니라.
31 너희가 가는 것이 잘못되었다고 꾸짖
으며 나무라는 것을 들었을 때, 돌아
서서 반성하고 깨우치는 그와 같은 자
세로 가야 할 것이니라.
32 지금의 종교 집단처럼 사람의 목숨을
파리 목숨만큼도 못하며 미물 목숨만
큼도 못하게 다루는 사악한 자들은 없
느니라.
33 그 사악한 자들의 집단에도 제 목숨이
아깝지 않은 자 없으며, 제 명예를 더
럽히는 것을 두려워하지 않는 자가 없
으며, 짓밟히는 것을 가슴 아파하지
않는 백성이 어디 있느냐?
34 제 목숨이 두렵고 제 명예가 무너질까
봐 유능한 자요, 배운 자요, 박사요,
학위를 가진 자들이요, 모든 것을 다
아는 자요, 모든 것을 깨우칠 수 있는
자들이 침묵하며, 저 혼자만 살다 그
저 구원을 받으면 된다는 얕은 생각을
하고 가느니라.
35 지금의 방대한 조직 앞에서 사탄이요,
이단이요, 지옥으로 가는 자들이요,
저희만 지옥으로 가는 것이 아니라
나의 사랑하는 피조물 만백성까지 지
옥으로 끌고 가는 가장 사악한 자들이
라 말하는 자 어디 있으며,
36 그들에게 철퇴를 내리는 자 어디 있으
며, 그들에게 매를 들고자 옷을 걷어
붙이는 자 어디 있으며, 그들을 다스
리려고 혼내는 자가 어디 있으며, 그
와 같이 역사하는 백성이 과연 어디에
있더냐?
37 나의 명령을 받아 나의 뜻을 따르는
나의 아들 외에 누가 있으며, 더욱이
그것을 책으로 근거하여 문서로써 세
상에 전하는 그 길을 가는 자 있으면

나오라 그리 전하라.
38 너희는 어찌하여 지옥의 문턱으로 간
다고 전하며, 지옥으로 가는 열차를
타고 있다고 부르짖는 이야기를 듣지
아니하며 그리 무시하는가?
39 너희는 알아야 할 것이니라.
40 나의 아들을 통하여 내리는 참진리
위에서 새로운 믿음이요, 거듭 태어난
삶이요, 행함을 중시하는 삶으로써 행
하고 실천하는 대변화를 이루지 아니
한다면, 너희는 구원을 받을 수 없음
을 알라.
41 이제 내가 간곡히 너희에게 전함이니
라.
42 잘못 가는 그 무섭고 방대한 자들 앞
에 너희가 '잘못된 자여! 종아리를 걷
어붙여라.' 하고 매를 들어 매질로써
다스리면서 바로 세우고자 하는 자가
어디 있더냐?
43 그와 같이 부르짖으며 깨우치는 나의
아들을 통하여 내리는 나의 법전 위
에, 너희의 믿음과 행함과 신앙생활을
180도 바꾸어 다시 점검하고 돌이켜
보는 그와 같은 대변화를 이루라.
44 그것이 나의 아들딸로서 너희가 거듭
남이요, 다시 태어나는 영광을 얻게
됨을 잊지 말라, 사랑하는 나의 아들
딸들아!

7,309 번째 하나님 말씀

2003년 8월 28일 12시 32분

1 사랑하는 나의 아들아!
2 "네, 아버님! 말씀하옵소서."
3 너희가 거듭남이 얼마나 어렵고 힘들
며 얼마나 갈구하는 길이더냐?
4 그 길은 정녕 아무나 이룰 수 없으며
아무나 역사할 수 없음이니라.
5 그러니 어찌해야 하겠느냐?
6 내가 존재하는 이 하늘의 천국엔 천사
만 존재하며 천사들만 살 수 있는 곳
이요, 오물이 묻은 자는 이곳에 올라
올 수 없음이니,
7 죄를 가슴에 가득히 안은 백성은 여기
를 올라올 수 없음이니 어찌하겠느냐?
8 그리하여 내가 나의 아들을 통하여 너
희에게 거듭나라 하며, 거듭나는 삶을
살라 간곡히 전하고 전함이니라, 사랑
하는 나의 아들딸들아!
9 내가 정에 이끌려 아무나 이끌어 올
수 있으며 그저 아무나 올 수 있는 천
국의 법도라면 어찌하여 너희를 받아
들이지 아니하겠느냐?
10 그러나 나 여호와가 내리는 것은 참진
리요, 생명이요, 빛이니라.
11 그러니 나 여호와가 존재하는 이 천국
에 올 수 없는 사람까지 다 와 있다면,
이 우주 공간 어디에도 바른 곳이 없
으며, 그 진리의 원천의 샘이 끊어짐
이니라.
12 여기에는 올 수 있는 자만 오는 마지
막 보루임을 너희는 알아야 할 것이
니라.
13 사랑하는 나의 아들딸들아, 내가 너희
를 사랑하기에 거듭나라 함이니라.
14 거듭나는 길이 얼마나 어렵고 힘든 길
인가를 너희는 알지 않느냐?
15 그러니 오늘의 믿음의 집단이요, 가르
치는 종교 지도자들의 그 골격은 과연
무엇이더냐?

16 하늘에 오르는 길이 어려우며 거듭나는 길이 어렵기에, 너희가 죄를 지어서는 아니 되며, 생각해서도 아니 되며,

17 마음으로 생각하는 죄가 육으로 행하는 죄보다 더 두렵고 무서움이니, 그와 같은 생각을 지우고 살아가는 것이 하늘에 오르는 길이라 그리 가르친다면,

18 이 세상은 얼마나 순하고 아름다운 사람이 살 수 있겠느냐?

19 그러나 모든 종교 집단이요, 나를 능멸하는 자들이 가르치는 그 골격이 무엇인 줄 알겠느냐?

20 죄지은 자들아, 다 모이라.

21 그리고 죄지은 자든 죄를 짓지 아니하였든 나의 아들 예수를 믿으며 예수의 피로써 구원받았다 생각하며,

22 그리하여 예수의 복음을 전한다는 저희 손으로 지은 그 죄의 온상에 오기만 하면 구원을 받으며, 하늘에 오를 수 있으며, 천국에 오를 수 있다고 가르침이니,

23 그것이 수천 년 동안 잘못된 종교 집단이요, 지도자들이 가르친 골격이니라.

24 그러니 그 골격이 무너지지 아니하며 그 골격이 부서지지 않는 한 어떠한 변화도 역사할 수 없는 것이 오늘의 썩어져 있는 이 세상이니라.

25 예수를 믿기만 하면 구원을 받으며, 천국에 다 갈 수 있다고 가르치는 것을 싫다는 백성이 어디 있으며, 그것을 선호하지 않는 백성이 어디 있느냐?

26 어렵고 힘든 길이요, 사자 굴에 가서 살아 나오는 자요, 낙타가 바늘구멍으로 통과하기보다 더 어렵고 힘든 길이 하늘에 오르는 길이라 가르치는 말을 들을 자가 어디 있으며, 그리 기록하여 전하는 나의 법전을 읽고 따르는 자가 어디 있겠느냐?

27 나의 법전을 읽을 때 가슴이 떨리고 손이 떨려 감히 무서워 그를 집어던지며,

28 다시 돌아서서 천국에 가는 길은 나의 아들 예수를 믿기만 하면 간다는 그와 같이 편하고 간단한 그 길을 버리지 아니하고 다시 찾아감이니,

29 그 골격이요, 그 가르침에 현혹되어 지금 지옥으로 가고 있음을 알라.

30 너희는 알아야 할 것이니라.

31 나 여호와가 성경에 일찍이 그리 전했음이니라.

32 나의 생명으로써 거듭나는 자는 구원이요, 천국에 오는 길이라 그리하였음이니라.

33 너희가 천국에 오고자 하며 구원을 받고자 하는 자는 생명이 거듭나는 삶을 살지 아니하면 아니 될 것이며,

34 너희가 생명이 거듭나는 삶은 무엇이냐?

35 성경의 한 페이지를 들여다보도록 그리하라.

36 육의 삶에서 자기 자신을 먼저 버리고 지워야 하며, 세상에 사는 삶에서 악의 근본인 욕심을 버리고 자기 십자가를 짊어지고 오는 자, 그리고 그를 지고 가고자 하는 자,

37 그리하여 자기 십자가를 짊어지는 고통과 시련을 마다하지 아니하고 그 길

을 가며 그 길을 극복하는 자,
38 그리고 참진리요, 어렵고 힘들다는 나
의 율법이요, 인간으로서 지킬 수 없
다는 나의 계명을 지키며 그대로 행하
고 사는 자만이 나에게 올 수 있다는
것을 알아야 할 것이니라.
39 이제는 그걸 지키고 살 수 없다는 것
이 너무 뿌리 깊이 내려져 있으며 그
골격이 주축을 이루고 있음이니, 그걸
자를 자, 그걸 무너뜨릴 자, 그걸 꺾을
자가 없어,
40 내가 십계명이요, 나의 율법을, 모든
백성이 스스로 깨우쳐 하늘에 오르는
길을 얻도록 간단하게 기초서부터 풀
어서 모두를 다 세상에 내려보냄이니
라.
41 그러니 이제 나의 법전대로 행하고 사
는 사람만 구원에 들어설 수 있음을
알라.
42 바로 이것이 내가 너희를 사랑함이요,
너희에게 마지막 내리는 크나큰 은혜
요, 영광이라는 것을 잊지 말며,
43 가슴에 안고 정독하여 깨우침을 얻도
록 그리하라.
44 사랑하는 나의 아들딸들아, 나 여호와
의 마지막 간곡한 역사이니라.

7,310 번째 하나님 말씀

2003년 8월 28일 12시 38분

1 사랑하는 나의 아들아!
2 "네, 아버님! 말씀하옵소서."
3 이 아름답고 소중하고 귀한 나의 법전
을 만들어 만백성에게 전하는 그 역사
를 맡은 너희에게 바라는 것이 무엇
이더냐?
4 순수하고 깨끗하고 아름다운 생수로
써 전해 주기를 바라느니라.
5 너희가 생수와 같이 깨끗한 자들이 되
었을 때, 그 아름다운 모습이요, 그 손
에 들어 있는 법전은 그 빛이 하늘을
향할 것이며,
6 죄 속에 살아가는 백성이 감히 눈을
뜨지 못할 것이니라.
7 나의 법전보다 더 소중한 것이 없으며
그보다 더 찬란한 빛이 없으며, 보석
보다도 아름다운 그 빛을 비추고 있지
만,
8 그걸 담은 그릇이 썩고 병들어 있다면
과연 그 빛이 발할 수 있겠느냐?
9 그와 같은 소중한 나의 법전을 가슴에
안고 손에 들고 전하는 네가 썩은 자
며 무너진 자라면 과연 그 빛이 발하
겠느냐?
10 그 아름다운 빛을 비추고자 하는 나의
법전을 너희 자신이 생수와 같이 보석
과 같이 아름다운 모습으로써 받치고
있다면, 그 둘이 합쳐져 비추는 그 빛
은 얼마나 아름다울 것인가?
11 그 빛은 끝이 없이 전해질 것이며, 그
빛은 감히 죄 있는 자가 바라보지 못
할 것이며, 그 빛은 하늘을 밝게 비출
것이니라.
12 사랑하는 나의 아들딸들아, 그러니 너
희가 거듭나는 사람이요, 생수와 같은
아름다운 모습으로써 한 제자라도 이
세상에 빨리 나오기를 바라며, 어서
역사하기를 바람이니라.
13 그가 나의 법전을 들고 있을 때 그 빛
은 세상을 다 덮을 것이니라, 사랑하

는 나의 아들아!
14 나의 아들 예수도 자신을 위한 길이
아니요, 그와 같이 역사해 죽음의 길
을 간 것도 그와 같은 제자들을 육성
하고자 했으며 그와 같은 역사를 이루
고자 했음이니라.
15 나의 아들 예수가 전하는 그 소중하고
귀한 복음을 그대로 받아서 없어지는
것이 아니요, 소멸하는 것이 아니요,
16 물을 솜에 뿌렸을 때 그 솜이 물을 먹
듯이 그와 같은 형국이 아니라, 그것
이 유리에 반사되어 비추는 그와 같은
반사의 역사를 하여 만백성을 구하고
자 했던 것이 나 여호와의 뜻이었음이
니라.
17 너희를 위하여 자신을 희생해서 그 찬
란한 빛을 비추고자 함이니,
18 그리하여 내가 너희에게 자신을 희생
하여 예수보다도 더 고통스럽게 목숨
을 바쳐 너희가 아름다운 보석이 되
어, 그 아름다운 나의 법전인 보석이
합쳐서 세상을 비추라 하며, 그 역사
가 이루어지기를 바라는 것이 나 여호
와의 뜻임을 알아야 할 것이니라.
19 너희 믿음 또한 너희를 구하며 너희
자신이 살고자 기도하는 그와 같은 믿
음이요, 그와 같은 마음 자세로써는
어떠한 백성도 수정같이 아름답게 비
출 수 있는 것이 못 됨이니라.
20 그러니 그들에게 기대하지 아니하며
그들은 버려진 지가 오래니라.
21 그들은 지금 저희를 위하여 저를 구
하는 그와 같은 믿음의 길을 가는 자
들이요, 기도하는 자들이기에 지옥행
이요, 그리고 그들은 지금 어디로 가
는지 자체도 모르는 자들이니, 그곳에
서 무엇을 원하겠느냐?
22 그리하여 내가 너희에게 무엇인가를
이루고자 하는 것임을 알라.
23 그러니 너희가 보석과 같이 빛을 내고
자 하면, 자기 자신을 위하여 기도하
고 바라는 것이 아니라,
24 남을 위해서 기도하고 남을 위해서 사
는 그와 같은 길이요, 남을 구원하고
자 사는 것이요, 그와 같은 마음으로
너희가 변해야 한다는 것이 나 여호
와의 뜻이 여기 있음이니라.
25 나 여호와의 아들딸로서 다시 태어나
는 것이 구원을 받는 길이요, 그 백성
이 구원을 받아 나에게 오르는 것이
니, 그들이 다 다시 태어나는 역사를
이루도록 그리하라.
26 지금의 믿음의 집단과 지도자, 그리고
그 신도들이 어떠한 믿음의 길을 가는
것인지를 알 것이니, 그들과 시비하지
말며, 그들을 바라보지 말며,
27 오로지 자신을 위해 기도하는 사악한
자들을 본보기로 삼지 말며, 그들과는
차별화되는 그와 같은 믿음,
28 남을 위한 기도요, 남을 위한 믿음을
사는 그것이 너희가 이 세상에 내가
내린 가장 소중하며 찬란하게 빛을 내
는 나의 법전의 그 빛을 받아서 같이
반사할 수 있는 그와 같은 그릇이 됨
이니라.
29 사랑하는 나의 아들딸들아!
30 나의 보석을 받아들여 그 빛을 죽이는
자가 아니요, 그 빛에다 아름다움을
더하여 그 빛이 열배 백배 비출 수 있
는 그와 같은 의인의 자세로써 살아가

는 백성이 단 하나만 나오기를 바라는
것이 나 여호와이니라.
31 하나가 나오면 둘이 나오며, 둘이 나
오면 열이 나올 수 있으니, 우선 누구
든 그릇의 빛을 소모시키는 자가 아니
요, 반사하여 비추는 역사를 하는 백
성이 나오기를 바라는 것이 나 여호와
의 간곡한 뜻이니라.

7,311 번째 하나님 말씀

2003년 8월 28일 23시 29분

1 사랑하는 나의 아들아!
2 "네, 아버님! 말씀하옵소서."
3 내가 너희에게 말하기를 작은 거짓말
도 하지 말며 거짓말을 하는 것은 곧
살인과 같다 그리 말하였음이니, 이제
는 정녕 네가 그 뜻을 알겠는가?
4 "네. 아버님께서 그와 같은 말씀을 주
셨음을, 이제는 제가 그 깊은 의미를
알고 있사옵나이다.
5 저는 오로지 이 세상을 살아가면서 진
실만을 말하며 진실만을 행동으로 옮
기며 진실만을 대화하는 그와 같은 삶
을 살지 아니하면 아니 된다는 것,
6 그리고 진실만을 말하고 진실만을 행
하고 사는 것이 얼마나 위대한 것이며
소중한 것인가를 이제 깊이 깨달았사
옵나이다.
7 저희가 살아가면서 진실만을 말하는
사람은 두려울 것이 없으며, 오늘과
내일의 차이가 없으며, 오늘과 내일에
불안과 남에게 부끄러운 삶이 없으며,
오로지 당당한 삶을 살 수 있으며,
8 진실만을 사는 것이 얼마나 위대한 것
인가를 이제 깨달았사옵나이다.
9 그보다 더 아름답고 소중한 것이 없으
며 그보다 더 값진 것이 없음을 알고
있사옵나이다.
10 진실을 말하는 것, 진실을 행하는 것,
그리고 자신이 한 말에 대해서 약속을
지키며 그를 지키고 행하는 것은 살아
가면서 아무것도 두려울 것이 없으며
불안한 것이 없으며 당당하지 못함이
없다는 것을 이제야 깨달았사옵나이
다.
11 작은 거짓말도 하지 말라 말씀하신
그 뜻이, 진실만을 말하며 진실만을
가지고 세상을 살아가라는 것이며, 진
실이 얼마나 위대한 것인가를 알았사
옵나이다.
12 제가 진실만을 말하지 아니하며 진실
한 삶을 살지 아니할 때, 그 모든 법전
이요, 모든 것은 역사할 수 없으며 그
것은 다 무너지며,
13 저 자신이 진실만을 말하며 진실한
삶을 살아가는 것만 저의 제자들이요,
또한 모든 백성이 이 법전을 믿을 것
이며, 이 법전이 아버님께서 역사하신
것이라는 것을 그들은 진심으로 믿을
것이라 생각하옵나이다."
14 그러니라, 사랑하는 나의 아들아!
15 네가 살아가면서 가장 중요한 것, 네
제자가 살아가면서 가장 중요한 것,
너를 따르는 모든 백성 그들이 가장
중요시할 것은,
16 너희가 말할 때마다 진실만을 말하며,
너희 생각 또한 진실한 것을 생각하
며, 진실이 아닌 것은 말하지 아니하
며 진실이 아닌 것은 생각하지 않는

그와 같은 책임 있는 삶을 사는 것이
니라.
17 진실을 말하는 자는 세월이 지난 다음
에도 책임질 일이 없으며, 세월이 지
난 다음에도 불안할 것이 없으며,
18 오늘 너희가 진실만을 말했다면 천년
만년 후에도 진실만을 말할 것이니,
그 진실은 변하지 아니하며, 위장이
필요 없으며, 남을 속일 이유가 없음
이니라.
19 진실을 말하지 아니하는 것은 세월이
지날 때까지 불안할 것이며, 너희가
죽을 때까지 그 공포를 안게 될 것이
며,
20 죽어 와서도 너희가 진실을 말하지
않는 것은 나로부터 심판을 받는 그와
같은 두려움이요, 그 역사가 있음이니
라.
21 너희가 진실만을 말하는 것이 얼마나
소중하고 귀한 것인가를 알았다면, 진
실이 아닌 것은 절대 너희 입에서 나
와서는 아니 됨이니라.
22 사랑하는 나의 아들아!
23 너희가 살아가면서 더러는 우스갯소
리로 더러는 농담이요, 더러는 분위기
라는 것 때문에 어떠한 말을 한다 하
더라도,
24 그 모두가 진실이 아니면 진실이 아닌
말을 할 수 있는 것이며,
25 진실이 아닌 말을 하는 자는 유사시에
정녕 다급하고 불안하고 당황할 때는
너희 스스로 연습하고 농담하며 거짓
된 말을 했던 그 습관에 의하여 자연
스럽게 거짓된 것이요, 진실을 왜곡되
게 말할 수 있는 것이 인간 너희임이
니 그리 알라.
26 네가 이제 깨달았다면 너는 이후부터
절대 진실이 아닌 말은 하지 말며, 네
가 한 말에 대해서 어떠한 일이 있어
도 책임을 지는 그와 같은 삶을 살도
록 그리하라.
27 사랑하는 나의 아들아!
28 너는 네 생각으로 해서는 아니 됨이니
라.
29 너는 죽은 자라 했으며, 네가 하는 것
은 모두 나를 대신하여 살아가며 역사
함이니,
30 모든 백성은 스스로 진실한 말만 하
며 진실한 삶을 살려고 노력하나 너
는 그와 같은 노력이 아니라 이미 그
것이 벗어난 삶을 살아야 할 것이니라.
31 너는 네 삶이 아니요, 나 여호와가 너
에게 삶을 연장해 주었으며, 내가 너
에게 그만큼 살다 오라고 내가 제2의
생명을 내려 주었음이니,
32 그러니 네 생명은 네 것이 아니요, 나
로부터 두 번째 받은 은혜라 하였음이
니,
33 너희는 한 번의 은혜를 갚기 위해 세
상의 것을 다 바치고 목숨을 바쳐도
다 갚지 못하거늘, 네가 육의 세상에
서 두 번의 은혜요, 영광을 나에게 받
았다 함이니라.
34 너는 진실이요, 거짓된 것을 시시비비
하는 그와 같은 오늘의 삶이 아니라,
완벽한 그 길을 가는 자가 되어 있어
야 함을 알아야 할 것이니라.
35 이후부터 너는 정녕 말을 아껴야 할
것이며, 그리고 진실한 말을 해야 할
것이니라.

36 네가 진실하지 않은 말로 남에게 말
하는 것은 남을 거짓되게 하는 것이
며, 남을 유혹하는 것이며,
37 네 사악한 마음이요, 거짓 하고자, 도
둑질하고자 하는 그 욕심의 뿌리가 네
마음에 남아 있음이니 그리 알라, 사
랑하는 나의 아들아!

7,312 번째 하나님 말씀

2003년 8월 28일 23시 38분

1 사랑하는 나의 아들아!
2 "네, 아버님! 말씀하옵소서."
3 너희가 살아가면서 자기 자신을 위하
고 자신을 살리고자 하는 그와 같은
믿음 생활이요, 그리고 너희 자신이
구원을 받아 하늘에 오르겠다는 욕심
의 믿음으로 가며 진정 그와 같은 생
활 속에서 신앙생활을 하고 있으며,
4 너희 자신의 육의 존재와 육의 삶을
위하여, 육의 부귀영화를 위하여 그를
목적으로 믿음의 길이요, 신앙의 길을
간다고 하면,
5 정녕 그것은 하늘에 오르는 길이 아니
요, 너희 자신이 죽음의 길을 자초하
는 것이며,
6 나에게 오르는 천국의 길을 오고자 하
는 것이 아니요, 지옥의 길로 가고자
너희 스스로 몸부림치는 자들임을 알
아야 할 것이니라.
7 육의 삶을 위해, 자기 자신을 위하여
제가 구원받고자, 육의 삶의 향락을
위하여, 육의 삶의 그 즐거움을 위하
여 무엇을 얻고자 이루고자 기도하고
경배하는 그와 같은 신앙이요, 믿음의
길을 가는 자는,
8 구원의 길이 아니요, 죽음이요, 지옥
의 그 길로 간다는 것을 잊어서는 아
니 될 것이니라.
9 정녕 너희가 나에게 오르고자 하며
구원을 받고자 한다면, 너희는 진실한
믿음이 무엇이며 참진리가 무엇이며
나 여호와가 원하는 것이 무엇이며 이
루고자 하는 것이 무엇인가를 알아야
할 것이며,
10 나 여호와가 역사하고자 하는 뜻을
알며 그 뜻을 따르고자 하는 그와 같
은 삶으로 살지 아니하면 아니 될 것
이니라.
11 너희가 나 여호와의 뜻이요, 나의 계
명을 지키고 산다는 것은 육의 삶을
죽이는 그와 같은 어렵고 힘든 길을
가는 것만이 너희가 나의 뜻을 따르
는 그 길을 갈 수 있는 자들이니라.
12 육의 향락을 위하여 육의 즐거움을 위
해서 사는 것이 아니요, 육은 죽은 자
요, 육의 죽음을 두려워하지 않으며,
13 그리고 모든 것을 육에 맞춰 그 육의
편안함과 향락을 위해서 생각지 아니
하며,
14 육의 편안함과 육의 향락을 다 접어
두고 사는 것, 그리고 어렵고 힘든 그
누구도 지킬 수 없는 협착하고 어렵고
고통스러운 그 길을 가겠다는 생각을
하고 사는 자가 거듭나는 자요, 정녕
구원을 받는 자라 함이니라.
15 자기를 위한 삶이요, 자기를 위한 기
도가 아니요,
16 남을 위하여 기도하며 남을 위하여 존
재한다는 생각을 하고 사는 자, 타인

을 위해 존재하며 타인을 위해 살아가
는 그와 같은 마음 자세로써 깨달음을
얻고 살아갈 때,
17 너희는 나의 아들딸로서 거듭나는 것
이며, 영원히 사는 삶을 얻는 것이며,
영원히 사는 그 세상의 길을 오르기
시작함을 알아야 할 것이니라.
18 자기를 위하여 기도하는 것이 아니요,
남을 위하여 기도하는 그와 같은 마음
으로 변해 갈 때 너희는 바로 하늘에
오르는 그 길에 들어섰음을 알아야 할
것이니라.
19 그러나 지금의 모든 종교 집단이요,
믿음의 길을 가는 신도라는 자들은 과
연 어떠한 믿음으로 가고 있는가?
20 그들은 남을 위한 삶을 사는 것이 아
니요, 오로지 자신의 육을 위하여, 자
기 자신의 영화를 위하여, 육의 향락
을 위하여 믿음의 길을 가는 것이요,
신앙의 길을 가는 것이니라.
21 그러니 무엇으로써 어찌 구원을 받으
며 하늘에 오르는지 그 의미도 모르면
서, 다만 '기도하고 소원하면 무엇이
이루어지겠지.' 하는 그 기대 심리 때
문에 믿음의 길을 가고 있으며,
22 그리고 몸부림치며 달라고 부르짖고,
구하면 무엇인가 이루어질 것이며 줄
것이라는 그와 같은 기다리는 마음이
요, 기대하는 마음에서 믿음의 길을
가고 있음이니,
23 과연 그곳에서 어찌 진실한 진리를 찾
을 수 있으며 하늘에 오르는 빛을 볼
수 있단 말이던가?
24 모든 종교 집단이요, 지도자 너희는
나의 뜻을 거역하는 그와 같은 삶의
길을 가는 것이 오늘의 너희가 가는
믿음의 길임을 알라.
25 너희는 감히 말하느니라.
26 나의 아들 예수가 대속물로써 너희 죄
를 대신하여 죽었기에 너희는 영원히
구원을 받으며,
27 그리고 죽은 후에 지옥으로 간다는 것
은 너희와는 전혀 관계없다는 생각을
하고 살도록 나의 백성을 그리 가르
친 것이 오늘의 종교 집단 지도자들이
니라.
28 나의 아들 예수가 모든 죄를 대신 지
고 갔음이니, 너희는 영원히 사는 자
요, 죽지 아니하며 영원히 구원받아
천국에 오르는 자들이니,
29 너희는 영원히 구원받고 못 받는 것을
생각할 필요도 없으며, 죽으면 심판을
받아 지옥으로 가는 두 번째의 그 죽
음도 생각할 필요가 없으며, 오로지
하늘에 오르는 그것만을 생각함이니
라.
30 지옥에 가는 것, 구원받는 것, 내 품에
오르는 것, 그와 같은 것은 전혀 관계
없이, 너희는 모두 이루어진 자들이며
그 축복 속에 존재하는 자들이며, 그
모두는 너희를 위하여 다 준비한 것
같이,
31 그리고 너희가 죽어 영혼이 나에게 올
때 너희는 무조건 천국이요, 나의 품
에 올 수 있으며 지옥이라는 것은 전
혀 관계없는 백성인 것처럼 그 믿음의
종교 집단이 그리 가르침이니,
32 그걸 듣고 또 들은 백성은 저희가 그
와 같은 속에서 처해 있으며 특별히
대우받는 백성이요, 특별히 선택된 백

성이요, 특별히 관리되는 백성이라는
착각 속에서 살아가고 있음이니라.
33 그것이 바로 머지않아 지옥문을 붙잡
고 들어가지 아니하려고 몸부림치는
그와 같은 길을 가고 있다는 것을 잊
어서는 아니 된다고 내가 수없이 기
록하였음을 알라.
34 만백성을 구하기 위하여 너희 자신을
버려 다시 태어나는 것이며, 자신의
희생을 두려워하지 아니하며, 제 모두
를 다 던져 남을 위한 희생의 삶을 사
는 것이 구원의 빛을 볼 수 있으며 나
에게 오를 수 있는 삶이니라.
35 나의 아들 예수가 너희를 위하여 모두
를 바쳤듯이, 너희도 남을 위하여 모
두를 던질 수 있는 그와 같은 마음의
삶을 살지 아니하면 나에게 오를 수
없다는 것을 알아야 할 것이니라.

7,313 번째 하나님 말씀

2003년 8월 29일 08시 48분

1 사랑하는 나의 아들아!
2 "네, 아버님! 말씀하옵소서."
3 이 세상에 살아가는 만백성들이 거짓
말을 하며 편의에 따라 남을 속이는
삶을 살아왔으며, 지금까지 너 또한
다른 백성과 같이 더불어 살아왔으며
너의 제자들도 그와 같은 삶을 살아왔
음이니라.
4 그러나 이제 너와 너의 제자들은 그와
같은 삶을 살아서는 절대 아니 됨을
명심해야 할 것이니라.
5 너희가 하는 말은 정녕 진실만을 말
해야 할 것이며, 거짓된 말을 해서는
아니 될 것이니라.
6 그것이 너희가 가야 할 길이고 역사
할 길이니라.
7 너희가 거짓을 할 때, 지도자로서 너
를 따르는 그 제자들이 등을 돌릴 것
이며,
8 모든 백성이요, 모든 제자가 너희가
거짓을 하고 하지 아니하는 것을 먼저
아는 것이 세상의 이치라는 것을 알
아야 할 것이니라.
9 그러니 진실은 영원한 것이요, 진실
되지 못한 것은 영원한 것이 없음이니
라.
10 그러니 영원한 것을 위한 길을 가야
할 것이며, 오로지 변하지 않는 영원
의 그 진리를 위해서 살아가야 할 것
이니라.
11 거기에 딴생각이요, 다른 마음을 가지
고 세상을 살아간다면 아무것도 이루
어질 수 없음을 알라.
12 아무리 너희가 이루어 놓고 역사했다
해도, 진실이 아닌 것을 역사할 때는
그 모두가 다 물거품으로 부서지며 무
너짐을 알아야 할 것이니라.
13 내가 너에게 말하니, 너의 제자들은
모든 것을 진실 외에는 말해서는 아니
되느니라.
14 그것이 내가 너희에게 다시 한 번 강
조하고 또 강조하는 뜻이니, 그를 명
심하여 행하도록 그리하라.
15 절대 진실이 아닌 것은 말해서는 아니
되며, 진실이 아닌 것을 행동해서는
아니 됨이니라.
16 오늘 부끄럽고 고개를 들지 못할 일이
있다 하더라도, 너희는 진심을 이야기

하는 것만이 가장 위대한 길이며,
17 나의 법전을 읽고 깨우친 백성이 가
야 할 길이며, 나의 아들이 또한 그리
가야 할 것이니라.
18 어떠한 죽음 직전에서도 진실만을 이
야기하는 네가 되어야 함을 절대 잊
어서는 아니 되느니라, 사랑하는 나의
아들아!

7,314 번째 하나님 말씀

2003년 8월 29일 08시 52분

1 사랑하는 나의 아들아!
2 "네, 아버님! 말씀하옵소서."
3 나의 법전이요, 이 새로운 성경이 나
의 성령을 모두 태워서 마지막으로 너
희에게 내려보내는 것이니, 이를 읽고
깨우치지 않는 자는 거듭날 수 없음이
니라.
4 이를 읽고 깨우쳐 행하고자 하는 자,
그리고 나의 친필인 십계명을 지키고
자 하는 자는 거듭나는 영광이 있을
것이며, 그 거듭남이 곧 무엇인 줄 알
겠느냐?
5 너희가 그리 갈구하는 부활의 역사가
이루어지는 것이니라.
6 너희의 육은 죽어 가되 그 영혼은 그
대로 나에게 와 새 생명을 얻음이니,
곧 그것이 너희에게 부활임을 잊지
말라.
7 지금 나의 아들을 통하여 내리는 나의
성령의 가르침, 즉 너희가 말하는 하
나님의 말씀으로만 모두 역사하며, 하
나님의 말씀으로만 거듭나며 하나님
의 말씀으로만 새로운 생명으로 태어
난다는 것을 너희가 알고 있으며, 그
와 같이 가르치고 있지 않으냐?
8 그게 무엇인 줄 알겠느냐?
9 너희가 말하는 창조주 하나님이요, 너
희가 부르는 아버지의 말씀, 곧 나의
뜻이요, 나의 성령이 지금 법전으로
내려감을 알아야 할 것이니라.
10 그러니 이 세상에 나의 법전보다 소중
하고 귀한 것이 없으며, 너희가 이를
보기를 생명보다도 더 소중히 정독하
고 읽고 깨우쳐 구원을 받는 그 길을
선택하지 아니하면 아니 됨을 알아야
할 것이니라.
11 나의 성령의 뜻인 법전을 육의 세상에
서 무엇을 어떻게 심어 어떻게 거둬들
이느냐 하는 그것이 너희가 하늘에
오르는 길이요, 나에게 받을 수 있는
상이라는 것을 절대 잊지 말라.
12 이제 나의 아들을 따르는 제자들이요,
나의 법전을 읽고 깨우친 만백성 너희
는 나의 법전이요, 이 새로운 성경이
나의 성령임을 알라.
13 그러니 육의 세상에서 나의 성령이요,
내 모두를 태워 내려보낸 나의 법전
을 가지고 너희가 어떻게 무엇을 심
어 어찌 거둬들이느냐 하는 것이 가장
중요한 과제임을 알라.
14 너희가 나의 법전으로써 많은 뿌리를
내리고 많이 심어 놓음으로 인하여 많
은 백성이 깨우치는 역사를 이루고 나
에게 왔을 때, 그 상은 너희가 생각할
수도 없는 은혜와 영광이 있을 것이니
라.
15 지금 육이 살아 있는 이 세속에서 너
희의 생명이 있는 동안 나의 법전을

가지고 어떻게 심고 그 뿌리를 가꿔
열매를 열어,
16 내가 그걸 취할 수 있도록 역사의 한
소용돌이를 어찌 엮어 가고 어찌 만
들어 가느냐 하는 그것에 대해서 너
희가 나에게 와 나로부터 받고 못 받
는 그 상이 큼을 알라.
17 너희 육이 존재하는 지금의 삶에서 얼
마나 나의 뜻에 따라 열매를 잘 맺어
만백성을 구하느냐, 그리하여 나 여호
와가 너희가 지은 농사의 그 열매를
거둬들이고 얼마나 많은 수확을 하느
냐, 그 결과가 너희에게 심판으로 임
함을 잊지 말라.
18 지금 사는 세상에서는 '남'을 위하는
삶을 살며, '나'를 위하는 삶이 아니니
라.
19 그러니 너희는 나의 법전을 읽고 이
것이 정녕 나의 성령의 뜻이라 함을
알고 있으며 하늘에 오르는 길이라 한
다면,
20 이를 가지고 너희만 소화할 것이 아
니라, 만백성을 위해 전해야 함이니,
이 법전을 세상에 심는 데 최선을 다
하라.
21 심고 가꾸고 잘 다스려 많은 열매를
맺도록 그리하여, 그 열매는 나 여호
와가 거둬들임이니라.
22 너희가 농사를 지은 그 열매를 거둬들
임이니, 너희가 육의 세상에서 나의
법전을 가지고 세상에 농사를 짓는 그
것이 가장 중요한 일이며, 그 은혜요,
그 상은 너희가 상상할 수 없음이니
라.
23 너희가 나에게 와 상을 받는 방법을
깨우쳐 주었음이니, 이를 행하고 행하
지 아니하여 상을 받고 못 받는 것은
너희 탓임을 알라, 사랑하는 나의 아
들딸들아!

7,315 번째 하나님 말씀

2003년 8월 29일 08시 58분

1 사랑하는 나의 아들아!
2 **"네, 아버님! 말씀하옵소서."**
3 내가 너희에게 명하기를, 너희 자신을
던져 만백성을 구하는 그 길을 가라
한다면, 과연 너희는 그 명을 따라 너
자신을 희생하여 만백성을 구하는 그
횃불의 역할을 할 수 있는가?
4 지금 종교 집단이요, 지도자요, 나를
위해 살며 나로부터 선택된 자요, 나
의 명을 받아 모두를 역사한다는 집단
의 지도자들이요, 그리고 나에게 구원
의 찬송을 부르며 나를 '주'라 하며,
'아버지'라 부르는 너희에게,
5 내가 만백성을 구하기 위하여 너희
자신을 희생하여 만백성을 이끄는 횃
불이 되라는 명령을 내렸을 때, 과연
그리 행할 수 있는 백성이 얼마나 있
는가?
6 이것이 나의 아들 예수와 너희의 그
차이점을 알라.
7 나의 아들 예수는 내가 그리 명하였을
때, 그 명을 그대로 수행했으며 그를
거절하지 아니하고 순종하였음이니
라.
8 그러니 너희가 자신을 희생하여 남을
구원하는 그와 같은 마음의 자세로써
살아가는 것이 나 여호와의 은혜에 보

답하는 길이요,
9 그리고 너희 스스로 구원의 길이요,
하늘에 오르는 그 길이라는 것을 어찌
모르는가?
10 너희 자신의 모두를 다 바쳐 너희 자
신이 희생하여 만백성을 구하는 그와
같은 일을 하는 것, 그와 같이 역사하
는 것이 하늘에 오르는 길이요, 나의
아들딸로서 너희가 할 수 있는 일이
요, 나의 은혜에 보답하는 길이라 그
리하였음이니라.
11 그러니 너희가 그와 같은 자세요, 예
수와 같은 삶을 살라 함이 여기 있음
이니라.
12 그러나 수천 년을 흘러오는 동안, 믿
음의 길을 오는 그 백성이 과연 자신
을 버리고 남을 위해 사는 사람들이
얼마나 있는가?
13 그리고 그 신도들의 어렵고 힘들고 고
통스러움을 더불어 같이 가는 자가 있
는가?
14 모든 종교 집단에 속해 있는 우두머리
요, 종교 지도자요, 또는 구원을 받았
다는 신도들까지도 모두가 저 자신의
공명심을 위하여, 제가 남보다 앞에
가고자, 무엇인가 더 편안하고자, 더
역사하고자 하는 것이 저희의 기도하
는 내용이요, 소원하는 것이니라.
15 그들은 평생 지옥으로 가는 표를 사
기 위하여 재물을 바치며, 평생 나의
옷을 벗기고 나의 모든 것을 빼어 가
고자 달라, 이루어 달라 그리 소원의
기도요, 소원의 행동으로써 모든 것을
마치고 죽어 와 지옥으로 간다는 것을
잊지 말라.
16 너희는 기도하는 그 내용부터 모두
바꿔야 할 것이니라.
17 이루어 달라, 행하여 달라는 것은, 내
가 계획한 무엇인가를 수정하여 남의
것을 너희에게 더 달라는 자와 똑같음
이니,
18 이게 얼마나 사악한 자의 행동이더냐?
19 그러면서 너희는 재물이요, 물질을 바
치니,
20 그것이 도둑질한 것이요, 사기 친 것
이요, 거짓 한 것이요, 남으로부터 강
탈한 것인지도 모르면서, 그저 너희
앞에 쌓아 놓기만 하면 된다 생각하며,
21 어찌 벌었든지 그 재물을 너희 손으로
지은 교회에 갖다 바치면 하늘에 오를
수 있는 표를 돈으로 살 수 있으며, 추
하고 더러운 그 물질로써 나에게 오는
길을 산다고 믿는 자, 그리고 소원하
는 기도를 하는 자들이 얼마나 아래위
로 사악하고 추한 자들의 모습인 줄
알겠느냐?
22 저 자신을 위해서만 사는 자들이니,
그러니 너희는 나와는 관계없으며, 구
원이라는 그 '구' 자도 너희 입에서
부르지 말라.
23 그는 나 여호와의 고유 권한이며 나만
역사할 수 있는 것을 너희가 함부로
부르지 말라.
24 너희의 추한 입으로써 그와 같은 말이
나오는 자체도 세상을 오염시킴을 알
라.
25 소원하는 것을 이루고자 하는 믿음이
요, 재물을 주고 하늘에 오는 표를 사
겠다는 그와 같은 믿음이요, 신앙의
길을 가는 것이 너희니라.

26 그 백성이 과연 나로부터 무엇을 받
으며 무엇을 역사하는가?
27 그 외에 나로부터 받은 은혜를 알고
나로부터 받은 은혜에 감사하는 마음
으로 숙연히 고개 숙여 감사 기도를
하는 것부터 먼저 배우라.
28 감히 죄로써 뭉쳐진 자요, 나로부터
은혜의 빛으로써 뭉쳐진 너희가 또
달라 이루어 달라는 기도를 하는 것이
얼마나 부끄럽고 추한 모습인가, 너희
자신을 들여다보는 그와 같은 삶을
살아야 할 것이니 그리 알라.

7,316 번째 하나님 말씀

2003년 8월 29일 21시 04분

1 사랑하는 나의 아들아!
2 "네, 아버님! 말씀하옵소서."
3 너희가 살아가면서 잠깐의 그 실수로
인하여 몸을 상하게 되며, 때로는 생
명을 잃게 되며, 영원히 불구로 살아
가는 그와 같은 일을 당하는 것이니라.
4 너희가 잠깐의 부주의로 몸에 상처가
나며, 걷지 못하는 형국이 되며, 움직
이지 못하는 그와 같은 충격을 받으
며, 타격을 받는가 하면, 생명까지도
잃는 것이 잠깐의 그 부주의니라.
5 조금의 부주의로 인하여 평생 슬픔과
고통 속에 살아가는 자가 있는 것이
이 세상의 사연이니라.
6 너희가 받는 그 상처가 크고 작은 것
부터 위로는 죽는 자까지, 때로는 흉
한 모습으로써 평생을 살아가는 자,
그리고 불구의 몸으로 살아가는 사람
이 있지 않더냐?
7 그와 같은 것이 믿음의 길을 가는 것
이라 보면 될 것이니라.
8 사랑하는 나의 아들딸들아!
9 뜨거운 물을 잠깐 엎으며 불을 잘못
질러 모두를 태워 버리며 불구의 흉한
모습으로 변하는 그와 같은 삶을 사는
것은 순간의 실수이니라.
10 믿음의 길을 가는 것이 그러하니라.
11 너희가 항상 긴장된 마음으로 바르고
곧은 자세로써 나 여호와의 존재함을
생각하며 살아가지 아니한다면,
12 잠깐의 실수로써 평생 고통 속에 살아
가는 것보다도 더 험악한 대가를 치르
는 것이 오늘의 살아가는 믿음의 길이
라는 것을 알아야 할 것이니라.
13 발 한번 잘못 디뎌 발을 삐는 자가 있
으며, 헛디뎌 천 길 낭떠러지로 떨어
져 생명을 잃은 자가 있으며, 불 속에
잘못 빠짐으로 인하여 평생 흉한 모습
으로 살아가는 자,
14 뜨거운 물을 뒤집어쓰고 평생 흉한
모습으로 살아가는 것은 '아차' 하는
순간 하나를 넘기면 되는 것을, 그걸
통제하지 못하여 그러하니라.
15 너희의 믿음이 그와 같음을 알아야 할
것이니라.
16 그보다 천배 만배 더 무서운 것이 너
희거늘, 어찌하여 그 마음 자세 하나
를 다스리지 못하고 살아가느냐?
17 내가 너희에게 일찍이 깨우쳐 너희가
가는 그 길이 무엇인가를 가르쳐 주었
느니라.
18 너희는 상대방을 위하여 기도하며, 상
대를 위하여 사는 삶을 살라 그리하였
음이니라.

19 지나가다 돌부리에 걸려 넘어졌을 때
그 돌부리를 보고 욕을 하며 넘어져
재수 없다 그리 말하거든,
20 나의 아들을 따르는 제자요, 나의 법
전을 읽고 깨우친 백성은, 다음에 그
사람과 같은 일이 생길까 봐 그 돌이
아무리 크더라도 다음에는 걸리지 않
도록 모두 정리하고 바로잡아 놓고
가는 것이 너희가 가는 길이요, 살아
가는 삶이라 하였거늘,
21 너희는 과연 오늘의 삶을 어찌 사는가?
22 그것이 너희가 생각하기에는 위대한
삶이요, 축복받은 삶이라 그리 생각하
나, 그와 같이 행하는 것도 축복받는
삶이 아니니라.
23 배고파 오는 자에게 무엇을 도와주는
것도 축복받는 것이 아니요, 나로부터
큰 상이 되는 것도 아니라는 것을 알
라, 사랑하는 나의 아들딸들아!
24 그것은 평범한 사람이 살아가는 방법
이니라.
25 너희가 나로부터 받은 그 은혜를 생각
할 때, 배고픈 자에게 밥 한 그릇을 주
며 어려운 자를 조금 도와주었다 하여
그것이 특별한 사람이요, 선한 일을
행하는 것이요, 위대한 일을 행하여
하늘에 와 복을 받으며 상을 받는다
생각하지 말라.
26 그 모두는 평범한 사람도 할 수 있는
것이요, 평범한 것이니라.
27 내가 너희에게 뭐라 말하였느냐?
28 나에게 와 상을 받으며 나의 은혜를
받으며 내가 기억할 수 있는 것은 남
이 할 수 없는 일을 하는 것이라 그리
하였음이니라.
29 너희가 남에게 할 수 없는 큰 것을 용
서해 주는 것이 아니요, 작고 작은 것
부터 사랑으로 다스리는 그 마음이 남
이 못하는 것을 하는 것이니라.
30 어찌하여 너희는 크고 먼 것만을 바
라보며, 너희 앞에 있는 작은 것은 보
지 못하며 작은 것부터 실천하는 그와
같은 삶을 살아가지 못하는가?
31 내가 오늘 나의 아들을 통하여 너희에
게 강론하기를, 너희가 모든 음식을
화려하고 맛있게 보기 좋게 만들었으
나 거기에 소금이 빠졌다 하였음이니
라.
32 나 여호와가 소금을 치는 것을 잊지
말라는 그와 같은 깨달음까지 전하는
오늘의 이 강론이 필요한 너희니,
33 정녕 너희가 지금까지도 변함이 없는
삶을 살고 있기 때문임을 알아야 할
것이니라.
34 내가 그 소금을 쥐여 주며, 너희에게
가장 밑으로 내려가서 다시 시작하라
는 그 말을 전하는 나 여호와의 마음
은 과연 어떠하겠는가?
35 너희 마음의 자세가 변함이 없음이니
라.
36 크고 높은 것을 보려 하지 말며, 작은
것을 보며 밑으로 내려가는 속에서 모
두를 행하고 사는 그와 같은 삶을 살
도록 그리하라.
37 너희가 작은 것부터 실천하고자 하는
마음은 천사의 마음이요, 위를 바라며
큰 것을 받고자 큰 것을 얻고자 위만
보고 가는 너희는 욕심에 의한 마음이
요, 죄에 대한 마음을 가지고 사는 자
들이라는 것을 절대 잊지 말라.

38 너희가 오늘서부터 살아가는 그 모두
에서, 아름다운 모습으로 살아가는 것
은 남들이 할 수 있는 평범한 일을 하
는 것이 점수를 받고 나로부터 상을
받을 수 있는 일이 아니라는 것을 알
라.
39 지금의 모든 피조물 만백성들이 어떠
하더냐?
40 기준 미달의 삶을 사는 것이니라.
41 너희가 지나가다 휴지를 집는 그것이
0점의 상태이니라.
42 그것은 잘하는 것도 아니며 복 받을
일도 아니며 축복받을 일도 아무것도
아님이니라.
43 그것은 나로부터 받은 은혜에 대한 보
답의 가치도 아니 되며, 그와 같은 평
범한 그것이 삶이며 너희가 세상에
내려가 행하고 살라는 것이 그게 기준
이니라.
44 그 기준을 행하면서 축복이요, 영광이
요, 은혜를 받았다 생각하지 말라, 사
랑하는 나의 아들딸들아!
45 어려운 자에게 옷 한 벌을 걸쳐 주는
것, 음식을 전해 주고 대접하는 것은
너희가 이 세상에 살면서 기준으로써
명한 것이니,
46 기준에 미달되는 자들이 함량미달되
지 아니하도록 자리를 지키는 것이라
는 것을 깊이 깨우치라.
47 너희는 그와 같은 이치를 깊이 깨우
쳐, 세상에 살아가며 오늘의 삶을 의
미 있고 뜻있고 깊은 생각 속에서 살
라.
48 내가 너희를 기억하며 내가 너희에게
은혜를 내려 줄 수 있는 것은, 그 누구
도 할 수 없는 것을 역사함이니라.
49 다시 한 번 너희에게 깨우쳐 줌이니,
그 역사는 큰 것부터 시작하는 것이
아니요, 작은 것, 너희가 고치지 못하
는 것을 고치고 변화되는 그것이 바로
큰 것보다 더 위대함이라는 것을 알라.
50 이제는 작은 것부터 다스려 가도록 그
리하라, 사랑하는 나의 아들딸들아!

7,317 번째 하나님 말씀

2003년 8월 30일 07시 48분

1 사랑하는 나의 아들아!
2 "네, 아버님! 말씀하옵소서."
3 네가 이 세상에 존재하며 살아감은 네
뜻이요, 네 임의대로 살아가는 것이
아니요, 나의 주관하에 내가 역사하고
자 하는 그 길을 만백성에게 전하는
삶을 사는 것이라 하였음이니라.
4 그러니 네가 하나서부터 열까지 움직
이는 모든 것은 네 뜻이 아니요, 내가
주관하여 모두를 역사하는 것이니,
5 일반 백성의 삶과 네가 살아가는 그
삶의 차이점이 바로 여기 있음이니라.
6 너의 제자들 또한 그러함이니라.
7 너의 제자들 또한 그들의 임의대로 사
는 것이 아니요,
8 그들이 존재하는 것은 나 여호와의 성
령을 받아 법전을 만들어 만백성에게
전하여 깨우침을 주기 위하여 존재하
는 것이며,
9 그들의 삶은 그와 같은 역사 속에서
너와 더불어 가는 것이라는 것을 그들
이 알아야 할 것이니라.
10 세상사 살아가는 그 길은 다 다르니라.

11 도둑질하는 자가 물을 마신다면 도둑
질을 하기 위한 그 근본이요, 힘을 얻
고 방법을 연구하는 것이요, 천사가
그 물을 마시면 천사와 같은 일을 하
기 위하여 그 물을 마심이니라.
12 그러니 일반 백성이 살아가는 것과 너
희가 살아가는 그 삶의 차이가 거기에
있음을 알아야 할 것이니,
13 너희가 살아가는 것은 창조주 나 여호
와의 뜻이요, 나의 성령이요, 내가 모
두를 태워 만드는 나의 법전을 만백성
에게 전하여 그들을 깨우쳐 주기 위
하여 나의 법전을 만들며 그리고 나
의 법전을 전해 줌이니,
14 너희 삶은 그를 위해서 지금 살고 존
재하는 것이니라.
15 그러나 사악한 마음이요, 거짓 하는
자요, 사기 치는 자요, 그리고 잘못 가
는 종교 집단이요, 믿음이요, 일반 백
성이 살아가는 그 방법은, 자기들의
삶이 다 따로 있으며 그 목표가 있으
며 목적이 있음이니라.
16 그러니 거기에 차이점이 있는 것을 너
희는 알아야 할 것이니, 그건 아무도
알 수 없는 것이니라.
17 너희가 가는 길이요, 너희가 선택되어
하는 것이 나의 법전이요, 나의 복음
을 만백성에게 전하여, 그들을 지옥으
로부터 구원하는 그 길을 가고 있으며
그 길을 가는 것은 어떠한 삶이며 어
떠한 형태로 엮어지는 것인지 그걸 그
들은 알 수 없음이니라.
18 너희가 살아가는 것, 나의 아들이 행
하고 살아가는 것을 인간의 삶으로,
지금의 믿음의 길을 가는 종교 집단이
요, 지도자들이 거기에다 견주어 시시
비비를 한다면,
19 그는 정녕 너희가 알 수 없으며 알지
못하는 세상을 아는 것처럼 말하는 그
와 같은 어리석은 백성이 되어 있음을
알라.
20 너희가 둘이 같이 길을 가되, 그 목적
지는 같으며 가는 길은 같으니라.
21 그러나 천사와 같은 마음을 가지고 가
는 자는 천사가 되기 위하여 가는 것
이요, 도둑질하며 거짓 하는 자는 거
짓 하고 도둑질하는 길을 위하여 그
것을 생각하며 가는 것이니,
22 같은 길을 간다 해도 얼마나 차이 있
는 세상에 살며 차이 있는 인간 세상
이 이루어지는 것이더냐?
23 너희는 나의 복음이요, 나의 뜻을 전
하여 만백성을 구하는 전사요, 나의
백성으로 선택된 자들이니,
24 너희가 살아가는 것, 너희가 행하는
것을 그들이 알 수 없으며, 그들은 이
해하지 못함이니,
25 그들의 시시비비에 귀를 기울이지 말
며 그들의 시시비비에 신경을 써서는
아니 될 것이니라.
26 그들은 감히 너희를 알지 못하고 있
음이니라.
27 모든 종교 집단이 나의 뜻을 거역하고
살아가며 만백성이 나의 뜻을 거역하
고 살아간다면,
28 오늘의 삶을 창조주 나 여호와의 진
리요, 나의 뜻을 받아 만백성을 구하
고자 살아가는 너희와 그 생활이요,
삶의 그 차별화는 너희가 감히 생각
하지 못할 만큼 멀리 와 있으며 멀리

떨어져 있다는 것을 알아야 할 것이
니라.
29 그러니 그들이 하는 어떠한 시시비비
에도 너희는 마음을 쓸 필요가 없으
며, 거기에 대비하여 너희 자신의 초
라한 모습을 비춰 볼 것이 없음을 알
아야 할 것이니라.
30 결국은 너희가 모든 승자라 하였음이
니라.
31 이 세상에 수십억 수많은 종파가 그
리고 나의 모든 피조물 백성이요, 나
의 아들딸들이 서로 갈라지고 흩어져
있는 이와 같은 형국이니라.
32 그를 바로잡고 역사하는 것은 나의
법전밖에 없음을 알아야 할 것이며,
그 누구도 이를 역사할 수는 없는 것
이니라.
33 내가 너희에게 살아가는 방법이 무엇
이라 말하였느냐?
34 남을 위하는 삶을 살라 하였음이니라.
35 그러니 너희가 남을 위하여 사는 그
삶을 작은 것부터 실천하여, 서서히
변화되어 많은 백성을 위해 살아가는
그 훈련의 길을 오늘에 가고 있는 것
이라는 것을 알아야 할 것이니라.
36 너희가 나의 법전을 읽고 깨우치면서
불쌍한 자에게 빵 한 조각을 주었다
하여 그것이 정녕 나 여호와의 뜻이
요, 하늘에 오르는 길을 가는 백성이
하는 것이냐 말해도, 너희는 지금 빵
한 조각밖에 줄 능력이 없으며 그 힘
이 없으니, 그래도 그것을 나누어 주
는 것이 너희니라.
37 이것이 그들이 모르는 차이이니라.
38 너희가 열 개의 빵을 줄 수 있고 천 개
의 빵을 줄 수 있을 때, 그것을 안 주
며 그것을 나누지 않는 것은 나에게
선택된 백성이 아니요, 잘못된 백성이
나,
39 오늘 너희가 가진 것 하나를 아낌없
이 줄 수 있는 그 마음은 세월이 지난
다음에 천 개요, 만 개요, 모든 백성이
먹을 수 있는 것을 다 나누어 줄 수 있
음이니라.
40 오늘은 너희가 하나의 성장 과정이요,
하나의 훈련을 받아 가는 그 역사의
기로에 있다는 것을 잊지 말라.
41 그와 같은 것을 보고 너희에게 시시
비비하거든 그들의 말에 귀 기울이지
말라.
42 너희가 지금 살아가는 것은 모든 훈련
을 거쳐 가며 그를 다스려 감이니,
43 나의 법전을 읽는 백성이요, 나의 아
들을 따르는 제자들은 하나서부터 천
명이면 천명이 다 그렇게 가진 것을
남에게 줄 수 있는 집단으로 성장함이
니라.
44 그 빛과 그 역사가 이루어지는 것은
세월이 필요함이니라.
45 그러나 모든 종교 집단이요, 서로 다
른 자들이 모여서는 그것이 안 됨이니
라.
46 그중에 한두 사람이 역사하는 자가
있으며 나의 뜻에 따라 살 수 있는 자
가 있으나,
47 그들은 집단의 이해관계요, 저희가 소
속된 이해 집단의 그 명령권자의 뜻에
따라 서로 찢기고 물고 뜯는 그와 같
은 형국이 됨이니라.
48 오늘 너희가 하나의 빵을 놓을 수 있

으며 한 알의 밤알을 남에게 줄 수 있을 때 그걸 아끼지 아니하고 줄 수 있지 않으냐?
49 그러니 그와 같은 훈련 속에서 갈 때, 너희에게 만 개가 있을 때 만 개의 빵과 밤알을 남에게 주지 못하는 백성이 아니요, 그대로 아낌없이 줄 수 있는 백성이니,
50 그리하여 살아가는 방법이요, 훈련하는 과정이 지금의 믿음의 길을 가는 백성과 너희와의 차이점이라 그리 내가 말하였음이니라.
51 나의 성령이 세상에 나가 나의 법전이 세상을 덮기 시작한 것이 과연 얼마나 되었는가?
52 10년, 20년이요, 너희가 말하는 백 년의 세월이 흘렀더냐?
53 이제 막 시작하는 것이니라.
54 그러니 그와 같은 것에 관여하지 말며 시시비비하지 말라.
55 모든 역사는 너희가 승자이니라.
56 다만, 내가 너희에게 말하였느니라.
57 하나의 빵 가게에 가서 천 원짜리를 5백 원이요, 3백 원이라는 지전을 가지고 배고프니 그걸 하나 달라고 하는 자에게, 너희는 서슴없이 끼니만큼 주며,
58 '배고프고 어려울 때마다 이곳을 찾아와 끼니를 채우도록 그리하라,
59 배고픈 자의 서러움이 얼마나 아픈 것인 줄 아느냐?
60 고향의 부모를 만나듯이 서슴없이 찾아오라.
61 내가 네 얼굴을 기억하고 있을 것이니, 네가 나를 알고 있다 말하지 아니하여도 내가 너의 끼니를 줄 것이다.'
62 그와 같이 전하며 행하고 살아가는 것이 하늘에 오르는 길이요, 너희가 가는 길이라는 것을 잊지 말고 그리 행하고 오도록 하라.
63 그러면 나의 뜻을 행하는 자요, 인간 세상의 뜻을 행하는 자가 아님이니,
64 너희의 뜻을 아는 날이 있을 것이니라, 사랑하는 나의 아들딸들아!

7,318 번째 하나님 말씀

2003년 8월 30일 07시 56분

1 사랑하는 나의 아들아!
2 "네, 아버님! 말씀하옵소서."
3 선악과를 따먹으면 죽게 된다는 말은 아담과 이브에게만 해당하는 말이 아님을 너희는 알아야 할 것이니라.
4 그들이 선악과를 따먹고 안 따먹음으로 인해서 너희가 오늘과 같은 그 역사로 변화됐다 하나, 그들에게만 해당하는 것이 아님을 알아야 할 것이니라.
5 지금 나의 피조물 만백성 너희가 살아가면서 과연 어떠한 삶을 사는가?
6 너희는 지금 선악과가 과연 무엇인가를 분별하지 못하며 악과 선을 분별하지 못하는 그와 같은 삶을 사는 것이 아니던가?
7 그걸 분별하지 못하는 나의 백성이 있는가 하면, 선악과요, 선과 악을 구분하여 분별할 수 있는 능력이 있는 자들도 있음이니라.
8 그러나 너희는 악의 열매를 계속 따먹고 있음이니, 지금 너희가 사는 삶

이라는 것을 알아야 할 것이니라.
9 그리하여 아담과 이브의 선악과를 그
들만 따먹은 것이 아니요,
10 지금 나의 피조물 만백성이 수천 년
동안 살아오면서 먹어서는 안 되는 선
악과의 악의 과일을 계속 따먹는 것
이 오늘의 삶이니라.
11 더욱이 모든 종교 집단이요, 지도자
요, 그들이 선악과를 분별할 수 있는
것을 가르치는 것이 아니요,
12 그리고 그걸 구분하여 악의 씨를 버리
며 선한 것을 선택할 수 있도록 가르
쳐야 하는 그들이,
13 지금 바로 선한 것을 선택하도록 가르
치는 것이 아니요, 악의 열매를 따 먹
도록 가르치는 집단이요, 지도자로서
분별이 되었으며,
14 그 악의 열매를 따 먹은 자가 나에게
오르는 길이라 그리 말하며, 저희만
선을 행하는 길이라 그리 말하며 천국
에 오는 길이라 그리 말하느니라.
15 그러나 지도자들은 그걸 알고 있음이
니라.
16 그러면서도 그들이 지금 나의 피조물
만백성들을 지옥으로 인도하는 그와
같은 행위를 하고 있음이니라.
17 지금 나의 피조물 만백성이 선의 과일
보다 악의 열매를 따 먹기를 더 즐기
니, 너희가 즐기는 것을 내려 주는 것
이 지금 그들의 방법이니라.
18 이는 너희가 원하는 길을 그들이 간
다고 생각함이 맞을 것이니라.
19 그들이 너희를 악으로 지옥 불로 끌
고 가는 것이 아니요, 너희가 그 악의
열매를 즐기며 지옥으로 가기를 원하
기에,
20 그저 너희와 더불어 편승해서 간다
해도 잘못된 것이 아닐 것이니라.
21 지도자나 구원을 받았다 말하는 자들
이나 오늘날 똑같은 형국에 있음이니
라.
22 그래서 내가 나의 아들을 통하여 나의
성령이요, 그 모두를 기록하여 내려보
내는 것은,
23 죽어 가는 악의 열매만을 선택해서 계
속 따먹으며 분별하지 못하는 그 백성
에게 분별할 수 있는 능력을 가르치고
그들을 깨우쳐 내가 바른길을 갈 수
있도록 오늘의 역사를 이룸이니라.
24 2천 년 전에 나의 아들 예수를 보내어
그를 분별하도록 하였으나, 너희가 그
를 분별하지 아니하며 분별하는 방법
을 배우려 하지 아니하며, 그저 악의
열매를 따 먹는 것을 즐거움으로 알고
그리 살아왔기에,
25 내가 2천 년의 그 암흑의 세월을 너희
를 들여다보지 아니하였다 하였음이
니라.
26 그러나 내가 너희를 사랑하기에 단
한 번의 기회를 더 내려 주어, 나의 성
령을 모두 태워 나의 아들에게 내려보
내어 책으로 역사하고 증거하여 너희
에게 전하고자 하는 뜻이 여기에 있음
을 알라.
27 나의 법전은 직접 내가 나의 아들을
통하여 모두 내림이니라.
28 구약과 신약의 성서, 나의 법전보다도
가장 중요한 것은 나 여호와가 직접
선택한 나의 아들들, 그리고 나로부터
선택된 백성을 통하여 직접 내리는 그

뜻이 가장 우선적이며 가장 소중하며,
가장 먼저 너희가 행해야 한다는 내
가 내린 그 뜻을 너희가 안다면,
29 지금 나의 아들을 통하여 직접 내리는
나의 법전이요, 하늘에 오르는 길이
요, '하나님! 말씀하옵소서' 이 책이
가장 우선이며, 구원의 길이요, 심판
의 길이라 함이 여기 있다는 것을 잊
지 말라, 사랑하는 나의 아들딸들아!

7,319 번째 하나님 말씀

2003년 8월 30일 08시 03분

1 사랑하는 나의 아들아!
2 **"네, 아버님! 말씀하옵소서."**
3 너희가 살아가면서 죽을 때까지, 너희
가 죽음의 문턱을 넘을 때까지 끝없는
싸움을 하면서 살아가야 하는 것이
너희니라.
4 악과 선의 그 선택의 길에서 과연 어
떠한 것을 선택하여 살아가야 하는가,
그 싸움은 영원히 지속하며, 그는 중
단되지 않고 있기 때문이니라.
5 그러니 너희가 그 싸움에서 선을 선
택하는 승자만 나에게 오를 수 있음을
알아야 할 것이니라.
6 그러나 그 길이 어렵고 힘들기에 나에
게 올 수 있는 백성이 없다 하였음이
니, 바로 무슨 뜻인 줄 알겠느냐?
7 악이라는 것은 너희 마음속에 깊이
뿌리내려 자리 잡고 있으며, 너희 마
음속에 악의 생산 공장이 큼직하게 자
리 잡아 거기에서 악의 모든 뿌리를
계속 만들어 뿌리고 있기 때문이니라.
8 너희 마음속에 있는 악의 그 큰 공장
이 존재하는 한,
9 악의 모든 근원이요, 그 시초를 거기
에서 계속 생산하여 만들어 내고 있음
이니, 선한 마음이 그걸 이길 수 없는
것이 너희의 오늘의 삶이니라.
10 그러니 선한 마음이 그 큰 공장의 마
음 전체를 차지하여 그저 수없이 만들
어 놓은 수천수만 가지의 악의 씨를
그때그때 다스려 나오지 못하도록 하
며 뽑아 버려야 하며,
11 마음속에 있는 악의 공장을 태워 버리
지 아니하면 너희는 정녕 하늘에 오
를 수 있는 나의 백성으로 태어날 수
없음이니라.
12 너희는 나와서 죽을 때까지 그 악의
씨를 생산하는 공장과 선한 마음의 싸
움이니라.
13 그러니 싸워서 그걸 이기려면 얼마나
무서운 결단이 필요하며, 그 공장을
부숴 버리고 태워 버리지 아니하면 절
대 구원의 길을 볼 수 없음이니, 이는
바로 무엇이더냐?
14 너희가 나의 율법대로 나의 계명대로
그리고 지금 내가 너희를 구원하기
위하여 내려보내는 나의 법전대로 너
희가 아름다운 모습으로 살아가지 아
니하며 진실한 마음으로 살아가지 아
니하면 그 공장은 계속 성장하며 퍼져
나감이니라.
15 그러니 너희가 진실이란 그 마음 진정
한 참진리의 깨달음으로서만 그 공장
을 다 태울 수 있다는 것을 알아야 할
것이니라.
16 그러니 너희가 나의 십계명을 지키는
것을 인간이기에 지킬 수 없다 하며,

그리고 내가 너희에게 내린 성경의
그 모든 것도 악의 공장을 태울 수 있
는 것들은 다 던져 버리며,
17 거기에 부으면 활활 타버릴 수 있는
기름이요, 석유만 갖다 들이붓는 그와
같은 것이 오늘의 종교 집단이요, 지
도자들이 이끌어 가는 방법이니라.
18 너를 따르는 제자들과 나의 법전을 읽
은 백성 너희는 알아야 할 것이니라.
19 그 악의 생산 공장이 지금 계속 번져
가는 곳에, 거기에 필요한 원료를 모
두 공급하는 일만 너희가 역사하고 있
음이니, 과연 너희가 그를 견딜 수 있
겠는가?
20 그 불을 끄고 그 모두를 잡을 수 있는
것은 나의 십계명대로 지키고 살겠다
는 피나는 노력이요,
21 이제 내가 너희를 위하여 마지막 내
리는 나의 법전을 읽고 깨우쳐 그대로
행하는 것만이 그 악의 공장을 마음속
에 있는 그 흉악한 공장을 태우는 것
이요, 부숴 버리는 것이요, 뽑아내는
것이라는 것을 너희는 잊어서는 아니
될 것이니라.
22 너희는 그와 같은 공장을 태우고 부수
는 데 너무나 소홀함이니라.
23 그리고 노력하지 아니하는 것이 오늘
의 삶이니라.
24 너희 말에 그와 같은 말이 있지 않더
냐?
25 손톱 밑에 끼어 있는 가시의 아픔은
알아 그것을 빼려 하나, 심장이 병들
어 썩어져 가는 것은 모르고 사는 것
이 너희라는 말이 있듯이, 너희는 지
금 육의 병은 고치기 위하여 이리 뛰
고 저리 뜀이니라.
26 그리고 육의 상처를 위하여 좋은 병원
이나 치료하는 방법을 찾아 몸과 마음
을 다 바쳐 너희 자신을 치료하고자
그리 뛰느니라.
27 그러나 정녕 너희의 영혼이 사는 세상
이요, 거듭나는 새로운 생명으로써 태
어나는 영혼이 병들어 가며 죽어 가는
것을 치료하지 아니하고 있음이니라.
28 영혼이 병들어 가는 그것을 치료하는
데 육이 병들어 썩어져 가는 것보다
열배 백배 더해야 하는 것을 잊어서
는 아니 될 것이니라.
29 내가 오늘 나의 아들을 통하여 너희에
게 명함이니라.
30 너희가 악의 공장을 부수고 태워 버리
는 것은 계명대로 사는 것, 나의 법전
대로 지키고 사는 것, 그리고 구약과
신약 속에서 가장 어렵고 힘든 선택의
길을 가는 것,
31 그 모두를 너희 것으로 만들어 역사
하는 그와 같은 변화된 삶이 아니면
정녕 그걸 태워 버리고 부숴 버릴 수
없으니,
32 너희는 평생 싸움만 하다 결국 만신창
이가 되어, 그 악의 공장에서 나오는
그 사악한 뿌리요, 악의 뿌리들에 의
하여 짓밟혀 죽어 가는 것이 너희니,
33 이제 결단과 용기가 필요함이니라.
34 오로지 진실한 마음으로 사는 것, 그
리고 나 여호와와 더불어 같이 사는
것, 내 아버지가 명한 것만을 행한다
는 굳은 결의로 계명이요, 나의 법전
대로 살아가는 그 길을 가라.
35 그렇지 아니하면 마음속에 있는 그 악

의 공장을 태우지 못하며 부숴 버리
지 못하며 뽑아 버리지 못하니,
36 바로 지옥으로 가는 그 근본이요, 기
본이 거기 있음을 알라.

7,320 번째 하나님 말씀

2003년 8월 30일 08시 15분

1 사랑하는 나의 아들아!
2 "네, 아버님! 말씀하옵소서."
3 많은 백성 중에 믿음의 길을 가며 믿
음을 위하여 평생을 바치고 살아가는
그 백성 나로부터 구원을 받았다 말
하며, 저희는 하늘에 와 나로부터 어
떠한 상을 받을 것인가 하며 그 착각
속에 헤매고 사는 그 백성에게,
4 너희는 나의 법전을 전하여 이 대목을
그들이 읽어야 할 것이니라.
5 너희가 육의 행동으로써 살아가는 지
금까지의 모든 삶이요, 그리고 생각하
는 것들 마음속에 간직하고 아무도 알
지 못하도록 너 혼자만 간직하고 생각
했던 그 마음조차 모두 영상화하여,
6 너희가 지금까지 살아온 일생을 모두
영상화하여 모든 백성 앞에 비춰 볼
때, 과연 죄 없이 살았다 말할 수 있는
백성이 있는가?
7 그리고 너희는 정녕 한 점의 부끄럼
없이 살아온 사람들인가?
8 그와 같이 당당히 말할 수 있는 백성
이 있으면 한번 내 앞에 손을 들라 말
해 보라.
9 정녕 그와 같은 백성이 있다면 너희는
구원을 받은 자요, 나에게 너희가 말
하지 아니하여도 나의 나라에 올 수
있는 자들이니라.
10 그러나 육의 삶의 모든 생각마저 영상
화하여 비추었을 때, 한 점의 부끄럼
이 없는 자가 아니요, 너희가 부끄럼
앞에 고개를 들 수 없다면,
11 그와 같은 자가 어찌 감히 천사와 같
은 자들이 살며 태양의 빛보다도 더
맑고 깨끗한 자들만 존재하는 내 나라
요, 나의 천국에 감히 제가 올 수 있으
며 왔다고 오만방자한 행동을 할 수
있는가?
12 너희는 얼마만큼 어떠한 자세로 살 수
있는가,
13 죄 없다 하여 고개를 빳빳이 들고 하
늘을 향하여 살 수 있는 자들인가,
14 나로부터 받은 은혜를 갚을 길이 없으
며 그 많은 죄를 짓고 산 것이 부끄러
워,
15 그 죄를 회개하고 용서를 빌기 위하여
감히 하늘을 쳐다보지 못하고 땅을 쳐
다보고 살아가는 그와 같은 부끄러운
마음을 가지고 산다 생각을 해야 할
것인가,
16 한번 자신에게 물어보도록 하라.
17 그리고 이 법전의 내용을 만백성에게
전하여 주어야 할 것이니라.
18 구원을 받았다며 한 점의 부끄럼이 없
다고 하늘을 향하여 악을 쓰는 자들이
니라.
19 감히 저희가 구원을 받았다 말하는
자, 저 자신이 죄지은 것이 하나도 없
으며 한 점의 부끄럼이 없는 삶을 살
았다 말하는 자,
20 그러면서 감히 십계명은 인간이기 때
문에 지킬 수 없다, 말하는 자들이 과

연 한 점의 부끄럼이 없이 죄를 짓지
아니하고 살았다 말할 수 있는가?
21 너희가 육의 세상에서 저 혼자만 알고
혼자 극비리에 이루어진 것을 아무도
모른다 하여 행하는 것, 그리고 너희
마음속에서 사악한 생각을 하는 그 모
든 것을 아무도 모른다 말하나,
22 나 여호와는 너희가 모르는 것까지도
그걸 다 알고 있으며, 내가 다 내려다
보고 듣고 있음을 너희는 정녕 모를
것이니라.
23 너희가 아무도 모른다고 행한 그 모
두를 알고 있으며 생각하는 마음까지
도 내가 알고 있음이니라.
24 그 모두가 내가 알고 있음이니, 그는
곧 나에게 와 심판을 받는 것이며, 그
때도 과연 너희가 죄가 없다 말할 수
있다면 그때 내 앞에서 당당히 말하라.
25 '나는 죄짓지 아니한 자며 죄가 하나
도 없는 자라' 그리 말할 수 있겠는가?
26 너희가 육으로써 행동하는 것, 보이는
것에 대한 죄를 짓고 사는 것만으로도
부끄러워 내 앞에 고개를 들 수 없으
며, 너희가 죄인이 아니라 말할 수 없
을 것이니라.
27 너희가 볼 수 있는 그 육의 행동, 그리
고 살아가는 것, 남들에게 보이지 않
으려 하는 그와 같은 마음을 가지고
행동을 하며, 보이기 위하여 조심하며
보이기 위하여 너희 자신을 다스려
가는 육의 행동으로써 살아가는 것도,
28 그 죄만을 가지고도 나에게 부끄러워
고개를 들 수 없는 것이 지금 피조물
나의 백성 너희거늘,
29 정녕 너희가 생각하고 마음먹고 계획
하는 그 모든 것을 다 영상으로 비추
어 본다 해도 과연 나에게 와 고개를
들고 '나는 죄가 없다' 그리 말할 수
있는 자들이더냐?
30 그러면서 감히 나에게 복을 주십시오,
축복을 주시오, 영광을 줄 수 있다 그
리 말하는 자들이니, 얼마나 사악한
자들이냐?
31 그와 같이 말하는 자는 '나는 죄가 없
으며 나는 하나님께 죄가 아무것도 없
습니다.' 하며 내 앞에 고개를 빳빳이
들 자들이기에 감히 저희가 복을 주
고 축복을 내려 달라 기도하고, 제가
원하는 것을 내 앞에서 그리하고 있음
이니라.
32 창조주 나 여호와의 주변이 어떠한 곳
이라 말했느냐?
33 태양이 비추는 그 빛보다도 더 깨끗하
고 수정보다도 더 아름다운, 하나의
티도 없는 맑고 고운 것만 내 주변에
있으며 내가 하는 역사함이라 그리
말했으며, 내가 존재하는 하늘나라라
그리하였음이니라.
34 나 여호와의 나라보다 더 깨끗한 것은
이 세상에 없으며 이 우주 공간에 없
음이니라.
35 그러니 가장 깨끗하고 가장 신선한 곳
에 너희가 과연 올 수 있는 자들이 되
어 있는가?
36 그와 같은 자가 있거든 나에게 소원을
빌고 너희가 원하는 것을 달라 기도
하라.
37 그러면 내가 그를 들어줄 것이니라.
38 그러니 너희가 내 앞에 와서 심판대
앞에서 당당히 죄가 없는 자라 그리고

깨끗한 자라 말할 수 있는가?
39 그와 같이 말할 수 있는 자로 삶을 살라 하는 것이 나 여호와의 뜻이니라.
40 그러니 그 길이 얼마나 힘들고 어렵더냐?
41 나의 아들을 따르는 제자들이요, 나의 법전을 읽고 깨우친 백성이요, 나의 강론을 듣고 사는 너희가 아무리 변하고 변한다 해도,
42 너희 자신은 내 앞에 와 당당히 죄가 없는 자라 그리 말할 수 없다 하여 고개 숙여 살아가는 것이 나의 아들을 따르는 제자들이요, 나의 법전을 읽고 깨우친 백성이니라.
43 그 누구도 갈 수 없는 길, 그 누구도 생각할 수 없는 그 길을 가기 위하여 몸부림치며 서서히 변화하여 그 삶을 살다,
44 죽어 나에게 올 때까지도 나에게 죄 많음을 용서를 빌고 죽어도 아니 될 그와 같은 마음 자세라는 것을 너희는 알고 있느니라.
45 그러니 감히 지금 고개를 들고 제가 죄가 없음이니, 나에게 복을 주고 축복을 주며, 죄 없이 살아 창조주 내 뜻대로 사는 저에게 은혜를 내려 달라 기도하고 소원하는 백성,
46 그들이 얼마나 가증스러운 자들이며, 저 자신을 모르며 제 분수를 모르고 살아가는 백성이더냐?
47 그렇다면 구원을 받았다 말하는 자, 과연 그들이 그 자격이 있는 자들인가?
48 그 속에서 믿음의 길을 가는 그 백성이 얼마나 어리석고 무모하고 불쌍한 백성인가를 알 것이니라.
49 그러니 그 어리석고 불쌍한 백성에게 너희가 나의 법전을 전할 것이며, 나의 뜻을 구전으로 전해 그들을 깨우쳐 주도록 그리하라.
50 너희가 정녕 지금까지 육으로 살며 행해 온 그 모두를 영상으로 세상에 비추어 볼 때 부끄러워 고개 들 자가 없거늘,
51 너희가 생각하고 마음먹고 계획하고 너 혼자만 안다 하여 너희가 가졌던 그 사악한 마음마저 영상화하여 세상의 만백성에게 비출 때,
52 과연 그때도 너희가 죄가 없는 자요, 고개 들고 당당히 나에게 '나는 죄가 없다' 말할 수 있는가?
53 그렇지 아니하거든 구원을 받은 자요, 천국의 문에 들어온 자라 말하지 말며,
54 종교 집단의 지도자 너희는 천국에 들어갈 수 있으며 구원을 받을 수 있다고 나의 피조물 만백성들을 선전선동하여 그들을 지옥으로 가도록 부추기지 말라.
55 그 죄가 얼마나 무서운 것인가를 죽어와야만 알 것이니, 너희는 죽음의 날이 머지않았음을 알라.
56 죽음의 길에 나에게 불려오는 자는 순서가 없으며 때와 시간이 없음이니라.
57 이 모두는 나만 아니, 너희가 모르는 미래에 대해서 장담하지 말라.
58 미래에 어느 때 나에게 불려 올지 모르는 자들이 오늘을 태만하게 방만한 생활을 과연 할 수 있는가?
59 이것이 내가 너희에게 알려 주는 경종의 무서움이니 잊지 말라.

부 록

【하나님께서 가르쳐 주신 운동】

천재지변이 일어날 때, 동물이나 미물들은 미리 알고 대피하지만, 인간은 알지 못하고 큰 화를 당합니다. 하나님께서 인간에게 가장 높은 지혜를 주시고 완벽하게 창조해 주셨기에 동물들보다 더 잘 알 수 있지만, 욕심으로 마음이 혼탁해져서 한 치 앞을 보지 못하는 것입니다.

마찬가지로, 인간은 누구나 스스로 필요한 운동을 해서 건강을 지킬 수 있도록 하나님께서 만들어 주셨습니다. 우리의 머리에서 우리 몸에 필요한 동작을 해 달라고 끊임없이 신호를 보내지만, 인간이 혼탁하게 살아서 그 신호를 알아채지 못합니다. 그러니 자연스럽게 자기 몸이 원하는 그 신호를 따라서 운동하는 것이 하나님께서 가르쳐 주신 운동 방법입니다. 바로, 우리의 영이 육을 이끄는 운동입니다.

▶ 하나님 운동법

1. 눈을 감고, 발을 어깨너비로 벌리고 바르게 선다.
2. 몸에 힘을 풀고, 허리를 숙이면서 손과 머리를 아래로 내린다.
3. 허리를 펴고 싶을 때, 천천히 펴면서 하고 싶은 동작을 하면 운동이 시작된다. (사람마다 다르다.)
4. 멈추지 말고, 어떤 동작이든지 자기 몸의 느낌대로 계속 이어서 한다.

▶ 참고 사항

① 눈을 감은 상태로 아무 생각 하지 않고, 자기 몸의 느낌대로 움직입니다.

② 마음을 비우고, 욕심을 버리고, 지난날의 잘못을 반성하면서 몇 차례 시도하다 보면, 자기도 모르게 하고 싶은 동작이 끊임없이 생깁니다.

③ 운동 장소는 방 안이든 운동장이든 관계없으며, 걷거나 달리고 싶을 때는 눈을 떠도 됩니다.

④ 매일 40분 이상, 주 4회 이상, 3개월 이상 하면 음식 조절에 들어갑니다.
- 음식으로 생긴 병은 음식으로 치료하게 되며, 어떤 음식을 먹어야 하는지 스스로 알게 됩니다.
(자기 몸에 필요한 음식만 먹고 싶어집니다.)

⑤ 사랑하는 사람과 함께 운동하면 서로 치료해 주기도 합니다.

⑥ 운동을 하다가 몸의 어느 한 부분을 계속 손으로 자극한다면 그쪽에 이상이 있는 것이니, 의사에게 상담을 받고 적절한 치료를 받으면 됩니다.

⑦ 다이어트 및 기타 건강관리에 효과적입니다.

⑧ 꾸준히 운동하여 영이 맑아지면, 자신의 과거와 미래를 스스로 보게 됩니다.

누구나 스스로 하실 수 있습니다.

간 행 사

《새로운 성경》은:

· 새로운 성경은, 하나님께서 선량하고 선한 자를 선택하여 십계명을 암송하도록 하시고, 십계명을 암송한 다음에 음성으로써 들려주시는 말씀을 듣고 그대로 카세트테이프에 녹음해서 받아쓴 책입니다.

· 90분짜리 녹음테이프 700여 개에 달하는 말씀으로, 1999년 8월부터 2004년 7월까지 총 160권(권당 288쪽)을 완성하였으며, 그 이후에도 현재까지 계속 말씀을 내려 주고 계십니다.

· 새로운 성경은 "하늘을 두루마리 삼고 바닷물을 먹물 삼아 쓰고 써도 다 못 쓴다"는, 끝없이 방대한 하나님의 말씀이 두루마리로 직접 내려오는 것입니다. 이러한 새로운 성경은 구약과 신약을 폐하려는 것이 아니라 "인봉된 성서의 비유의 뜻"을 상세히 설명하여 완성하고자 하나님께서 직접 내려 주신 말씀입니다.

《새로운 성경》의 구성:

· 제 목: 2013년, 160권 모음집을 발간하면서, 본 도서의 제목을 "하나님! 말씀하옵소서"에서 《새로운 성경》 으로 명해 주셨습니다.

· 단행본: 각 권당 288쪽(신국판) 책이 160권까지 시리즈로 출판됩니다.
(모음집은 단행본을 16권씩 묶어서, 총 10부로 구성됩니다.)

《새로운 성경》의 성경적 근거:

· 신약 성경 [요한복음] 16장 13절에 "진리의 성령이 오시면 그가 너희를 모든 진리 가운데로 인도하시리니 그가 자의로 말하지 않고, 오직 듣는 것만을 말하며" 하신 말씀처럼 하나님의 음성을 들은 것만 기록하였으며,

· "장래 일을 너희에게 알리시리라" 하신 말씀과 같이 개인, 나라, 인류의 "장래"일을 하나님께서 알려 주시는 것만 기록하여 책으로 만들었습니다.

《새로운 성경》의 기록 방법:

· 1999년 8월부터 하나님께서 저에게 들려주시는 음성을 기록하였습니다. 처음에는 제가 들은 말씀을 불러 주면 저의 아내가 기록하여, 2000년 1월 29일에 1권 초판이 세상에 나왔습니다. 2000년 4월부터는 주시는 말씀을 받아 녹음기에 기록하여 시리즈로 출간하기 시작하였습니다.

· 녹음을 시작하면서 하나님의 말씀을 받는 데 가속도가 붙었고, 2001년 5월 3일에 1부(1~16권까지)를 인쇄하여 출판하였으며, 2004년 7월까지 총160권 분량의 말씀을 받아 기록하였습니다.

하나님께서 저에게 주신 것은:

· 첫째, 만백성을 상대로 내려 주시는 "기도", 둘째, 수시로 내려 주시는 "묵상", 셋째, 개인의 과거, 현재, 미래를 알려 주시는 "개인 기도", 넷째, 개인의 건강을 위해서 내려 주시는 "음식 처방", 다섯째, 하나님께서 가르쳐 주신 "운동"등이 있습니다. 이 중에 첫 번째, "기도"를 책으로 편찬하였습니다. 사람의 생사, 개인의 미래에 관한 천기는 수록하지 말라 하셨습니다.

강론 안내:

· 하나님께서는 지금도 매일 저에게 새로운 하늘의 비밀의 말씀을 내려 주고 계십니다. 수시로 내려 주시는 말씀을 정리해서 제자를 육성하라는 말씀에 따라 매주 강론을 하고 있습니다. 누구나 무료로 들으실 수 있습니다. (book160.com)

《새로운 성경》을 읽는 분들에게 드리는 선물:

· 개인 기도: 개인의 과거, 현재, 미래에 관하여 말씀을 내려 주십니다.

· 음식 처방: 사람은 음식을 먹고살다가 건강을 잃으니, 음식과 운동으로 건강을 되찾는 방법을 알려 드립니다. 단, 하나님이 계심을 믿고, 십계명을 지키겠다고 진실로 서약하는 분들께 알려드립니다.

《새로운 성경》의 은혜와 기적:

· 새로운 성경 전160권은 16권씩 묶어서 총 10부의 모음집으로 구성됩니다. 모음집 한 부를 읽고 깨우치는 자에게 하나님께서 다음과 같은 기적이 있다고 하셨습니다.

· “첫째, 그가 죽어 하늘에 갔을 때 그의 죄를 묻지 아니하며, 구원을 받는 위대한 은혜가 있으며, 둘째, 그의 소원과 소망이 이루어지고, 셋째, 죽은 자(부모, 형제, 자식, 사랑하고 은혜 입은 분)의 이름으로 구입한 책을 읽고 누군가 한 사람이 깨우칠 때, 그 죽은 자가 지옥에서 천국으로 구원을 받게 되며, 넷째, 유산, 중절 수술 등으로 태어나지 못한 아이를 위하여 구입한 책을 보고 한 명이 깨우쳤을 때, 그 아이가 사람으로 다시 한 번 태어나는 은혜를 받는다.”

· “새로운 성경”을 3회 이상 정성을 다해 정독하는 자, 성서의 비밀을 알게 되고, 세상의 이치를 알게 되며, 세상을 지배하고 통제할 수 있는 지혜를 다 얻게 된다고 하셨습니다. 이 책은 만백성이 정독하고 이웃에게 전하여, 평생 가슴에 묻은 슬픔과 고통의 짐을 벗고 미래를 위한 힘찬 삶을 살아가도록 하는 책입니다.

끝으로

· 하나님께서는 흰 눈이 세상을 덮듯이 새로운 성경을 온 세상에 전하라고 하셨습니다. 《새로운 성경》을 각국어로 번역해서 온 인류에게 구원의 길을 깨우쳐 주고, 그 수익으로 가난하고 어려운 백성을 구제하여, 만백성의 영과 육을 함께 구원하는 선지자의 임무를 수행하라고 저에게 명하셨습니다.

· 하늘에서 내려 주신 말씀의 보화를 만백성에게 나누어 주는 것이 선지자의 임무라고 하셨습니다. 새로운 성경을 통해서 얻는 재물을 사용할 곳도 하나님께서 일일이 명해 주십니다. 모든 재물은 저의 자의로 쓸 수 없고, 하나님께서 명하시는 대로만 쓰여집니다.

· 어떤 명분으로든 십일조나 각종 헌금을 거두어들이지 말라 하셨으며, 국내뿐 아니라 각국에 성전과 단독 서점을 운영하며, 한국의 많은 젊은이들을 전 세계에 지도자로 내보내라고 하셨습니다.

· 우리는 세계적으로 새로운 성경을 보급하며 어려운 이들을 돕는 역사를 해 나갈 것입니다. 지금까지 비록 몇 명 안 되는 제자들과 함께 이러한 일을 역사했지만, 앞으로도 계속 하나님께서 기뻐하시는 일들을 해 나갈 것입니다. 부족한 저희에게 여러분들의 지혜와 성원을 보내 주시기를 바랍니다. 많은 분들의 참여와 도움을 간절히 기다립니다. 감사합니다.

한국어로 내려온 《새로운 성경》 단행본을 출간하며
2016년 4월 10일

발행인 **김 용 철**

한국어로 내려온

새로운 **성 경** · 7부 · 제101권

지은이 하나님 말씀
대역자 김용철

초판인쇄 1쇄 2017년 4월 3일

펴낸 곳 도서출판 하얀마음
등록번호 제 10-2107호 (2001년 2월 14일)
주소 서울시 노원구 덕릉로86길5, 2층
전화번호 02) 313-1114
팩스 02) 393-5554
전자우편 book160@hanmail.net
편집위원 조나영 김미향 이석교
제작지원 김남태 이은미 김보라 조옥순

도서상담 1600-7527
ISBN 978-89-5875-201-1 (04230)
978-89-5875-100-7 (세 트)

값 10,000원
잘못된 책은 구입하신 곳에서 바꾸어 드립니다.

※이 책은 10부로 제작되며, 각 부 16권씩 총160권으로 구성됩니다.※

1부	2부	3부	4부	5부	6부	**7부**	8부	9부	10부
1권	17권	33권	49권	65권	81권	97권	113권	129권	145권
2권	18권	34권	50권	66권	82권	98권	114권	130권	146권
3권	19권	35권	51권	67권	83권	99권	115권	131권	147권
4권	20권	36권	52권	68권	84권	100권	116권	132권	148권
5권	21권	37권	53권	69권	85권	101권	117권	133권	149권
6권	22권	38권	54권	70권	86권	102권	118권	134권	150권
7권	23권	39권	55권	71권	87권	103권	119권	135권	151권
8권	24권	40권	56권	72권	88권	104권	120권	136권	152권
9권	25권	41권	57권	73권	89권	105권	121권	137권	153권
10권	26권	42권	58권	74권	90권	106권	122권	138권	154권
11권	27권	43권	59권	75권	91권	107권	123권	139권	155권
12권	28권	44권	60권	76권	92권	108권	124권	140권	156권
13권	29권	45권	61권	77권	93권	109권	125권	141권	157권
14권	30권	46권	62권	78권	94권	110권	126권	142권	158권
15권	31권	47권	63권	79권	95권	111권	127권	143권	159권
16권	32권	48권	64권	80권	96권	112권	128권	144권	160권